KB137790

남의 나라 흑역사

사건과 인물로 읽는 유럽 어른들의 속사정

남의 나라 흑역사

위민복 지음

글항아리

유럽판 『수호지』가 끌어내는 기기묘묘한 뒷얘기

•

지난 100여 년간 한국을 포함하는 동아시아는 유럽이라는 신기루에 갇혀서 살고 있다고 해도 과언이 아니다. 그렇게 유럽의 낭만과 찬란한 문명을 이야기한 책은 차고 넘친다. 실제 유럽이 그렇게 낭만적이고 화려하기만 할까. 사실 세상 어디나 똑같겠지만 사람 사는 데 크게 다를 게 뭔가 싶다. 이 책은 완전히 다른 유럽을 보여준다. 실체가 없는 파리지엔, 우리의 김치부심 못지않은 파리의 치즈부심, 그리고 유쾌하게 맥주를 따라주며 인생을 즐겼던 중세의 마녀들, 여기에 프레디 머큐리가 떠오르는 의상도착자 르데 남작까지 다양한 군상이 유쾌하게 어우러진 한바탕 이야기 마당이 펼쳐진다. 유럽판 『수호지』라고나 할까. 서로 사랑하고 싸우고 질투하고 그리고 탐내는 실제 유럽의 뒷사정을 이렇게 재미있고 유쾌하게 비춰주는 책은 없었다.

이 책을 굳이 요리에 비유한다면 김해에서 유명한 뒷고기 같다. 고기를 다루는 사람들이 고기를 도축하면서 양은 적지만 오묘한 맛이 있는 고기를 감추어 먹는 데서 유래했다고 한다. 이 책도 외교관으로 근무하면서 다양한 유럽의 속살을 경험한 필자가 세상 어디에서도 맛볼 수 없는 유럽의 숨어 있는 역사를 재치있게 담아낸 책이다. 한 장 한 장 포복절도하면서 웃다가 보면 어느덧 지난 수백 년간 세계를 지배해온 유럽의 각국이 감춰놓은 고기 힘줄같이 질긴 속사정이 자연히 이해가 된다. 수많은 언어가 난무하는 복잡한 유럽의 속사정을 재미있으면서 본질을 꿰뚫는 메시지와 함께 전하는 것은 결코 쉬운 일이 아니다. 아마 위민복이라는 저자이기 때문에 가능했을 것이다.

다년간 외교관으로 근무해온 저자가 그들의 하루하루 뉴스, 광고 그리고 숨겨진 외교문서에서 찾아낸 여러 이야기에 그동안 쌓아온 필력과 내공으로 써내려갔기 때문이다. 이 책은 유럽에 대한 관심이 있건 없건 한 번은 꼭 봐야 할 것이다. 우리가 수십 번 유럽여행을 다녀도 절대로 얻을 수 없는 내용이기 때문이다. 어지러운 세상이 싫증나면 이 책을 한번 펴보시길 바란다. 더 정신없이 어지러운 유럽의 기묘하고 재미있는 이야기가 당신을 기다릴 것이다. 세상 어디에도 없는 유럽의 감추어진 이야기로 당신을 초청한다. _**강인욱 경희대 사학과 교수, 『테라 인코그니타』 저자**

박학다식이 끌어내는 메시지

•

바이든 대통령이 취임하면서 미국과 유럽이 다시 가까워지고 있다. 한결 긴밀해진 미국과 유럽은 러시아·중국·북한 등의 전제주의 국가들에 맞선 자유 진영의 동맹관계를 재건하고 있다. 일본·타이완·오스트레일리아 등과 함께 동부 유라시아에서 미국·유럽의 굳건한 동맹으로 자리해온 한국도, 미국과 유럽의 관계 재편에서 직접적인 영향을 받고 있다. 현대 한국은 '서방 국가the West'이고, 한국 시민은 중국인보다는 미국·유럽인에 가깝게 생각하고 행동하기 때문이다.

저자는 2000년간 유럽에서 어떤 일들이 왜 일어났고, 오늘날까지 어떤 영향을 미치는지 로마의 목욕 문화가 정말로 위생적이었는지 하는 도전적인 문제에서부터, 티라미수와 디카페인은 어떻게 탄생했는가 하는 작으면서도 거대한 문제까지, 특유의 박학다식과 위트로 한국의 교양 독자들에게 풀어 낸다.

유럽에서 일어난 일들을 한국 시민이 왜 알아야 하는가에 대해, 저자는 유럽과 미국의 상류층이 이어오고 있는 폐쇄적인 무도회를 설명하면서 이렇게 독자들에게 질문한다. "세상은 여전히 이렇게 돌아간다는 것, 이것이 과연 우리에게 주는 메시지는 무엇일까."

중국이 부상해서 미국과 G2 구도를 이루었다는 주장, 심지어 중국은 떠오르고 미국은 쇠할 것이니 한국은 결국 중국의 영향권에 들어가게 되리라는 예측까지도 한국 사회에서 접하곤 한다. 하지만 유럽과 미국, 그리고 그 외곽에 한국·오스트레일리아·인도·일본·타이완 등이 자리한 자유주의 진영의 영향력이 전제주의 진영에 압도될 순간은 그렇게 쉽게 찾아오지 않으리라고 나는 예측한다. 자유주의 진영의 행동 양식을 만들어냈고 오늘날에도 세계 질서를 좌우하는 유럽에서 무슨 일이 일어나고 있는지를 알아야 할 이유다.

저자 위민복은 내가 아는 한, 이 작업을 가장 잘해낼 수 있는 한국 시민이다. 저자 위민복의 저자 데뷔를 기뻐하고, 그의 책에 추천사를 쓰게 되어 영광스럽다. _김시덕 서울대 규장각한국학연구원 HK교수, 『일본인 이야기』 저자

지식의 간극을 촘촘히 메워줄 책

•

1882년 조선이 영국과 독일을 필두로 유럽 제국과 통상조약을 체결한 지 140여 년의 세월이 흘렀다. 그동안 유럽에 대한 우리의 이해는 꾸준히 폭과 깊이를 더해왔다. 여느 집 서가에 꽂혀 있는 책들의 대부분은 유럽인이 썼거나 유럽에 대한 것이었다. 우리는 또한 배낭여행과 출장, 유학, 주재원 생활에 이르는 다양한 경로를 통해 유럽을 직접 경험해왔다. 엄청난 수업료를 지불했지만 그 이상을 얻었다. 역사는 처음에는 외우고, 그다음엔 공부하고, 나중에는 즐기다가 결국 자기의 일부가 된다. 이 책은 유럽 역사에 대한 한국인의 관심과 이해가 어느 수준까지 와 있는지 보여주는 특별한 사례다. 각 이야기는 주변에서 시작하지만 결국은 큰 줄기로 흘러간다. 예를 들어 소련제 명품 향수의 존재를 알고 나면 냉전 구도가 결코 단순하지 않았음을 깨닫게 된다. 이 책을 안 읽었다고 유럽에 대한 이해에 커다란 공백이 생기지는 않겠지만, 이 책을 읽고 나면 이미 알던 것들 사이의 간극이 훨씬 더 촘촘해질 것이다. 그리고 읽기의 즐거움은 그냥 덤이라고 보기에는 너무나 치명적인 이 책의 매력이다. _황두진 건축가, 『가장 도시적인 삶』저자

4부

모스크바와 소련 그리고 러시아
Moscow Soviet Union Russia

머리말

이 책의 제목에는 '흑역사'가 달려 있다. 우리 언어생활에 편입된 지 얼마 안 된(내가 알기로는 일본의 기동전사 건담에서 이 단어가 유래했다) 이 단어가 풍기는 부정적인 어감이 있는 것을 앎에도 제목으로 택한 이유는 인간사 자체가 다분히 흑역사이듯, 유럽 국가들의 큰 성취 이면에도 밝고 뚜렷한 의미로만 규정할 수 없는 일들이 있기 때문이다.

외교관이라는 직업상 한국의 상황만큼이나 늘 유럽의 변모에 신경을 곤두세우고 있는 나는 왜 첫 저서에서 거대한 이야기보다 작은 이야기들에 집중하게 됐을까? 원래부터 나는 눈에 보이지 않는 사소한 면모들에 관심이 많다. 그렇지만 핵심적인 이유는 근대 이후로 세상을 평정한 서구 문명권도 속살을 들여다보면 여타 문명과 별다를 게 없고 모두 사람 사는 이야기이기 때문이다. 그런 관점에서 그 근거들을 계속 발굴하다보니 이런 형태의 책이 나오게 되었다.

가령 프랑스 대혁명 기념일은 여러 어른의 사정으로 인해 7월 14일로 정해졌고, 현대에 집권했던 영국의 모 총리는 미신을 믿었다. 사회주의 국가 동독에도 재벌은 있었고 소련에도 향수香水가 있었다. 이탈리아에서는 우리처럼 영어 사용 논쟁이 있었던 데다 프리메이슨이 다른 곳도 아닌 헌법에 등장했다.

목차를 나라별로 나누기는 했지만 어떤 이야기들은 국경을 넘나들고(가령 메르세데스 벤츠는 독일에서 태어나 알바니아에서 죽는다), 또 어떤 이야기는 목차와 관련성이 그리 크지 않다(테넷의 프리포트는 사실 프랑스의 이야기라기보다 스위스와 모나코가 주요 무대다). 그래도 국가별로 분류한 이유는 밥솥에서 인터넷 주소에 이르기까지 온갖 주제를 망라하고 있기에 독자가 읽기 가장 편하도록 하기 위함이었다.

즉, 이 책에는 하나의, 단일한 주제는 없다. 하지만 그렇기 때문에 유일한 주제가 존재한다. 그들도 똑같이 살아간다는 것이다. 우리와 다를 바 없이 그들도 좌충우돌하고, 숨길 것은 숨기며 내세울 것은 내세운다. 그들이 어떤 이야기를 품고 있는지 같이 한번 들여다보자.

먼저 이 책을 보시는 독자분들께 감사 인사를 드린다. 원고를 미리 읽고 추천사를 써주신 강인욱, 황두진, 김시덕 선생님께도 큰 빚을 진 것 같다. 또 글을 쓸 지면을 제공해준 『시사인』에도 고마움의 뜻을 표한다.

번역서를 몇 권 냈지만, 저서는 처음이니 감사하는 마음과 겸손해지는 마음이 클 수밖에 없다.

위민복

Paris
France

London
United
Kingdom

1 부

파리와 프랑스

Berlin
Germany

Moscow
Soviet Union

Milano
Italy

Russia

1.
오페라 가르니에와
파리의 벌꿀

도시의 전설일까, 동화 속에나 나오는 이야기일까? 장 폭통Jean Paucton은 프랑스 파리 9구에 있는 오페라 극장 '오페라 가르니에Opéra Garnier'에서 가극에 쓰이는 소도구, 특히 가구를 담당하던 그래픽 아티스트였다. 한편 주 업무 외에 양봉도 배웠던 그는 1981년, 자신이 살던 파리 도심의 아파트에서 벌집을 분양받았고 거기서 꿀을 생산하려 했다.

당연히 이웃들의 반응은 별로 좋지 않았다. 이에 그는 사람들을 피해 인적이 드문 파리 북부로 벌통을 가져갈 생각도 했지만, 역시나 원래 계획대로 도심에서 양봉을 하는 편이 좋겠다는 판단이 들었다. 그래서 벌통을 들고 파리 중심의 시장으로 가져가려 하니, 운반을 위해 사방을 막아놓은 벌집에서는 벌들이 48시간밖에 살지 못한다는 사실을 알게 되었다.

그때 샤를 드골 공항 리무진 버스의 종착점이자 출발점, 오페라 가르니에 안에서 송어를 기르던 동료(이 사람 또한 범상치 않다)가 아예 직장 옥상에 벌집을 놓으면 되지 않겠느냐고 제안한다. 옥상의 벌집이라면 아무도 해치지 않으리라는 이유에서였다. 오페라 측은 처음에 이 기상천외한 발상을 믿을 수 없었다. 하지만 푸치니의 오페라 중에는 「나비부인」이라는 작품도 있지 않던가? 폭통은 오페라에서 생산한 꿀을 기념품 가게에서 팔 수 있다고 설득함으로써 회사의 결재를 받아냈다.

그는 어떻게 이처럼 파리 한복판에서 벌을 기를 생각을 했을까? 벌의 관점에서 보면 이보다 좋은 환경이 드물었다. 근처만 해도 튀일리 정원과 뤽상부르 공원, 라빌레트 공원, 불로뉴 숲 등이 있는 정원의 도시가 파리다. 정원뿐만이 아니다. 파리가 제아무리 공해로 뒤덮여 있다 하더라도, 파리의 아파트들은 꽃으로 가득한 데다 종류도 다양하다. 게다가 벌집은 어떤 장소에 놓아두느냐에 따라 꿀맛이 다르다고 한다. 당연한 일이다. 꿀벌들이 주변의 다양한 꽃으로부터 서로 다른 꽃가루를 묻혀오기 때문이다. 파리 시내엔 오렌지 나무도 있고 재스민 등 근사한 꽃들이 종류도 다양하게 피어 있다. 그만큼 꿀맛도 다양해진다. 또 한 가지, 농촌과는 달리 도시의 꽃들에는 농약을 뿌리지 않는다. 연중 평균 기온 또한 농촌 지역보다 높다.

과연 폭통은 극장 옥상에 벌집을 마련해놓고, 이곳에서 기른 '메이드 인 파리' 벌꿀을 오페라 가르니에 기념품 매장에서 판매하기 시작한다. 그는 '노인들은 더 이상 옥상에 올라가면 안 된다'는 안전상의 이유로 제지당하는 2013년 은퇴 시기까지 계속 오페라 가르니에에서 판매하는 벌꿀.

오페라 가르니에의 옥상에
올라갔다.

예상외로 폭통 덕분에
'옥상에서 벌꿀 채집하기'
는 파리의 상징 중 하나가
됐다. 오페라 가르니에만이
아니다. 오르세 미술관과 사
관학교, 노트르담 대성당, 그랑 팔레, 프랑스 학사원 등 기념물이
될 만한 공공건물 옥상에는 대체로 벌집이 놓여 있다. 물론 민간
건물 옥상까지 합치면 그 수는 훨씬 더 많아진다.

현재 파리 시내 700여 채의 옥상에 벌집이 설치되어 있다고
한다. 당연히 온갖 서류를 요구하는 공공건물보다는 민간 건물
이 벌집 설치에 더 용이해 이들 건물에 벌집 설치가 늘어났다.
물론 아래에 식당이 있는 경우, 식탁 위의 화병으로 벌이 내려와
소동을 일으키기도 한다.(샹젤리제의 고급 식당인 푸케에서 일어난
일이다.)

아무래도 현재 제일 유명한 파리 도심의 양봉업자는 오드리
크 드 캄포Audric de Campeau일 것이다. 그는 소르본대학에서 철
학을 공부하고 HEC 비즈니스 스쿨을 졸업한 뒤 고급 시계 제조
사인 태그호이어에서 일했지만 결국은 귀농하여 파리 여기저기
에 벌꿀 통을 설치했다. 심지어는 지하 묘지(카타콩베catacombe)에

도 벌꿀주 제조 설비를 설치했는데, 지하 묘지가 지하철보다 훨씬 아래에 위치해 시원하면서 습기도 많고, 어둡고 지반이 안정적이어서 벌꿀 술 제조에 이상적인 환경이기 때문이다.

파리산 꿀의 가격은 당연히 비싸다. 부동산의 가치가 반영되는 것일까? 킬로그램당 122유로 정도 한다고 한다. 농촌에서 생산되는 일반적인 고품질 벌꿀은 이 가격의 3분의 1에서 3분의 2 정도밖에 안 된다. 물론 파리의 꿀들이 맛있기는 하다. 파리에 갔을 때 봉마르셰의 라그랑드 에피스리에서 꿀을 쌓아놓고 팔던데 그 이유는 가격이 비싸도 찾는 사람이 많기 때문이리라.(아참, 프렝탕 백화점 옥상에도 벌집이 있다고 한다.)

지역 정보

오페라 가르니에
오페라 가르니에는 파리 국립오페라단을 위해 1861년에 짓기 시작해 1875년에 완성한 건물이다. 건설을 지휘한 건축가 이름이 샤를 가르니에라서 가르니에궁이라고도 불린다. 파리 중심부(9구)에 있다.

푸케
8구에 위치한 파리의 역사적인 식당이다. 1899년 만들어졌으며, 마를레네 디트리히, 소피아 로렌, 잔 모로, 알랭 들롱, 진 켈리, 카트린 드뇌브, 커크 더글러스 등의 단골 식당이었다.

카타콤베(지하 묘지)
파리 남쪽의 14구에 위치하는 이 지하 묘지는 로마 점령 시절부터 납골당으로 쓰였으며 500만~600만 구의 시신이 안장돼 있다고 한다. 워낙 방대하기 때문에 일부만 대중에게 개방되어 있다.

봉마르셰

파리 중심부 7구에 위치한 오래된 백화점(1838년 개장)으로 루이비통 등 럭셔리 고가 제품을 소유한 지주회사 LVMH 그룹이 소유한 유일한 백화점이다. 1층의 거대한 식품점 라그랑드 에피스리가 유명하다.

프렝탕 백화점

파리 중심부 9구에 위치한 오래된 백화점(1865년 개장)이다.

2.
20세기 초 한 수녀의
스타트업 이야기

여자들이 경력 단절로 기록이 사라지는 현실은 어제오늘의 일이 아니다. 그만큼 흔하고 긴 역사지만, 그중에서도 눈에 띄는 특이한 사례가 하나 있다. 19세기 후반에서 20세기 초반 사이에 있었던, 채찍을 든 수녀님 이야기다. 그녀의 이름은 유지니 기유 Eugénie Guillou(1861~1933 추정). 정확히 확인된 사항은 아니지만, 경찰 기록을 보면 그녀는 1861년 한 유복한 집의 딸로 파리에서 태어났으나 아버지의 투자 실패로 어려서부터 수녀원이 운영하는 기숙학교에 들어갈 수밖에 없었다. 기숙학교에서 착실히 공부했던지 1878년 학위까지 취득한 그녀는 잠깐 학교에서 조교 생활을 하다가 19세 되던 해에 파리에 있는 시온의 성모 수녀회로 들어가 수녀가 된다. 1880년 당시 아버지의 사망으로 인해 선택의 여지가 없었던 듯하다.

수녀원에 들어가 마리 제나이드 Marie Zenaïde 수녀님이 된 그녀는 그 후 12년간 시온 수녀회에서 생활한다. 이 시기에 대해서는 알려진 바가 없지만 순탄치는 않았던 것으로 보인다. 당시 법원 기록은 그녀가 1882~1885년, 1885~1890년 두 차례에 걸쳐 루마니아 이아시의 수녀 공동체로 파견됐음을 알려

유지니 기유 수녀님.

준다. 아마 그녀의 생활이 조용한 수녀원을 무척 시끄럽게 만들었기 때문일 것이다. 그래서 시온의 성모 수녀회 원장은 1892년, 그녀에게 종신 서원을 허락하지 않는다.

문제는 그녀 자신이 이 결정을 두 달 동안이나 모르고 있었다는 점이다. 그녀는 교황에게까지 자신의 처우에 대한 항의 서한을 전달했으며 다른 한편으로는 수녀원을 상대로 손해배상 소송을 제기한다. 마침내 재판을 통해 수녀원으로부터 2000프랑을 받아냈으나, 그녀는 이에 불복하고 1902년 한 번 더 2만 프랑의 배상을 요구하는 소송을 제기했지만 이 건은 받아들여지지 않았다.

재판으로 인해 결국 수녀원을 나올 수밖에 없었던 터라 당장 먹고살 일이 걱정이었던 그녀는 가정교사로 일하기도 하고 한 포주의 집에서 가정부로 일하기도 했는데, 놀랍게도 종국에는 매춘 사업에 뛰어들기로 결심한다. 그리고 이때부터 경찰 기록에 등장한다. 1902년 12월 매춘 혐의로 체포된 그녀가 잠시 구금됐다는 기록이 있다. 1903년 1월부터는 일종의 애인 대행 일에 몸담았다. 만나는 약속을 정하자고 신문에 광고를 올리기 시작한 것이다.

그런데 광고 그림의 내용이 묘했다. 채찍을 들고 서 있는 자세로 사진을 촬영한 것이다. 제시된 서비스에서 그녀는 때리는 역할도 가능하고 맞는 역할도 가능하다고 했다. 심지어 그냥 바라보기만 하는 서비스도 제안 목록에 있었는데, 당연히 가격은 서비스의 '특별함'에 따라 차별화되었다.

당시 대표적인 신문인 『르주르날Le Journal』에 게재된 이 광고는 세 가지 버전이 있었다. 제목은 모두 '수녀La Religieuse'였는데, 두 버전에서는 수녀복을 입은 사진을 실었고 한 버전은 상반신 누드 사진이었다. 광고 문구는 아래와 같았다.

"채찍 맞기는 제 기쁨이자 제가 필요로 하는 것이기도 합니다. 여자 때리기를 좋아하는 친절한 남성분이 계시면 후한 사례를 하겠습니다."(그녀는 남자뿐 아니라 여자 손님도 받았다고 한다.)

채찍은 과연 역사적으로 '약(?)'이었다. 수녀원에서 특히 어린 여자들을 처벌할 때 채찍을 사용했기 때문이다. 그녀가 수녀원에서 배운 채찍을 통해 가학적 성향의 성애에 눈을 뜨지 않았을까 하는 추론도 가능하다. 게다가 이 광고 덕분에 그녀는 여느 몸 파는 여자들과는 '다른' 고객들을 관리할 수 있게 된다. 그녀의 제안이 단순하지 않았기 때문이다. 그래서 서비스 가격도 다른 유사 서비스보다 훨씬 더 높았다. 다만 특이한 사항이 있었다. 접객은 언제나 수녀복을 입고 했다는 점이다.

그녀의 예명은 라파엘라 수녀, 마담 들로네, 마담 뒤 라크, 마담 드 플로랭발 등 10여 가지나 되었다. 언제나 자신을 숫처녀라고 말했으며, 두둑한 커미션이 있다면 다른 추가적인 서비스도 마다하지 않았던 것 같다. 그녀는 채찍으로 맞고, 때리기도 하면서 일종의 롤플레잉 시나리오를 만들어 제공했다. 거의 연극 제작자에 배우까지 겸하는 역할이었다.

경찰이 그녀를 좋게 볼 리는 만무한 일이었다. 그렇지만 경찰도 딱히 어느 범주에서 그녀를 구속해야 할지 몰라서 입건만 두어 차례 했다가 그냥 풀어주곤 했다.(그 탓에 경찰 기록이 남았지만 말이다.) 일단 당시 경찰이 '호색' 혐의로 그녀의 집에 들이닥치기는 했어도, 조사 기록에 따르면 경찰은 도저히 상황을 납득하지 못했다고 한다. "갈색 머리에 작고 예쁘지도 않은……"이라는 기록을 남겼듯이.

하지만 세월의 힘은 어쩔 수 없었던지, 그녀는 현장을 떠나 스타트업 사업가로 변신하게 된다. 1903년부터 1909년까지 '만남의 집'과 '뷰티 살롱'을 파리 여기저기에 개설한 것이다. 전직 수녀는 여기에 젊은 여자들을 고용해서 마사지는 물론 '레즈비언 서비스, 페도 서비스, 훔쳐 보기 서비스' 등을 제공했다. 경찰 보고서는 차마 일일이 열거하지 못하고 그냥 '기타 서비스'라고만 적고 있다.

단속과 입건의 반복 때문이었는지, 이제 노회한 성 산업의 대모가 된 그녀는 사업의 원활한 운영을 위해 아예 경찰과 결탁한다. 그 대가로 고객들에 대한 정보를 경찰에 제공했을 것으로 보인다. 당연히 사업은 번창했으며 1903년부터 1911년까지 여종업원들이 건강 검진을 받았다는 내용도 확인된다.

그런데 기록이 드러내는 그녀의 삶은 또 다른 반전을 보여준다. 1916년 9월 적지 않은 50대 후반의 나이에 존 딜런 매코맥이라는 서른 살 연하의 아일랜드 출신 의사와 결혼한 것이다. 결혼식 장소는 파리 19구에 위치한 구청이었다. 결혼생활은 오래가지 못했다. 매코맥은 제1차 세계대전 와중에 군의관으로 참전하여 큰 부상을 당했고 그 후 아일랜드로 돌아갔는데, 기유에 대해서는 그 이후로 기록이 없다. 기유는 어디로 갔을까.

지역 정보

시온의 성모수녀회

건담이나 『다빈치 코드』의 시온과는 전혀 관계없다. 레바논과 시리아 국경 지대에 있는 헤르몬산 지역을 가리키는 이름이기도 하거니와 구약성경에 나오는 시나이산이 여기라는 주장이 있는 정도다. 일본 만화 「파이브 스타 스토리」 미라주 기사단ミラージュ騎士團의 시리온 왕자 이름이 여기서 따온 것이다. 1843년에 설립됐다가 1853년 파리의 노트르담 데 샹 거리로 이주했다. 유대인들을 포함한 모든 인류를 위한 성서의 약속을 지킨다는 명분이었으며, 19세기였던 점을 생각해보면 대단한 수도회이기는 하다.

3.
뱅센의 아일랜드인
사건과 미테랑

1982년 8월 팔레스타인해방기구PLO의 무장단체 아부니달 조직ANO이 파리 로지에 가의 유대인 식당에 폭탄 테러를 가해 6명이 사망하고 26명이 부상당하는 사건이 일어났다. 당시 대통령이었던 프랑수아 미테랑(1916~1996)은 조직 개편을 단행한다. 대통령실 직속으로 테러리즘에 적극 대응하기 위한 반테러실을 신설한 것이다. 그러면 이 반테러실은 이름 그대로 테러에 대응하기 위한 일을 했을까? 아니다. 미테랑의 개인 경찰 노릇을 했다. 미테랑의 장례식에서야 세상에 공개됐다는 배다른 딸 마자린 팽조의 보호자 역할도 했다. 과연 이래도 됐던 것일까?

반테러실의 대형 스캔들, 아니 '중요한 업무'로는 크게 두 가지가 있었다. 첫 번째는 파리 뱅센 숲의 아일랜드인들을 아일랜드 공화국군IRA의 무장 요원들로 지목해 구속한 것이고, 두 번째는 당시 『르몽드』 편집장을 포함한 1300여 명의 인사에 대해 도청을 저지른 것이다.

첫 번째 얘기부터
해보자. 이 사건은 뱅
센 숲의 아일랜드인
사건으로 알려졌는
데, 위의 파리 식당
테러 사건 용의자에
대해 반테러실은 처
음에 아일랜드 민족
주의자들이 주범이라
고 생각했다. 언론에
보도된 범인 몽타주
가 왠지 아일랜드 사
람들 얼굴과 닮았다

당시 취조받았던 아일랜드인들.

는 제보가 있어서였다. 1982년 8월 28일, 경찰(정확히는 일반 경
찰이 아닌 군경 소속의 국가헌병대GIGN가 움직였다)은 당시 아일랜
드 민족해방군INLA 조직원 3명을 체포하고 다양한 무기와 폭발
물을 압수한다. 이들은 자신이 범인이 아니라고 계속 부인했지만
결국 5년형을 받고 투옥됐다.

하지만 절차상의 문제가 있었다. 이들을 체포하고 무기를 압
수할 때 경찰의 행위를 제어할 수 있는 사법경찰이 현장에 있지
않았고, 지문을 찍지도 않았으며, 압수한 무기도 등록하지 않았
다. 압수한 폭발물의 위치에 대해서도 GIGN 대원들 간의 증언

이 엇갈리는 등 문제가 많았다.

결국 수색 서류 조작이 인정되어 아일랜드인들은 1983년 5월 20일에 풀려난다. 당연히 피해 보상 청구가 있었으나 보상금은 1989년에 이르러서야 지급되었고, 놀랍게도 그 액수는 단돈 1프랑이었다. 그런데 이 사건의 비리는 위에서 언급한 절차상의 문제에만 그치는 게 아니었다. 여기에 대해서는 『르몽드』의 폭로가 있었다.

1985년 10월 31일 『르몽드』의 에드위 플레넬Edwy Plenel(이후 『르몽드』를 나와 인터넷 언론사인 메디아파르트Mediapart를 창업한다)은 군경의 한 대위가 폭발물을 아파트 안에 미리 숨겨뒀다는 폭로 기사를 낸다. 아쉽게도 이때 큰 반향을 이끌어내진 못했다. 그런데 1991년 3월 21일에 추가로 보도한 장문의 기사는 달랐다. 과거의 기사가 관계자의 기억에만 의존했던 반면 이 기사는 법정 서류와 내부 메모를 획득하여 폭로했기 때문이다.

이에 군경 측은 플레넬 기자에 대해 명예훼손 소송 및 민사 소송을 건다. 그러나 법원은 『르몽드』의 증인과 증거가 충분하다는 결론을 내리고 소를 기각시킨다. 검사에 해당되는 형사재판 사법관이 별도

당시 『르몽드』의 기자 에드위 플레넬.

로 조사한 결과 더 많은 사건이 드러났기 때문이다. 즉 체포될 수준의 폭발물과 대량의 탄약 및 무기를 아일랜드인들도 모르게 미리 숨겨놓은 다음, 그것을 빌미로 아일랜드인들을 체포한 것이다. 그에 따라 관련자들에 대한 형사 소송이 별도로 제기됐다. 하지만 이것도 결국은 집행유예 판결이 나왔다. 당시 체포된 아일랜드인 중 한 명은 나중에 아일랜드에서 의문사를 당했다. 별다른 이유 없이 산책하던 개와 함께 익사한 것인데 아직까지 정확한 사인은 밝혀지지 않았다.

두 번째 스캔들은 프랑스의 워터게이트 사건이라 불릴 정도다. 기사마다 통계가 다르긴 하지만 1983년부터 1986년까지 『르몽드』 편집장을 포함한 저널리스트, 법률가, 정치인, 배우, 노조 지도자 등 1300여 명을 도청한 사건이었기 때문이다. 하루는 미테랑 대통령이 반테러 실장이었던 크리스티앙 프루토를 집무실로 불렀다. 대통령은 한 신문 기사를 가리키면서 크게 분노하고 있었는데, 자신과 내무부 장관만 알고 있던 사실이 언론에 누설됐기 때문이다. 처음에는 엘리제궁이 도청되고 있는 것 아닌가 하고 의심했지만 조사 결과 그렇지 않은 것으로 밝혀졌다. 이에 대통령은 기자들에 대한 도청을 지시한다.

문제가 된 저널리스트는 위와 마찬가지로 역시나 『르몽드』의 플레넬 기자였다. 1985년 당시 플레넬은 탐사 보도 전문 기자로서 레인보우 워리어호 사건(1985)의 진상에 상당히 근접해 있었다. 레인보우 워리어호는 뉴질랜드 오클랜드에서 폭침당한 그린피스 소유의 배 이름으로, 플레넬 기자는 이 사건의 배후에 프랑스 정보부가 있다는 사실을 밝혀내던 중이었다.

다른 도청 대상으로는 미테랑 정부의 딸이었던 마자린 팽조를 유괴해 그 존재를 폭로하겠다고 위협했던, 한때 미테랑의 친구인 장에데른 알리에(1997년에 자살)가 있었고, 알제리 군사 정권과 커넥션 관계라고 알려진 인물을 사귀고 있던 배우 카롤 부케도 있었다.

미테랑 대통령은 도청 의혹에 대해 상당히 신경질적으로 반응했다. 미테랑은 언제나 스핑크스 같은 얼굴에 감정을 드러내지 않았으며, 절친이 갑자기 사망했을 때에도 얼굴 표정의 변화가 없을 정도였다. 그러나 임기 중 미테랑이 평정을 잃었던 때가 딱 한 번 있었으니, 바로 이 도청 사건을 한 벨기에 방송에서 캐물었을 때였다. 미테랑은 질문에 대한 답변을 거부하고 인터뷰가 끝났다고 말했다.

이 사건들을 1993년 처음으로 보도한 매체는 『리베라시옹Liberation』이었다. 『리베라시옹』은 대외비로 지정되어 있는 문서들에 접근하기 위해 정부와 계속 싸웠고, 결국은 미테랑이 사망한 이후에 자료가 공개됐다. 이 계기 또한 극적이었다. 파리 외곽의 한 차고에서 기밀문서가 무더기로 발견된 것이다.

이 문서는 프루토 반테러 실장이 갖고 있던 것으로서, 이 문서들에 대해 미테랑은 자기가 본 것은 '봤음vu'으로 표시를 해놓았다. 1983년부터 1986년까지 파리 앵발리드 지하에서 전화 도청해 작성한 문서만 2000건이었다. 이 문서들은 '국방 기밀'로 분류되어 있었다.

여담이지만, 미테랑이 죽을 때까지 지킨 딸에 관한 비밀은 1994년 한 번 발각될 위기에 처했었다. 1993년 프랑스를 방문했던 투르크메니스탄 대통령으로부터 젠징Gend Jim이라는 이름의 훌륭한 말 한 마리를 선물 받았는데, 이 말의 행방이 언론의 초점이 된 것이다. 이 말은 '아할 테케'라는 특이한 종으로, 유럽에 알려져 있는 종이 아니었다. 프랑스의 한 마사馬史 전문가는 이 말을 연구하고 싶어 프랑스 전역의 국립 마구간을 뒤졌고, 결국 찾을 수 없어 언론에 이 말을 수색해달라고 의뢰하기에 이른다.

이 말 역시 『리베라시옹』이 적극 찾아나섰다. 『리베라시옹』은 이 말이 미테랑 대통령이 자주 들르는 파리 외곽의 대통령 안가에 있지 않을까 생각했지만 이는 빗나갔고 개인 목장에 있는 것으로 밝혀졌다. 그런데 이 목장주는 마자린 팽조의 개인 승마 트레이너였다. 말이 어디에 있는지 묻는 당시 기자 회견에서 미테랑은 말의 상태가 좋지 않아 국가 시설이 아닌 개인 목장으로 보냈다고 했지만, 실제 그 말은 미테랑의 정부와 딸이 머물고 있는 파리 외곽의 집에 보내졌던 것이다. 프랑스 정부는 결국 말을 은밀히 이동시키는 조치를 취한 뒤 기자 회견을 열어 이 말이 군시설에 있음을 보여줘야 했다.

지역 정보

로지에 가(파리 4구)

주변 정원에 장미가 많아 1230년(혹은 1233년) 로지에라는 이름이 붙은 역사가 깊은 거리다. 파리 시내에서 유대인들이 집중적으로 거주하는 지역으로 집단 거주는 14세기 때 시작되었다. 다른 유럽(루마니아나 오스트리아·헝가리 제국, 러시아 등)에서 박해받은 유대인들이 이곳으로 몰려왔다. 그들이 사용하는 이디시어로 플레츨(작은 곳)이라고도 불린다. 문제의 테러를 당한 식당은 7번지에 위치해 있었다.

뱅센 숲(파리 12구)

파리 동쪽 외곽에 위치한 공원으로 절반은 숲이고 절반은 녹지다. 11세기경 당시 위그 카페 왕조의 사냥지로 이용됐으며 그 후 계속 왕실이 사용해왔기에 국왕이 묵었던 성채가 가까이에 있다.

프랑스 대혁명 시기에는 군대 훈련소로 쓰였으며, 1855년부터 1866년 사이, 당시 황제 나폴레옹 3세가 칙령으로 뱅센 숲과 파리 서부의 불로뉴 숲을 '노동자들을 위한 공원'으로 개조했다. 1900년 올림픽이 이 숲 이곳저곳에서 개최됐다.

4.
붉은 남작 르데와
오텔 랑베르

붉은 남작이라 하면 생각나는 사람이 있으신가? 붉은 남작으로 유명한 사내는 만프레트 폰 리히트호펜이 있다. 제1차 세계대전 때 독일 육군 항공대의 에이스로서 자기가 타고 다니는 전투기를 항상 붉은색으로 칠했기 때문에 붉은 남작이라 불렸다. 다만 폰 리히트호펜이 남작 가문의 아들이기는 하지만 실제로는 남작Baron 작위를 부여받지 않았으며, 가문의 남자 구성원들이 모두 갖는 프라이헤어Freiherr 작위를 갖고 있었다.

근현대에 가장 유명한 붉은 남작은 따로 있다. 바로 르데 Redé 남작이라 불린 알렉시스 폰 로젠베르크Alexis von Rosenberg(1922~2004)다. 그는 진짜 남작으로 혈통 덕분에 귀족 작위를 얻었다. 르데 남작이 유명한 이유는 바로 '사교계의 왕자'여서다. 오드리 헵번과 장 콕토, 영국 왕족들, 퐁피두 당시 대통령 부부, 살바도르 달리, 어디에나 빠지지 않는 로스차일드 가문 등

르데 남작이 파티를 즐기는 모습.

유명 인사들이 그가 주최한 코스프레 파티에 와서 즐겼으며, 르
데 남작은 제2차 세계대전 이후 유럽에 남은 마지막 댄디라고
불리기도 했다.

위의 사진은 1969년 동방(여기서는 중근동을 의미한다)을 주제
로 파티를 개최한 모습이다. 중앙의 코사크(슬라브계 전투 집단)
코스프레를 한 남자가 바로 르데 남작이다. 이 파티는 1969년
12월 5일에 개최됐지만 초대장은 5월부터 나갔고 400여 명이
참여했다. 참가 조건은 동방풍 옷을 입어야 한다는 것이었다.

르데 남작에 대해 알아보자. 그의 가문은 헝가리 귀족이었고,
취리히에서 태어나 스위스와 독일, 리히텐슈타인에서 살았지만
제2차 세계대전 중에 집안이 몰락한다. 게다가 어머니는 백혈병

으로, 아버지는 자살로 사망해 그는 형, 여동생과 함께 미국 캘리포니아로 도망치듯 건너간다. 하지만 거기서 형이 또 자살하자 그는 장애인이었던 여동생을 부양하기 위해 남자 어른들에게 몸을 팔았다. 그러다가 열아홉 살 때 뉴욕의 한 식당 종업원을 하면서 스폰서를 만난다. 운명이었을까? 그의 '후견인'을 자처한 22세 연상의 사내는 구아노로 돈을 번 칠레의 백만장자 아르투로 로페스였다. 그는 처음부터 동성애자임을 밝히고 부인과 결혼했기 때문에, 그가 어떤 남자 애인을 만나든 간에 부인은 크게 개의치 않았다. 게다가 로페스와 부인은 애초에 사촌지간이었다. 르데 남작은 이런 로페스 부부와 함께 여행도 다니면서 잘 어울려 지냈다.

미국에서 로널드 레이건 옆집에 살았던 로페스는 미국은 물론 프랑스에도 저택을 보유하고 있었는데 사실은 프랑스와 인연이 깊었다. 메세나 역할을 하기도 했던 그는 파리 센강 안쪽의 생루이섬에 있는 17세기 건물, 오텔 랑베르Hôtel Lambert를 구입한다. 르데와 함께 살기 위해서였다.

그는 르데에게 100만 달러를 주며 프랑스로 가서 같이 살자고 했고 르데는 이를 받아들인다. 1946년, 그들은 파리로 이주했고 그때부터 화려한 옷에 관심이 많던 로페스와 르데는 함께 코스튬 파티를 열기 시작한다. 그들은 이미 1950년대 초부터 파리 사교계의 관심을 끌어왔었다. 니나 리치가 이들의 옷을 디자인해주고 아직 젊었던 피에르 카르댕과 이브 생 로랑도 그들에게 스카프를 제공하기에 이른다. 니나 리치나 생 로랑에게 있어서

이 코스튬 파티는 일종의 마케팅이었으며, 초대장은 영광의 상징이 되었다.

르데는 어땠을까? 현대사회의 문제점은 더 이상 크리에이티브하지 않다는 것이라고 말한 그는 골동품 수집을 취미로 삼았으며 살바도르 달리와 콕토의 작품을 사고팔았다. 그는 스타일과 시대를 한데 엮는 것을 좋아했다.

한편 그는 로페스의 은행업을 도와주면서 재산을 더 크게 불린 수완가였다. 결국 그의 재산이 로페스의 재산을 능가하기도 했다. 로페스에게 사람 보는 눈이 있었던 것이다. 르데의 입버릇 중 하나는 하는 일없이 무척 바쁘다는 것이었는데, 이는 틀리지 않은 말이었다.

르데는 독일 바이에른의 귀족, 루퍼트 추 뢰벤슈타인 공과 합세하여 롤링스톤스의 재무 관리를 담당했으며, 예술품 매입과 전시를 맡는 회사를 차리기도 했다. 그러면서 그는 로트실트(로스차일드) 가문과 친해졌는데, 여기서 르데는 중요한 결정을 하나 내린다. 로트실트에게 로페스 사후, 혼자 살았던 오텔 랑베르를 매입해서 리노베이션할 것을 주문한 것이다. 마침 로페스는 1962년 사망하면서 재산의 절반은 부인에게, 나머지 절반은 르데에게 남겼고, 로페스 사후 르데의 '베프'는 로트실트 남작의 부인인 마리 엘렌으로 바뀐다. 결국 로트실트는 1975년 오텔 랑베르를 인수한다.

오텔[1] 랑베르는 1640~1644년에 걸쳐 세워진 유서 깊은 저택이다. 금융가였던 장바티스트 랑베르를 위한 건축이라서 랑베르라는 이름을 가진 이 저택은 17세기 바로크 양식의 집대성으로 그 자체가 문화재이고, 볼테르나 루소, 몽테스키외, 마리보 등의 지식인들이 모이던 살롱이기도 했다. 다만 이 오텔 랑베르는 폴란드와 매우 깊은 관계가 있다. 1843년 내부 분란으로 인해 파리로 망명한 폴란드의 귀족 부부가 이 저택을 사들여서 일종의 파리에 망명해온 폴란드인 집결지로 사용했기 때문이다. 18세기 프랑스 지식인의 살롱이었던 오텔 랑베르가 19세기에는 폴란드 지식인들의 살롱 역할을 한 셈이다.[2] 조르주 상드와 쇼팽이 만나 연애했던 곳이 이 저택이기도 하다. 쇼팽의 「폴로네즈」가 바로 여기서 탄생했다.

르데 남작은 실질적 배우자인 로페스 부부와 이미 거기에 살고 있었고, 로트실트 부부도 같이 이 저택에 살자고 설득했으며, 로트실트는 아예 르데의 청을 받아들여 이 저택을 구매해 거주하기를 결정 내린다.

다시 1969년 12월의 파티로 돌아가보자. 그 파티는 아무래도 이런 형식으로 개최된 것으로는 거의 대미를 장식했을 것이다.

---

1 불어의 오텔은 스펠링이 영어와 같기 때문에 빚어지는 혼란감이 있다. 물론 호텔의 의미도 있지만 여기서는 지방 귀족들이 수도(파리)에 올라와서 지내는 저택을 뜻한다. 어떻게 보면 호텔의 뜻은 이 의미가 먼저이며, 나중에 손님이 머무는 상업 시설이라는 의미로 확대된다. 불어에서 hôtel de ville이 도시ville 호텔hôtel이 아니고 시청인 이유도 여기에 있다. 도시 내(빌) 유력 인사들이 모이는 대저택(오텔)이 바로 '오텔 드 빌'이다.

2 이들은 아담 예지 차르토리스키 부부로서, 러시아의 폴란드 분할에 대항하여 레오나르도 다빈치의 그림 「흰 족제비를 안은 여인」을 갖고 오텔 랑베르로 들어왔다. 이 그림은 이후 다시 폴란드로 돌아갔다가 제2차 세계대전 와중에 독일로 들어가는 등 여러 주인의 손을 거친 후, 현재는 폴란드 국보가 되어 있다.

당시 크리스티앙 디오르에서 젊은 어시스턴트를 맡고 있던 이브 생 로랑이 의상을 담당했고, 종이로 만든 거대한 코끼리 두 마리를 집 앞에 배치해놓았으며, 누비아 노예로 분장한 이들이 봉화를 들고 다녔다. 여기에 로트실트 부부는 물론 살바도르 달리, 마르그레테 2세 덴마크 여왕 부부도 참석했고, 당연히 『보그』와 『파리마치』가 경쟁적으로 이 파티를 취재했다. 1996년 마리 엘렌이 사망하면서 거의 홀로 지냈던 그는 2004년 세상을 뜰 때까지 오텔 랑베르에서 살았으며, 기 드 로트실트 또한 2007년 세상을 등지면서 오텔 랑베르는 카타르 왕실로 넘어간다. 기상천외함과 좋은 취향, 넉넉함이 르데 남작을 상징하는 단어였으며, 20세기 최후의 데카당스라 불릴 만한 인물이었다.

지역 정보

오텔 랑베르
파리 4구, 생루이섬에 위치해 있다. 2007년 카타르의 왕자, 압둘라 알 타니(현재 카타르 이미르의 숙부)가 8000만 유로에 매입해 리노베이션을 하려 할 때 큰 논쟁이 있었다. 에어컨과 엘리베이터, 지하 주차장 등을 설치하는 현대화를 둘러싸고 문화재 보전주의자들과 법정 소송에 휘말린 것이다. 결국 프랑스 문화부와 파리시의 중재로 소송은 해결됐으며, 공공기관인 역사보존건축위원회의 감시하에 리노베이션이 진행되는 중이다.

5.

노트르담 대성당의
인증숏,
주베늘 가문의 경우

2018년 봄, 4층 난간에 매달린 아이를 구한 덕분에 영웅이 되어 당시 마크롱 대통령도 접견하고 마침내 절차를 뛰어넘어 프랑스 국적까지 취득했던 마무두 가사마 씨에 대한 뉴스가 있었다. 그런데 만약 가사마 씨가 중세 시대 인물이었다면 어떻게 됐을까? 아마 기사 서훈을 받았을 것이다.

중세 시대에 기사가 되려는 이들은 어떤 자격을 갖춰야 했던가? 우선 용맹한 행위가 있어야 했다. 그리고 그 행위는 비범하며 영웅적인 면모를 띠어야 했다. 가사마 씨의 행동도 거기에 딱 들어맞는 것이었다. 아이를 구하기 위해 건물 4층을 향해 용맹하게 맨손으로 올라가는 행위는 분명 범상치 않기 때문이다.

이 행동을 칭송한 언론도 마찬가지 방식으로 비교할 수 있다. 세계사 교과서에 나오는 롤랑의 '노래'를 기억하실 것이다. 중세 시절의 음유시인들의 '노래'는 오늘날의 '언론'과 같은 역할을 했

「위에서 떨어지는 아이를 구하는 아고스티노 노벨로의 기적」, 시모네 마르티니, 1312년
경, 이탈리아 시에나.

다. 미디어에서 방송으로 전파되듯이 기사의 영웅담이 음유시인
을 통해 노래로 전파된 것이다.

야심 찬 기사들로서는 이 '노래'가 당연히 필요했다. 그래야 더
높은 분들(이를테면 지방 영주가 아닌 국왕)이 노래를 듣고, 그를 고
용할 가능성이 커지기 때문이었다. 가사마 씨도 마찬가지로 언
론 보도가 나오자 곧 파리 시장이 그를 불러 감사를 표했고, 뒤

이어 대통령도 그를 초대했다.

그런데 중세의 이 '노래'는 국왕과 영주들에게도 긴요한 역할을 했다. 국왕이나 영주는 전투에 직접 나가서 공을 세울 수 없었고 '지휘관'이기 때문에 요즘으로 치자면 헤드헌터 역할을 맡았다. 그들은 어떤 용맹한 기사들을 휘하에 많이 두느냐에 따라 그 세력이 결정되는 구조였는데 이름 높은 기사를 고용하려면 언론 보도, 즉 '노래'가 필요했다.

즉 기사가 용맹함을 보이고, 언론 보도도 괜찮으면 국왕·영주는 그를 고용했다. 아서왕의 전설에 나오는 퍼시벌 또한 다른 기사를 이겨서 원탁에 참여할 수 있었다. 숲속에서 자라난 별 볼일 없는 청년 퍼시벌은 이제 당당한 일국의 기사가 됐는데, 말하자면 신분 상승은 이런 식으로 일어났던 것이다.

당연히 이들 기사를 입맛에 맞게 쓰는 쪽은 국왕과 영주다. 가사마 씨도 마찬가지다. 그는 더 엄격해진 이민법을 통과시킨 마크롱의 이미지 개선에 활용되었다. 중세 시대 기사 서훈이 현대사회 영웅 만들기의 전범이라 할 수 있으니, 역사는 어떤 방식으로든 되풀이된다.

자, 가사마 씨의 경우가 기사가 되어 국왕에게 고용될 정도의 신분 상승이라면, 이런 비범한 사례 말고 일반적인 신분 상승은 어땠을까?

일단 다음 쪽의 그림³을 보시라. 주베늘 가문이 무릎을 꿇고 모여 앉아 있는 모습이다. 이 주베늘 가문은 중세 시대에 신분 상승을 한 대표적인 사례 중 하나로, 그림을 자세히 보면 칼을 찬 사람들(기사 신분이다)과 지체가 높아 보이는 수녀, 주교와 비슷한 복장을 한 성직자, 보석을 치렁치렁 단 여인, 그 외 귀족들이 함께 미사를 보고 있다. 당시 부자 가문은 성당 내에 그들만을 위한 공간을 따로 마련해 미사를 봤다. 귀족의 특권이랄 수 있겠다.

중세 시대에도 신분 상승은 있었다. 중세는 그렇게 꽉 막힌 시대가 아니었으며, 현대와 다른 점이 있다면 한 세대가 아니라 수 세대에 걸쳐 신분 상승을 이뤘다는 것이다.

때는 14~15세기, 백년전쟁으로 수많은 귀족 가문이 몰살당했기 때문에, 야심찬 부르주아들이 신분을 상승시킬 좋은 기회가 나타났다. 예나 지금이나 계층 이동의 가장 확실한 기회는 바로 전쟁이다.

당시 장 주베늘은 옷 장사를 하고 있었다. 수완이 좋아 부자가 되기는 했지만, 중세 시대의 사업가란 지위가 그다지 높지 않았다. 재산도 모았겠다, 따라서 장 주베늘은 당시 막 활성화됐던 대학을 이용하기로 한다. 대학에서 법학을 공부한 그는 이제 파리 상인협회장을 맡아 명예도 손안에 넣는다. 그의 다음 임무는 자식 농사였다. 아들들은 종교계와 법학계로 진출시키거나 기사로 키웠고 딸들은 수녀원에 보내 수녀원장의 프로필을 얻어내고 동맹을 맺을 만한 가문을 찾아 시집보냈다.

이런 노력이 쌓여 주베늘 가문은 3대째에 꽃피우게 된다. 장

---

3 화면 안에 대주교와 수녀원장도 있음을 알 수 있다. 1445년에서 1449년 사이에 그려진 것으로 추정된다.

「위르장의 주베늘 가족」.

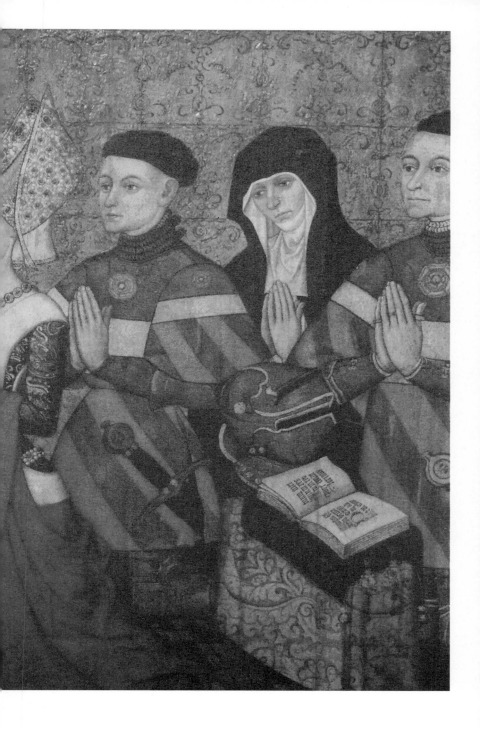

주베늘Jean Juvénel(1388~1473)의 손자인 기욤 주베늘Guillaume Juvénel(1400~1472) 때였다. 이 시기에 주베늘 가문은 문장紋章이 생겼고 국왕 샤를 7세의 측근이 되었으며 뒤이어 법무대신[4] 자리에도 오른다.

한번 올라가면 사다리를 끊어야 하는 것일까. 귀족이 아니었던 부르주아 시절의 흔적은 없애야 했다. 그 일환 중 하나를 여실히 보여주는 게 바로 「위르장의 주베늘 가족」이다. 그림 속 인물 중에서 중산층처럼 보이는 이는 전혀 없다. 한마디로, '우리 집안 이렇게 고귀함!'이라고 선언한 셈이다. 원래 이 그림은 무려 노트르담 대성당에 걸려 있었으며 이후 클뤼니 수도원으로 옮겨진다.

다만 약간 슬프기도 한 지점이 있다. 얼굴이 모두 같다! 중세 시기에 그려진 그림이 대부분 저렇지 않냐고 반문할 수 있겠지만, 전혀 그렇지 않다. 귀여운 얼굴로 개성 만점의 자아를 표현한 중세의 그림이 얼마나 많던가. 저렇게 사람들을 모두 같은 얼굴과 같은 자세로 그린 이유는 '가문'을 드높이기 위해서였을 것이고, '우리 가문 영원히!'라는 바람이 들어 있어서였을 것이다. 게다가 전부 동일한 얼굴을 한 것은 가족 구성원 모두가 똑같이 고귀하다는 의미를 갖고 있다.

이로써 사다리는 끊어졌다. 신분 상승의 흔적은 삭제되고 왕후장상의 씨가 따로 있는 것으로 말이다.

---

4 국왕 칙령의 작성 및 관리, 사법을 관장하는 매우 높은 자리이고 국왕의 옥새도 관리한다. 이 때문에 프랑스는 지금도 법무부 장관을 '국장國章 관리자'라고 부른다.

오늘날엔 한 세대 안에서의 신분 수직 상승도 심심찮게 보이긴 한다. 그럼에도 전반적인 상황은 중세와 비교해 별로 달라진 것 같지 않다. 수 세대에 걸쳐 이뤄낸 주베늘 가문의 상승도 결코 흔한 경우가 아니었다.

우리는 모두 자신이 스스로 노력해서 여기까지 이룬 것으로 보이고 싶어한다. 하지만 과연 그럴까. 실제로는 금전적이든, 문화적이든 어느 일정한 자산 위에서 출발한 경우가 상당수다.

6.

센강은 좌우로 흐른다:
강변우로와
강변좌로 이야기

한강을 기준으로 서울은 강북과 강남으로 나뉜다. 이와 마찬가지로 파리도 센강을 중심으로 강북과 강남으로 나눌 수 있을 텐데, 문제는 센강이 한강처럼 '一'자로 흐르는 강이 아니라는 점이다. 파리 전체로 보면 센강이 'ㄱ'자 형태로 흐르기 때문에 보통 파리를 '강우rive-droite'와 '강좌rive-gauche'로 나눈다. 파리의 역사가 오래됐고 센강도 파리를 오랫동안 나누어왔기에, 강우와 강좌라고 하면 자연스럽게 따라붙는 느낌이 있다.

강우는 왠지 도시·정치·행정과 관련된 느낌이고, 강좌는 예술·학문·창조와 관련된 느낌이다. 가령 2016년 강좌에 속하는 파리 13구는 한 거리 이름을 스티브 잡스 가로 지으려 했다. 혁신가의 이미지를 내세운 것인데, 당시 13구의 공산당과 녹색당이 주도하여 이 시도를 물리쳤다. 잡스가 강좌에 어울리는 인물이 아니라는 이유에서였다.

물론 부동산은 강우든 강좌든 둘 다 비싸다. 다만 이 파리의 강변북로, 아니 강변우로와 관련된 이야기가 있다. 이 도로의 실제 이름도 강변우로la voie express rive droite인데, 파리의 강변우로 이야기는 퐁피두 대통령(1911~1974)의 선물이 어떻게 변질됐느냐에 대한 내용이기도 하다.

퐁피두 대통령 재임기는 1968년 시위의 여파로 인해 '새로운 사회' 정책을 펴던 변혁의 시대였다. 우파 정부이기는 하되, 표현의 자유 강화나 경구 피임의 합법화 등 좀더 열린사회를 지향했던 퐁피두 정부는 파리 시민에 대한 크리스마스 선물이자 현대성의 상징으로, 파리의 동서 지역을 신호등 없는 지름길로 잇고자 했다.

아마 대선에 나가기 위한 치적으로서의 의미도 있었을 텐데, 아직 총리 시절이었던 1967년 12월 강변우로의 공사를 시작한다. 처음 건설할 때는 이 도로의 건설을 가지고 정치권이 흔들릴 줄 몰랐을 것이다. 물론 자신이 일찍 사망할 줄도 몰랐을 것이고.

퐁피두 사후, 1974년 지스카르 데스탱 대통령 시절 파리 시의회는 이 도로의 이름을 '퐁피두'로 하려 했다. 그런데 당시 『르몽드』 등 언론들은 이미 이런 자동차 전용 도로의 효용에 대해 의구심을 품기 시작했다. 다만 파리 시의회의 '퐁피두 가도' 명칭의 제안은 1975년 결의가 채택되고 1976년 팻말을 세움으로써 실행됐다. 여담이지만 '퐁피두 가'를 발표한 인물 역시 차기 대통령이 되는 당시 자크 시라크 총리였다. 그래서인지 이 도로의 건설에는 정부 예산이 80퍼센트나 들어갔고, 지자체(파리시) 예산은 20퍼센트만 동원됐다.

이 강변우로는 완전히 새로 만든 게 아니라 기존의 도로를 연결한 방식이었고, 파리 시내에 자동차 전용 도로를 만든다는 발상도 새로운 아이디어는 아니었다. 파리는 이미 1937년부터 전용 도로를 만든 도시였으며, 속도 제한도 일반 시내 도로와 같았다. 하지만 당시 야당이던 사회당의 반발이 심상찮았다. 루브르는 우회해야 한다든지, 아예 센강 주위로는 차가 못 다니게 다 막아버리자든지 등등.

퐁피두는 앞서 얘기했지만 국가는 물론 파리시도 대단히 많이 바꾼 장본인이었다. 급행전철RER이 이때 도입되었고, 오페라 광장과 라데팡스를 관통하는 도로가 만들어졌으며, 파리의 행정 구역도 크게 변경됐다. 강변우로에 대해 퐁피두는 퐁네프를 지나 터널을 나온 후 루브르를 보면 미학적으로도 훌륭하다는 등 묘하게 칭찬했다.

자연스럽게, 퐁피두는 강변좌로(강변우로는 강변북로, 강변좌로는 올림픽대로가 연상된다)도 구상했었다. 파리 시의회는 1971년 강변좌로(안)을 통과시켰지만 퐁피두의 사망 이후 취임한 데스탱 대통령이 이를 취소시킨다. 경제 사정이 주된 이유였지만 퐁피두의 이미지가 파리 시민들 사이에서 안 좋게 바뀌었던 탓도 있었다. 워낙 파리 시내 바꿔대기를 많이 한 통에 당시 그의 별명은 '파리의 암살자'였다.

그렇다면 강변우로의 운명은? 2001년, 베르트랑 들라노에 시장(사회당) 때 바뀐다. 사회당 및 녹색당 세력은 여름휴가 기간에 강변우로 중간 부분의 자동차 운행 금지 결정을 내린다. 여름에는 강안을 해변 피서지처럼으로 바꾸는 '파리 해변Paris-Plages' 행사가 열리기 때문이었다. 하지만 2015년 시장직에 오른 안 이달고는 여름휴가 기간만이 아니라 아예 365일 자동차 운행 금지령을 내린다. 당연히 우파는 저항했고, 행정법원은 2018년 2월 환경영향평가 결과가 부정확하고 부적절하다는 이유로 시장 명령을 취소시킨다.

물론 안 이달고 시장도 바로 항소했는데, 이건 아무래도 퐁피두의 유령이 아직 센강을 떠돌아서이지 않을까. 마침 퐁피두센터도 강 오른쪽에 있다.

7.
파리 치즈 가게의
자존심

크리스마스가 되면 스위스의 전통 음식이라 할 수 있는 퐁뒤 Fondue를 떠올리자. 초콜릿이나 돈세탁 서비스처럼 스위스의 특산품이라 할 수 있는데, (나는 좋아하지만) 친구들에게 선뜻 권하기는 주저된다. 그러고 보니 언젠가 재즈 페스티벌로 유명한 스위스 몽트뢰의 한 편의점 앞에서 다트를 잘 던진 덕분에 퐁뒤 제조 세트를 선물로 받았던 기억이 난다. (몽트뢰는 꼭 가볼 만한 곳이다. 특히 스위스 포도주가 정말 맛있다.)

그러나 이번에 다룰 이야기는 스위스가 아닌 프랑스에서 일어난 것이다. 지역별 맞춤형 영어 언론인 『더 로컬The Local』 프랑스 지사의 영국인 기자 벤 맥파틀랜드는 연말도 되고 해서 퐁뒤를 해 먹으려고 치즈를 사러 파리의 치즈 가게에 갔다. 퐁뒤 전문가를 자처하는 그는 이번에 보포르Beaufort 치즈로 퐁뒤를 만들고 싶어했다. 이 보포르 치즈가 스위스 근처에서 생산된다. 당연히 맛은 아주 좋다.

가게   뭘 해 드시려고?

기자   퐁뒤요. 200그램 주쇼.

가게   안 돼. 퐁뒤용으로 보포르는 지나치게 좋아요. 그거 녹
       는 꼴을 보자니 내 마음이 다 아프네.

기자   하하. 농담도 무슨! 그럼 400그램 주세요.

가게   안 돼요. 그거 낭비야. 킬로그램당 39유로 하는
       2015년산 보포르는 퐁뒤용으로 너무 비싸요.

기자   가격은 상관없어요. 그냥 주세요.

가게   안 된다니까. 차라리 아봉당스Abondance를 줄게. 비슷
       한 치즈이고 더 저렴하기까지 하니.

기자   그래요. 하지만 보포르도 같이 주세요.

가게   퐁뒤에 넣을 거지?

기자   예.

가게   그럼 안 돼.

자, 어떻게 하면 저 보포르 치즈를 살 수 있을까? 가게는 구매
계약서를 쓰자고 했다. 그래서 불쌍한 이 기자는 녹이거나 부수
지 않겠다는 조건으로 보포르 치즈와 함께, 퐁뒤용으로 아봉당
스 치즈도 구매했다.

가게 주인의 설명은 이렇다. 2015년산, 그러니까 2년 된 보포
르 치즈는 구하기가 더 힘들어지고 있다. 다만 (아는 사람들은 알

겠지만 보포르는 껍질을 벗
겨내서 먹는다) 묵히는
과정이 쉽지 않기 때
문에 더더욱 고가로 변
한다. 그래서 가게 주인
은 '네가 정 원한다면 6개
월 된 보포르 치즈를 파는
슈퍼마켓을 소개해주마'라고까지
말했다.

퐁뒤.

　이를 둘러싼 트위터의 반응은 어땠을까? 의외로 치즈 가게 편
이 많았다. 계획했던 퐁뒤 게이트가 결국은 프랑스 치즈 문화 칭
송으로 끝난 느낌이다. 퐁뒤는 그런 치즈로 만드는 게 아니라는
의미다. 이 기자도 가게 주인의 말처럼, 보포르 치즈를 크래커 또
는 맥주와 함께 먹었다. 브렉시트도 있고 하니 추방당하지 않기
위해서였을 것이다.

　이쯤 해서 드골 대통령이 했던 유명한 말이 떠오르지 않을 수
없다.

치즈가 258개 종이 있는 나라를 어떻게 다스리겠소?

Comment voulez-vous gouverner un pays ou il existe 258 variet-

es de fromage?

(70개, 300개, 400개 등 다양한 버전이 있는데 여기에선 『르몽드』 기

록을 따랐다.)

파리만의 또 다른 에피소드로 BBC의 파리 특파원인 제니퍼 앤 스콧의 전 남친과의 이야기가 있다. 파리의 한 식당에서 그녀는 (당시) 남친과 포도주를 마시다가 스테이크를 주문하기로 했다.

식당 종업원　어떻게 구울까요?
기자　　　　웰던이요.

이 커플은 정중히 식당에서 나가줄 것을 요청받고 (포도주 값은 지불하지 않은 채) 쫓겨났다.

어떤 이들에게 웰던은 범죄다. 사실 이 장면은 넷플릭스 드라마 「에밀리, 파리에 가다Emily in Paris」에서도 그대로 되풀이된다. 주인공인 에밀리는 스테이크를 좀더 구우려 했고 그때 요리사(알고 보니 이웃이자 남자 주인공이었다)가 나타나 그대로 한번 먹어볼 것을 권한다.

8.
파리지엔은
과연 존재하는가

하얀색 셔츠를 입되 가슴 쪽의 단추는 풀어야 한다. 브래지어
와 바지는 어울리게 입어야 하고, 술과 담배를 즐긴다. 그러나 유
독 피부에는 광채가 난다. 하루 종일 테라스에 앉아 책을 보며
커피를 마신다. 남성용 셔츠도 즐겨 입는데, 집에 다리미는 없어
도 다리미질이 돼 있다.

아트 시네마에서 영화를 본다. UGC 극장(한국으로 치면 CGV
에 견줄 만하다)은 가지 않는다. 헤어스타일은 헝클어졌지만 기름
지지 않았다. 좌우를 쳐다보지 않은 채 도로를 막 건너다니지만
차에 치여 죽는 일은 없다. 하얀 티셔츠를 입고 있지만 얼룩은
절대로 없다.

립스틱이 결코 이빨에 묻지 않는 그녀는 매력적이려고 노력하
는 일이 없는데도 매력적이다. 화장은 하지 않는다. 몹시 말랐다.
다이어트도 안 한다. 자유롭고 시크하며 재미있다. 유행을 좇지

는 않지만 언제나 패션의 최전선에 있다.

누구인가? 파리지엔이다.

도대체 언제부터 파리지엔이 이런 이미지를 가졌는지는 확실한 기록이 없다고 해도 일단 은 루이 16세의 왕비, 마리 앙투아네트부터 가 시작일 것이다. 그녀는 딱 한 옷가게, 그 러니까 당시 패션부 장관으로 불렸던 로즈 베르탱의 옷만 입었기 때문에 패션의 흐름 을 좌우하는 곳은 파리와 베르사유였다. (모든 유럽이 18세기 당시 프랑스 왕실을 흉내 내려 했기 때문에 결국 파리에서 유럽으로 패션이 흘러갔다.) 하지만 이건 패션이며, 파리지엔의 일부일 뿐이다.

1900년에 개최됐던 파리 엑스포 홍보 자료의 설명을 보자.

"파리지엔은 인생 각각의 상황에 적합한 재치로 가득한 우아함 때문에 다른 여자들과 차별화된다. 파리지엔에 게는 절제와 취향, 타고난 세련됨과 그녀 들에게서만 볼 수 있는, 형용할 수 없는 뭔 가가 있다. 모더니즘과 우아함의 혼합, 우리는 그것을 시크chic라고 부른다."

현대 여성 잡지에 쓰여 있다고 해도 과언이 아

닐 정도로 훌륭한 묘사다. 저 때부터 파리지엔에 대한 막연한 이미지가 생겨났다는 얘기다. 여기에 코코 샤넬이 일으킨 의복 혁명(여자들을 코르셋으로부터 해방시켰다)이 있었고, 그 후 영상물도 등장한다. 브리짓 바르도와 잔 모로, 제인 버킨까지 우르르 나왔다.

음악과 그림, 영화를 통해 이와 같은 인식은 세상으로 퍼졌고, 헤어스타일(내가 살았던 모로코의 부잣집 여자들이 주말마다 파리 미용실로 비행기를 타고 갔던 기억이 난다), 식도락, 사랑, 단순한 삶을 파리와 연관하여 생각하기 시작했다는 의미다.

유독 영어권이 더 심하다고 하면 심할까? 『보그』에는 아예 정기적으로 나오는 섹션인 '프렌치 걸 스타일'이 있고, 아장 프로보 카퇴르나 콤 데 가르송처럼 브랜드명은 불어이지만 각각 영국, 일본에서 나온 브랜드도 있다.

결국은 마케팅용이라는 이야기일까? 프랑스 여자처럼 입는 법이나 프랑스 여자처럼 다이어트하는 법, 프랑스 여자처럼 늙지 않는 법…… 혹은 프랑스 여자처럼 사랑하는 법에 대한 책들도 여전히 나오고 있으며, 2020년 넷플릭스 드라마 「에밀리, 파리에 가다」 또한 이 연장선상에 있다고 봐야 할 것이다. 실제로 극 중 에밀리처럼 파리지엔의 이미지를 갖고 수많은 팔로워를 거느린 인스타그램 인플루언서(가령 잔 다마스가 있다)가 많다. 당연한 말이지만 에밀리 역할을 맡은 릴리 콜린스뿐 아니라 극에 등장하는 파리지엔들의 패션은 훌륭하다.

그러므로 자연스럽게 프랑스 회사들도 이런 이미지를 활용하고 있다. 파리지엔이 워낙 캐리커처처럼 정형화돼 있기 때문이다. 가령 현대적인 파리지엔은 아무래도 장 폴 고티에의 새로운 여성용 향수 '스캔들Scandal' 광고를 보면 그 결을 느낄 수 있는데, 클럽에서 신나게 논 젊은 파리지엔이 마지막에는 장관으로 변신한다. 게다가 장 폴 고티에의 경우 2018년 파리·파리지엔에 대한 클리셰 자체를 비트는 광고 시리즈인 '파리의 클리셰'도 만들었다.

책도 있다. 현대 샤넬의 영원한 수석 디자이너였던 카를 라거펠트의 뮤즈이기도 했으며, 파리지엔 중의 파리지엔이라 불리는 이네스 드 라 프레상주는 『라파리지엔La Parisienne』이라는 책을

2010년에 출간했고 곧이어 17개 언어로 번역됐다. 워낙 파리지엔의 상징이 된 모델이었던 터라 그녀의 이름을 딴 향수와 패션, 책, 양말, 시계, 크림 등이 나왔다. 이 정도면 충분할까? 아직 멀었다.

그래서 파리지엔은 유니콘과 같다는 말이 나온다. 아무도 본 적 없지만 모두가 알고 있다. 이 말은 작가 장루이 보리가 한 것인데, 원문은 이렇다.

파리지엔은 전설의 동물이다. 유니콘처럼 그 누구도 본 적은 없지만 모두가 알고 있다.
La Parisienne est un animal legendaire. Comme la licorne. Sans que personne ne l'ait jamais vue, tout le monde la connaît.

(다 거짓말이지만) 전설의 동물은 꿈을 꾸게 해준다. 파리도 사람 사는 도시이고 파리지엔이 아닌 여자들도 잔뜩 있다는 의미다. 운동복 입고 뛰는 사람도 많고, 커피 안 마시고 바게트 안 먹는 사람도 많으며 물론 책 안 읽는 사람도 많다. 당연한 말이지만 파리지엔은 마르고 잇백을 든 파리 시내의 젊은 백인 여성만 가리키는 것도 아니다. 어쩌면 파리지엔의 이미지는 스테이시 마르탱(파리 출신 모델)보다는 아야 나카무라(말리계 프랑스 가수)에 더 가까울지도 모른다.

결국 유일하고도 진정한 파리지엔은 파리뿐.
Finalement, la seule vraie Parisienne c'est Paris.

9.
엘리제의
또 다른 젊은 주인

1977년생 에마뉘엘 마크롱 대통령이 2017년 취임했던 당시 마흔도 안 된 젊은 엘리제궁의 주인이 된 것은 사실이지만, 엘리제궁에는 그때 38세의 1978년생 주인이 또 한 명 있었다. 엘리제궁 수석 요리사인 그의 이름은 기욤 고메즈Guillaume Gomez다. 뭔가 대통령 궁 자체가 확 젊어지는 느낌이다. 그는 25세인 2004년 기능 장인 훈장을 받았을 때부터 이미 최연소를 기록했던 요리인이다.

엘리제의 요리사 이야기를 잠깐 하자면, 가장 유명한 인물은 아무래도 베르나르 보시옹Bernard Vaussion(1953~)일 것이다. 제2차 세계대전 이후 드골과 마크롱을 제외한 프랑스의 모든 대통령을 모셨던 인물인 그는 자크 시라크 대통령 때 수석 요리사에 올라 프랑수아 올랑드 대통령 임기 초반에 퇴임했다.

보시옹을 수석 요리사로 진급시켜줬던 시라크 대통령은 송아

지 머리 고기를 좋아한다는 소문이 있기는 했지만 대체로 소박하고 단순한 식단을 선호했다고 한다. 문제는 시라크 여사였다. 그녀는 당연히 영부인으로서 요리실을 휘어잡았고 여자 요리사는 절대로 못 뽑게 했다. 게다가 고기를 써는 방향까지 제시하는 등 힘을 행사했다고 한다.

자, 그렇다면 그의 후임인 기욤 고메즈는 어떤 인물일까? 엘리제궁 요리사인 만큼 그간의 경력이 짧지 않았다. 호텔학교EPMT를 나온 뒤, 파리 12구에 있는 식당 르트라베르지에르Le Traversière에서 요리사를 지냈으며, 엘리제궁에는 19세인 1997년에 들어간다. 즉 베르나르 보시옹이 뽑은 인재가 고메즈였다. 다만 대통령 궁 요리사 생활에 회의를 느꼈던지 2012년 5월, 정권이 사르코지에서 올랑드로 교체될 때 그는 그만두려 했다고 한다.

그의 사직을 막기 위해 사르코지 대통령은 임기 마지막 시기 그에게 정부공로훈장을 수여한다. 그러고는 그를 향해 당신이 얼마나 굉장한 프랑스의 이미지를 만들어내는지 결코 모를 거라면서 잔류를 권했다.

그는 엘리제궁에 남기로 한다. 그래서인지 2012년 새로 취임한 올랑드 대통령의 신임도 견고했다. 2014년 시진핑 중국 주석이 프랑스를 공식 방문했던 당시, 니콜 브리크 대외 무역부 장관이 엘리제궁 저녁 식사가 형편없다고 말한 적이 있다. 그러나 고메즈는 사과하지 않았고 여론도 모두 고메즈 편이었으며, 고메즈를 천거했던 베르나르 보시옹 역시 고메즈 편이었다. 올랑드 대통령도 고메즈를 해임시키기를 거부했으며, 오히려 그에 대한 신임이 확고하다고 말했다. 결국 브리크 장관이 개인적으로 고메즈에게 사과하는 것으로 사태는 일단락됐다.

마크롱 대통령도 동년배인 그를 신임했는데 마크롱처럼 젊었던 고메즈는 동시에 책도 한 권 낸다. 『엘리제의 셰프, 기욤 고메즈의 수첩Le Carnet de Guillaume Gomez, chef de l'elysee』이라는 제목의 요리책이다. 실제로 자신의 요리 수첩이 모델이라고 하는데 여느 요리책과는 차이점이 있다. 사진이 전혀 없다는 점이다. 대신 오렐리 사르트르라는 삽화·만화가가 그림을 그렸다.

책에 사진을 넣지 않은 이유는 사람들이 너무 이미지만 좇아서라고 밝힌 바 있다. 그렇다고 아예 그림이 없을 수는 없으니 믿을 만한 삽화가에게 맡겼던 것이고. 당연한 말이겠지만 셰프가 젊다고 신뢰하지 못할 내용은 아닐 것이다. 엘리제궁에 들어간해가 1997년이니 벌써 20여 년의 경력인 셈이다.

그러나 이 책의 콘셉트가 '세계 정상들만 먹는 요리!'는 아니라고 한다. 개구리 뒷다리나 달팽이, 푸아그라도 포함돼 있지만, 일반인도 해 먹을 수 있는 요리 위주라고 한다. 『르몽드』나 『피가로』 기자들 앞에서는 당연히 겸손할 수밖에 없긴 하겠지만, 이 사람, 의외로 겸손하다. 주어를 말할 때 JE(나)라고 안 하고 ON(불특정 고유대명사, 대부분 '우리')을 사용하는 모습 때문이다. 언제나 '팀'으로 돌아가기 때문에 모두에게 공이 있다는 식이다. 실제로 그는 '팀'을 운영하면서 엘리제궁 조리실에 속해 있는 28명의 요리사에게 돌아가면서 '오늘의 셰프'를 맡긴다고 한다.

여러 말로 종합해보건대 그는 좋은 보스일 듯싶다. "주방에서는 쓸모없는 일이 없습니다. 모든 역할이 다 중요하죠." "요리사는 생산자나 농부, 판매자가 없으면 아무것도 할 수 없습니다." "게다가 전 뛰어난 사람들을 많이 만나요. (…) 저야 요리밖에 안 하는걸요."

『대통령의 식탁』.

그가 괜히 수석 요리사에 오른 것이 아니다. 그는 젊다. 기사에 나온 것처럼 인스타그램이나 트위터도 하고 있으며, 특히나 대통령 선거일에 트윗한 걸 보면 유머 감각도 다분하다.

'자기 보스를 고를 **파워**를 갖고 있을 때'
(트위터에 올린 짤방은 유권자 카드였다.)

한편 기욤 고메즈는 2020년 12월, 신간 한 권을 냈다. 제목은 『대통령의 식탁La table des Presidents』인데 대통령의 식사 메뉴를 만들면서 일어났던 일들을 적고 있다. 마크롱 대통령이 직접 이 책을 소개했다고 한다.

그리고 그는 2021년 3월부로 엘리제 수석 요리사직을 사임한다. 그의 새로운 직책은 마크롱 대통령 개인을 대표하여 프랑스 음식을 알리는 일종의 대사이며, 마크롱의 출장 때마다 곁에서 보좌하곤 한다. 그에 따르면 심사숙고 끝에 "좀 다른 방식으로 국가에 봉사"하기로 했다고 한다. 마크롱 대통령 개인의 임무 지시서를 통해 자리가 창설됐으며, 마크롱 대통령이 2021년을 "프랑스 미식의 해l'année de la gastronomie française"로 지정한 것과 같이 이뤄졌다. 물론 2023년 파리 럭비 월드컵과 2024년 하계 올림픽까지 내다보고 내린 결정이라고 한다.

그의 후임으로는 최초로 여성 요리사가 수석에 오르리라는 소문이 돌았지만, 실제로는 프랑스 상원의장 전속 요리사였던 파브리스 데빈Fabrice Desvignes(1973~)이 임명됐다.

지역 정보

엘리제궁

파리 8구 55번지에 위치해 있는 프랑스 대통령 공관이자 관저. 루이 15세가 정부情夫인 퐁파두르 부인에게 제공했던 것으로 유명하다. 그 외 나폴레옹의 매제인 조아생 뮈라가 거주하기도 했다. 이곳이 대통령 궁이 된 것은 제2공화국 때(1848~1852)부터였으며, 황제에 올랐던 나폴레옹 3세도 공관 및 관저로 사용했다. 다만 샤를 드골 대통령은 '나폴레옹이 퇴위를 당했고 숙적인 웰링턴 공작이 거주하기도 했으며, 나폴레옹 3세가 쿠데타를 일으켰던 곳'이라며 거주를 꺼린 것으로 알려져 있다. 대신 드골은 중앙과 서부, 동부를 각각 의전, 공관, 관저 식으로 나눴고 그 이후의 대통령들은 드골의 배치에 따라 거주해왔다.

10.

프랑스 대혁명 기념일은
어째서 7월 14일일까?

프랑스 대혁명 기념일은 7월 14일이다. '아, 그렇다면 1789년 이후 매년 7월 14일엔 축제를 즐겨왔겠군'이라고 생각하면 오산이다. 의회 투표를 통해 7월 14일이 공식적으로 대혁명 기념일이 된 것은 1880년이었다. 그럼 그 전에는 7월 14일을 안 즐겼다는 뜻일까?

1870년 프로이센-프랑스 전쟁을 통해 나폴레옹 3세의 제2제정이 무너지면서 드디어 왕정을 무너뜨린 혁명을 기념할 만한 분위기가 됐지만 1871년에 세워진 초창기의 제3공화국은 여전히 왕당파 대 공화파 대결의 장이었다. 왕당파는 대통령 임기를 10년으로 제안했던 반면 공화파는 5년으로 하자고 대립하면서 싸우다가 그 중간인 7년으로 법제화됐던 때가 1875년이다. 이때 중심인물이 나중에 제3공화국의 제3대 대통령에 오르는 파트리스 드 마크마옹이었다.

그는 왕당파이면서 뭔가 왕당파 아닌 면도 있었는데, 의회 해산을 통해 어떻게 좀 해보려다가 선거에서 패배해 1879년 스스로 물러났다. 즉 1870년대 후반이 돼서야 혁명 기념일에 대해 논할 분위기가 마련됐다는 얘기다. 이때 여러 날짜가 후보로 나온다.

[후보 1] 6월 30일

1878년은 파리 엑스포가 열렸던 해다. 스스로가 왕당파였던 마크마옹이 사임한 이후에야 제3공화국은 공화국의 면모를 갖췄고, 드디어 혁명 기념일 논의가 시작됐으며 6월 30일이 후보로 잡혔다. 특별한 이유는 없었다. 이왕 혁명을 기념하는 거라면 파리 엑스포가 열릴 때 같이 하자는 것뿐이었다. 당연히 그런 이유로는 의회를 통과할 수 없다.

[후보 2] 5월 5일 혹은 6월 20일

프랑스 대혁명의 삼부회를 다들 기억하실 것이다. 이 삼부회가 열렸던 5월 5일은 어떨까? 삼부회로 부족하다면 혹시 테니스코트의 맹세[5]가 있었던 6월 20일은 어떨까? 하지만 삼부회니 테니스코트니 하는 것은 다 부르주아들에게만 해당되는 일이었다. 게다가 삼부회 자체가 앙시앵 레짐에 속해 있는 제도였다. 기각.

---

5 1789년 프랑스 왕국에 반발한 삼부회가 테니스코트에서 헌법 제정을 요구한 사건이다. 자크 루이 다비드의 회화 「테니스코트의 맹세」가 유명하며, 「은하영웅전설」 OVA판 제18화 '립슈타트 밀약'에 패러디로 나온다.

프랑스 대혁명.

[후보 3] 8월 26일

생뚱맞지만 이날도 후보였다. 1789년 프랑스 인권선언(프랑스 헌법의 연원 중 하나다)이 나온 것이 바로 이날이기 때문이다. 인권이 좋다고 하더라도 여전히 왕당파가 상당한 세력을 갖고 있었기 때문에 이건 국민 통합과는 괴리감이 있다. 거절.

[후보 4] 8월 10일

이날은 1792년, 공화파가 튀일리궁을 습격하여 국왕의 권력을 정지시킨 날이었다. 이렇게 설명하면 뭔가 자연스럽게 국왕의 권력이 정지됐다는 식으로 들리는데, 사실 이날 상당한 전투가 있었다. 스위스 용병으로 구성된 국왕 근위대가 거의 몰살당할 뻔했던 것이다. 혹시 이날을 기념으로 하면 프랑스가 아닌 스위스 용병들을 기념하는 날이 되어버리지 않을까?

[후보 5] 9월 21일 혹은 9월 22일

이날은 1792년에 공화국을 선포한 날이다. 위의 8월 10일만큼이나 왕당파를 자극하는 터라 국회 통과가 난망했다.

[후보 6] 2월 24일

서양사에 큰 영향을 주었지만 별로 유명하지 않은 혁명[6]이 있다. 1848년 2월 혁명을 통해 '시민왕' 루이 필리프가 실각한 날이다. 마지막 국왕이 힘을 잃은 날이라는 이유였는데, 마지막 국왕이라는 설명도 참 그렇다. 얼마 후 1851년 루이 보나파르트, 즉 나폴레옹 3세의 쿠데타가 일어나기 때문이다. 심지어 이 쿠데타는 성공하기까지 했던 터라 이날은 여러모로 안 좋았던 역사의 흐름을 생각나게 하는 후보였다.

---

6 1789년의 혁명과 1830년의 혁명, 1848년의 혁명을 실제로 헷갈려하는 사람이 많다.

[후보 7] 7월 14일

자, 그러면 1880년의 프랑스 의회는 어째서 7월 14일을 채택했을까? '바스티유 습격!' 했을 때 보통은 로베스피에르나 당통, 마라 혹은 마리 앙투아네트를 떠올리지 않는다. 즉 주역이 없다는 의미다. 주역이 없다면? 특별히 반대할 사람도 없다는 뜻이다. 게다가 1790년 7월 14일, 혁명 1주년 기념식이 프랑스에서 성대하게 열린 적이 있었다. 때아닌 연합 축제가 열린 날로, 1년 동안 혼란이 많았지만 왕당파든 감옥을 습격한 폭도들이든 모두 연합해서 바른 국풍을 만들자는 축제였다. 국왕 루이 16세는 축제를 통해 헌법 앞에서 맹세까지 했다. 200년 전의 국풍이었던 셈이다. 그 후로 프랑스에 몰아칠 더 큰 폭풍은 당시 아무도 몰랐지만 말이다. 누구도 반대할 이유가 없었기에 채택.

11.

생미셸 가의
자코메티

2017년 개봉했던 영화 「파이널 포트레이트Final Portrait」
의 주인공은 스위스 칸톤(그리지오니 혹은 그라우뷘덴) 출신의
이탈리아어를 사용하는 알베르토 자코메티Alberto Giacomet-
ti(1901~1966)다. 이 자코메티의 친한 친구 중 프랜시스 베이컨이
있다. 그런 까닭에 전시회를 두 작가의 작품으로 구성하는 경우
가 이따금씩 있다.

영화는 자코메티와 베이컨 둘 다 서로 영향을 주고받으며 잘
살았다는 얘기인데, 1965년 런던 테이트 갤러리에서 환담 중인
자코메티와 베이컨의 모습을 보면 둘의 작품 전시회를 같이 할
요인이 충분히 있다는 게 읽힌다. 물론 자코메티가 8년 형님이어
서 그런지, 베이컨은 자신이 자코메티로부터 큰 영향을 받았다
고 얘기하곤 했다. 당시는 추상주의가 득세하던 전쟁 직후라 두
사람 다 인간의 형태에 주목했다. 자코메티의 조각 「르네Le Nez」

「르네」, 알베르토 자코메티.

와 베이컨의 그림 「벨라스케스의 인노첸시오 10세 초상화에 따른 연구Study after Velazquez's Portrait of Pope Innocent X」를 나란히 보여주는 미술관 웹사이트도 있다.

하지만 무엇보다 둘을 이어주는 중요한 요소가 하나 있다. 바로 여자다. 프랜시스 베이컨은 게이가 아닌가 하는 시선을 받았지만, 황진이가 지족선사를 파계시켰듯 베이컨을 파계시킨 여인이 있었고 그 여인은 자코메티의 여인이기도 했다. 이자벨 니콜라스, 이자벨 델머, 이자벨 램버트, 이자벨 로손 등 성이 여러 개인 그녀는 결혼을 세 번 했고 특히 두 번째와 세 번째 남편은 서

「벨라스케스의 인노첸시오 10세 초상화에 따른 연구」, 프랜시스 베이컨, 1953.

로 친구 관계였다.

당연하겠지만 주된 무대는 파리다. 그녀는 조각가인 제이컵 엡스타인과 화가 앙드레 드랭, 파블로 피카소의 모델이기도 했다. 특히 드랭과 이자벨은 같이 살면서 그 유명한 발튀스 부부와 함께 여행했다. 그 외에도 영국의 조각가이자 팝아트의 선구자였던 에두아르도 파올로치의 이자벨에 대한 묘사는 아래와 같았다.

"그녀가 식당에 들어서면 의자에 앉을 때까지 모든 포크가 허공에 잠시 멈췄죠."

1937년 어느 날 한밤중의 생미셸 가(뤽상부르 공원과 소르본 사이), 고압적으로 서 있는 이자벨을 본 자코메티는 앞으로 이 여인을 사랑할 수밖에 없음을 깨닫는다. 곧 그 둘은 같이 살았지만 전쟁으로 인해 (과연?) 헤어졌다.

전후 그녀가 거주지를 영국으로 옮긴 다음에는 프랜시스 베이컨이 등장했다. 앞서 이야기했듯이 동성애자인 베이컨을 파계시킨 그녀는 원래 베이컨의 술친구였고, 결혼 후에 베이컨이 그녀의 옆집으로 이사왔다. 베이컨에게 있어서 그녀는 인노첸시오 10세와 동급이다. 그녀를 어떻게 바라봤는지는 1967년 그가 그린 그림을 보면 알 수 있다.

이자벨과 자코메티, 베이컨은 1955년에 칸에서, 그리고 1962년 런던에서도 같이 만났다. 자코메티는 어떤 감정이었을까?

여담이지만 프랜시스 베이컨은 이자벨이 사망한 후 몇 달 뒤 세상을 떴다.

12.

샹그릴라 호텔의
무도회

상당히 신기한 영어권 국가들의 관습 중에 발Bal이라 불리는 사교 무도회가 있다. 이것은 영어 단어가 아니다. 불어 단어인 '발'로서, 발음 역시 '발'임에 유의하시라. 어차피 영어권 어휘가 고급으로 가면 대부분 불어로 바뀌니 이것도 그대로 따온 단어라고 할 수 있을 텐데(그 이유는 생략한다), 마찬가지로 프랑스어에서 나온 영어 단어인 데뷔탕트 볼Débutante ball이라는 개념이 있다.

이것은 18세기 영국 소설들을 보면 흔히 나오는 무도회 행사를 가리킨다. 그냥 무도회가 아니고 10대 후반의 귀족 여자들을 사교계에 '데뷔'시키는, 그러니까 좋은 남편감을 찾기 위한 행사가 바로 데뷔탕트 볼이었다. 다만 영국은 왕국답게 이 무도회가 상당히 공식적이었다. 10대 후반의 귀족 소녀들에게 하얀 드레스와 흰 장갑을 입히고 끼워서 국왕과 여왕에게 인사시키는 형식

2011년에 열렸던 르 발 데 데뷔탕트.

이었다. 18세기 영국을 그린 수많은 소설과 영화의 장면처럼 말이다.

이 관습은 1950년대 중반, 엘리자베스 2세의 결단으로 무도회 절차 중 국왕에게 인사하는 부분까지는 사라진다. 물론 무도회 자체가 사라진 적은 없다. 영국 내에서는 자기네끼리 혹은 특정 그룹끼리, 가령 '러시아계 귀족들의 데뷔탕트 볼'과 같은 것도 남아 있다. 그렇다면 국왕이 없는 데다 제도상으로나 법적으로 귀족도 사라져버린 프랑스에서는 어떨까?

국왕과 귀족 없이도 프랑스는 1992년부터 개최된 르 발 데 데뷔탕트Le Bal des débutantes를 세계적인 이벤트로 만들어낸다. 영국식 '데뷔탕트 볼'을 프랑스식 '르 발'로 만들어버린 셈인데, 주로 프랑스 귀족과 대기업 가문의 딸들 스무 명을 모아서 사교계 데뷔 무도회를 개최한 것이다.

물론 여왕도 안 계시고 해서 영국식 '데뷔탕트 볼'과는 전혀 다르다. 이 이벤트를 만든 오펠리 르누아르(화가 르누아르와는 스펠링이 다르다)는 무도회에 오트 쿠튀르[7]를 도입한다. 초대한 여자들에게 샤넬이나 디오르, 오스카 드 라 렌타와 같은 오트 쿠튀르 브랜드를 하나씩 매칭시키고, 의상 제공과 함께 화장을 시킨 다음 무도회에 내보낸다. 물론 혼자가 아니라 '슈발리에chevalier'와 함께.

원래 '기사'를 의미하는 슈발리에는 두 부류가 있다. 초대받은 여자들이 직접 데리고 오는 경우가 첫째이고, 그럴 만한 후보가 없을 때 주최 측에서 어울릴 법한 남자를 슈발리에로 붙여주는 경우가 둘째다. 그렇다면 어떤 여자들이 11~12월 사교계의 최대 가십거리인 '르 발'에 등장하는지 궁금할 것이다.

르누아르의 말에 따르면 반드시 '재산'이 선정 기준은 아니라고 한다. 그래서 패리스 힐튼 같은 인물은 여기에 들지 못했다. 일단 왕족의 공주들은 당연히 합격이다. 실제로 데뷔탕트의 절대다수가 유럽 왕가 혹은 구왕가의 공주들이다. 그 외에는 대귀족, 정치가, 기업가, 배우들 딸이 다수 합격한다. 중국의 통신 재

---

7 오트 쿠튀르haute-couture는 원래 파리의 고급의상점조합 사무국에 해당되는 생디카syndicat에 가입한, 규모와 조건을 갖춘 의상점을 말한다. 1910~1930년대의 폴 푸아레, 가브리엘 샤넬, 엘자 스키아파렐리, 마들렌 비요네와 1940~1950년대의 크리스티앙 디오르, 피에르 가르뎅, 이브 생 로랑 등이 화려한 전성기를 보냈다. 현재도 매 시즌 오트 쿠튀르가 열리고 있는데 직접적인 의상 판매보다는 트렌드를 결정지을 만한 디자인의 디테일과 소재의 활용, 패션이 예술로 계승되는 정신을 선보이는 무대가 되고 있다.

벌 회사 회장님 딸도 합격이다. 동북아시아계에서는 일본과 중국의 합격 사례가 있으며, 인도나 필리핀의 회장님 딸들은 자주 합격하는 모양이다.

한편 2020년은 코로나19로 인해 개최되지 못했고, 다음 발은 2021년 11월로 계획되어 있다. 그동안 참여했던 유명 데뷔탕트를 보면 조지 H. W. 부시 대통령의 손녀딸인 로런 부시나 데미무어와 브루스 윌리스의 딸 스카웃 라뤼, 필 콜린스의 딸이자 넷플릭스 드라마 「에밀리, 파리에 가다」에 나오는 릴리 콜린스 등이 있다.

특징이라면 그들이 전문 모델은 아니라는 것이다. 하지만 자선 행사를 겸한 이 이벤트가 서구권 상류사회의 화제로 떠오른 이유는 오트 쿠튀르가 잔뜩 달라붙기 때문일 것이다. 당연히 이들 고급 의복 회사는 마케팅할 기회이기도 하고, 보통은 부모도 함께 초대하기 때문에 윗분들과의 대화를 자연스럽게 이어갈 기회이기도 하다. 뭔가 빌더버그 클럽[8]의 냄새가 나기도 한다.

재미있는 점은, 대상 후보들이 16세가 될 때부터 접촉을 시작한다는 사실이다. 물론 이들 스스로 '르 발' 측에 연락해서 가고 싶다고 말하는 경우도 있지만 선별 과정은 극도로 불투명하며 부모가 유명 인사이면 당연히 유리하다. 가령 프라다를 입은 악마

---

8 빌더버그 그룹, 빌더버그 콘퍼런스, 빌더버그 소사이어티 등으로도 부르며, 처음 열린 네덜란드 현지 발음대로 빌데르베르흐로도 발음한다. 주로 유럽과 미국의 왕실 관계자, 귀족, 국제 금융계 인사, 국가 수반, 정치가 등의 거물들이 1년에 한두 번 고급 호텔을 전세 내 정기적으로 모임을 갖고 다양한 국제 이슈를 논한다.

안나 윈투어의 딸인 비 샤퍼도 2000년에 르 발에서 데뷔했다.

흥미로운 점은 이외에 또 있다. 이방카 트럼프도 열여섯 살이 됐을 때 접촉이 있었던 모양인데, 중개인이 뭔가 잘못했던 탓인지 이방카에 대한 초대는 이뤄지지 않았다. 그러니까 같은 시기, 유럽의 모든 걸 재현하고 싶어하는 미국도 이때부터 본격적인 데뷔탕트 볼을 시작한다. 보통은 뉴욕의 월도프아스토리아 호텔에서 개최하며, 철저하게 소개와 초대로만 참가가 가능하다. 이방카 트럼프도 여기 출신이다. 미국의 데뷔탕트들은 하얀색 드레스와 장갑을 끼는데, 드라마 「가십 걸Gossip Girl」에도 이 내용을 그린 에피소드가 있다.

세상은 여전히 이렇게 돌아간다는 것, 이것이 과연 우리에게 주는 메시지는 무엇일까.

지역 정보

샹그릴라 호텔

센강을 사이에 두고 에펠 탑이 바로 맞은편에 보이고 뒤로는 샹젤리제가 보이는 위치인 파리 중심 지역, 16구에 위치해 있다. 원래는 나폴레옹 1세의 먼 후손인 롤랑 보나파르트의 거주지였으며, 2010년에 호텔로 개장했다.

13.
루르드에 나타난
성모님

천주교 신자가 아니면 잘 모를 수 있는데, 상당히 유명한, 그것도 지금까지 기적을 일으키고 있는 성지가 하나 있다. 바로 루르드Lourdes다. 물론 한국에도 비슷한 곳이 있다. 충북에 있는 감곡매괴 성모 순례지인데, 여기에도 상당히 재미난 얘기가 많으며 루르드와 관련 있는 성당이기도 하다. 이 성당에 모신 성모상이 루르드에서 가져온 것인 데다, 감곡매괴성모순례지 성당을 만든 임가밀로 신부의 고향도 루르드 근처였다.

이 루르드에서 방앗간 집 첫째 딸 베르나데트 수비루Bernadette Soubirous(1844~1879) 앞에 성모가 나타났을 때가 1858년이니까 지금으로부터 약 160년 전의 일이다. 가난하고 배운 것 없는 소녀에게 흰옷을 차려입은 귀부인이 기도하는 자세로 나타나서 인사를 했고, 문맹인 소녀가 '원죄 없으신 잉태immaculado councepciou'라는 어려운 말을 했다. 저쪽 물을 마시라 했더니 거기서 샘물이 흘러나왔고 이후로 이 물이 기적을 일으키고 있다.

그러던 2018년 2월, 160년 동안 단 69건만 인정됐던 루르드의 기적 중, 최신판이 하나 더 등장한다. 똑같은 베르나데트라는 이름을 가진 모리오 수녀가 루르드 물을 마신 다음 병이 나았던 것이다. 말총신경증후군이라고 해서 중추가

베르나데트 수비루.

아픈 병에 걸려 있었는데 2008년 루르드 성수를 마시고 치료가 된 사례다.

여기서 주목해야 할 부분은 두 가지다. 첫째, 모리오 수녀는 2008년에 치료됐는데 10년 만에야 인정받았다. 둘째, 그녀는 70번째 기적 사례에 해당되는 인물이다.

이 예에서 보듯이 기적을 인정하기까지는 시간이 무척 오래 걸린다. 평균 10년이기 때문에 모리오 수녀는 '평균적으로' 제때 기적 인정을 받은 것으로 보인다. 가령 1952년, 심장병을 루르드 성수로 치료받은 한 이탈리아 여자는 2006년에야 기적을 인정

받았다. 54년 만이다.

70번째도 주목하자. 160년 동안 대략 7500건의 심사 요청이 들어왔다고 한다. 여기서 핵심적으로 활동하는 곳이 루르드 의무검증국Le Bureau des Constatations medicales이다. 의무검증국은 1858년, 그러니까 거의 기적이 생기자마자 설치됐다. 해당 지역 주교가 만든 것으로 가톨릭 교회의 기관이기도 하다. 따라서 기적 여부에 대한 최종 결재는 역시 교회가 한다. 현재는 하버드 의대 출신의 미국·이탈리아인 의사가 국장으로 재직 중이다.

기적 심사는 보통 30명 정도의 의료단이 하며 교회 측은 개입하지 않는다고 한다. 의료단에는 의사, 간호사, 약사 등이 포함되며 자원봉사자인 그들이 천주교 신자일 필요는 없고, 루르드에 상주하지도 않는다. 필요하면 소집되는 식이다. 게다가 보고되는 질환이 다양하기 때문에 수시로 관련 전문가 모집이 이뤄진다. 이 의무검증국의 성과는 어떨까?

실적을 보면 알 수 있는데 대단히 깐깐하게 심사한다. 여간해서는 기적으로 인정되지 않는다는 의미다. 현재의 의료 기술로 치료 불가능함이 '증명'돼야 하며, 성수가 아닌 다른 방식으로 치료된 것이 아님 또한 '증명'해야 한다. 게다가 성수를 마신 즉시 치료되어야 하고 말이다. 다만 암이라면 일반적으로 성수의 작용을 인정하지 않는다고 한다. 종합해보면 조건은 총 일곱 가지다.

1. 질병이 심각하고 치료하기 불가능하거나 매우 어려운가?
2. 치료된 질병이 마지막 단계에 도달해 있었는가?

QUE SOY
ERA
IMMACULADA COUNCEPCIOU

루르드의 성모.

3. 약물을 복용하지 않았거나, 복용했더라도 효과가 없었는가?

4. 치료가 갑작스럽고 즉각적이었는가?

5. 치료가 완벽했는가?

6. 기적이라 주장하는 상황 이전에 눈에 띄는 증상이나 위기가 있었는가?

7. 재발하지 않았는가?

가령 '이거 기적이 아니야?' 하는 사례가 접수됐다고 해보자. 의무검증국 현장에서 질병의 발생과 회복을 증명하는 수많은 문서를 소집하고, 현장에 없는 의료단에게 전송하며, 매년 11월에 개최되는 국제루르드의료회의CMIL에서 논의도 한다. 대체로 매년 40여 건이 보도되지만, 의료단이 직접 검증에 들어가는 사례는 4~5건에 불과하다고 한다.

당연히 현대 의학의 모든 기술을 동원해 검증하기 때문에 요즘은 기적 인정이 많이 어려워졌다. 그러나 이 모든 조건을 통과한 경우, 의료단에서 3분의 2 이상이 투표로 '설명 불가' 결과를 내면, 주교가 이를 기적으로 선포할지를 최종 결정한다. 다시 말해 의료단에서 설명 불가 판정이 나온다고 해도 주교가 기적으로 인정하지 않은 사례가 있다고 한다. 이를테면 한 무슬림 여성이 루르드 물로 크론병(면역체계의 과잉 반응에 따라 나타나는 만성적인 장 질환)이 치료됐는데, 그녀는 그 후 무슬림에서 가톨릭으로 개종까지 했다. 그러나 모든 심사를 통과한 이 사례는 결국 기적으로 인정받지 못했다.

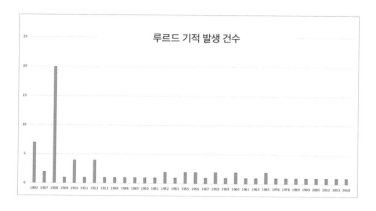

루르드 기적 발생 건수

제시된 그래프에서 보듯 기적 인정 건수는 대단히 드문 일이 됐다. 어차피 과학은 '어떻게?'를 설명하는 수단이고, '왜?'는 신학의 영역이어서일까? 기적은 일종의 의료적 사실임과 동시에 종교적 사실이기도 하다. 게다가 앞서 루르드에서 성모를 목격했다는 베르나데트 수녀 스스로도 미스터리였다.

그녀는 고질병이었던 천식으로 1879년 사망한다. 하지만 기록에 따르면 30~40년이 지나도록 시신이 부패하지 않았으며, 그 사이에 그녀의 얼굴을 데드마스크로 뜰 수 있었다고 한다. 몸이 미라가 됐다고 설명할 수는 있겠지만 분명 자연스러운 현상은 아니었다. 그녀는 1933년에 성인이 됐으며, 현재는 느베르 수녀원에 있는 그녀의 시신을 고향에 가져와야 하는가에 대한 논쟁이 있다.

한편 갑자기 등장하는 에밀 졸라는 루르드의 기적에 대해 대단히 회의적이었다. 소설 「루르드Lourdes」에서 그는 20세기 초 이미 상업화된 루르드를 기록했으며, 그에 따르면 베르나데트 수녀 또한 그냥 '신내림'을 받은 소녀에 불과했다.

　루르드 방문으로 병이 나았다는 증거는 매우 많지만 결국 믿거나, 말거나다.

지역 정보

루르드
프랑스 서남쪽 피레네산맥에 접해 있는 마을이며, 1858년 18회에 걸쳐 성모 마리아가 발현했다.

14.
퐁피두 여사의 사진은
과연 존재할까?

아는 사람은 알겠지만, 어째서 내가 40대 중반을 넘은 여태까지 미혼인지를 포함해 현대사에도 미스터리가 적지 않다. 게다가 『배니티 페어Vanity Fair』 불어판에서 '루머 공화국 프랑스' 기사 덕분에 퐁피두 대통령 영부인의 그 유명한 사건을 볼 수 있었다. 사르코지 대통령 시절 도미니크 스트로스칸 전 국제통화기금 총재가 성추문에 휘말리는 장면에서, 프랑스 방첩외보정보국 SDECE(DGSE의 전신) 요원들이 쾌재를 불렀다는 영상과 뉴스를 보신 적 있는지 모르겠다.

그게 정말 사실인지는 모르겠지만 그 사건으로 인해 스트로스칸은 이혼은 물론, 유력하다고 예상되던 대통령 후보를 포기해야 하는 상황으로 내몰렸다. 이 사건이 없었다면 아마 우리는 프랑수아 올랑드나 에마뉘엘 마크롱 없이, 스트로스칸이 재선되어 지금도 프랑스 대통령으로 있는 광경을 목격했을지도 모른다.

그런데 이와 비슷한 사건이 1969년에도 있었다. 당시 드골 대통령의 사임에 따른 대통령 선거가 있기 얼마 전 얘기다.

1968년 10월 1일, 스테판 마르코비치라는 유고슬라비아 출신의 남자가 머리가 으깨지는 등 잔인하게 살해되어, 양탄자에 몸이 대강 가려진 채 발견된다. 이 남자는 유명 배우 알랭 들롱의 경호원으로, 단순한 강력 사건은 아니었다.

그렇다고 중대한 사건인 것도 아니었다. 마르코비치는 1968년 10월 당시 알랭 들롱과 이미 사이가 멀어져 있었기 때문이다. 알랭 들롱의 부인이었던 나탈리 들롱과 약간 로맨틱한 관계가 있었다는 이유가 제기됐는데, 경찰은 일단 그가 주먹다짐을 하다가 우연히 살해당한 것으로 여기고 수사를 진행했다. 바로 마르코비치 사건의 시작이다.

그의 품 안에는 세르비아어로 적힌 서한이 있었다. "혹시 무슨 일이 터지면, 모두 내 탓이기는 하지만 알랭 들롱과 그의 부인, 그리고 그의 동료에게 연락하시오." '그의 동료'란 코르시카 마피아인 마크 안토니(실제 이름은 프랑수아 마르카토니)를 가리켰다.

이에 경찰은 일단 알랭 들롱 부부와 안토니를 집중 신문하지만 모두 알리바이가 있었고, 때마침 부검에서 총알이 발견된다. 얼굴과 몸이 엉망이었다 하더라도 직접적인 사인은 두부 가격이 아니라 총격이었다. 그렇다면 이 사건이 아직은 대통령이 아니었던 퐁피두와 무슨 관계가 있을까.

당시 퐁피두는 소위 68혁명 때문에 총리직에서 물러나 있었는데, 마르코비치가 주최한 집단성교 파티에 퐁피두 부부도 초대됐었다는 루머가 떠돌기 시작한다. 특히나 마르코비치는 퐁피두를 협박하기 위해 퐁피두 여사, 그러니까 클로드 퐁피두Claude Pompidou(1912~2007)의 '부적절한 사진'도 갖고 있었다는 루머가 파리 전역에 퍼져나갔다.

사람들은 모두 '사실은 퐁피두가 그랬다며?'를 속삭였고 분명 사진이 있을 거라 얘기했다.

알랭 들롱.

퐁피두 영부인이 촬영된 문제의 사진은 방첩외보정보국이 갖고 있으며, 여기서 정체 모를 정보국 요원 '카라멜'이 등장한다. 마르코비치로부터 사진을 받아서 정부에 제공했다는 것이다. 이에 퐁피두는 격노한다.

그렇다고 직접 텔레비전에 나와서 '사진이 있다느니 협박을 했다느니는 다 헛소문이고 거짓'이라고 말할 수도 없었다. 그런 탓에 퐁피두는 가만히 있는 것 외에 별다른 도리가 없었다. 그가 지목한 범인은 68혁명 이후 자기 대신 총리에 오른 드 뮈르빌이었다. 퐁피두는 이러한 사건들에 대해 정부 내 다른 곳으로부터 사전에 보고를 받은 것이 아니라 언론을 통해 알았기에 총리가 자기를 떨어뜨리려고 음모를 꾸몄으리라 생각했다.

그런데 혹시 퐁피두를 그리 탐탁지 않게 여겼던 드골 대통령이 지시했던 것은 아닐까? 퐁피두는 드골을 원망하긴 했어도 아직은 스스로를 드골의 부하로 여기고 있었다. 그리하여 퐁피두는 아예 자신이 직접 조사단을 꾸려 증거를 모은 다음 드골에게 보고한다. 이에 드골은 퐁피두에게 '루머는 무시가 상책'이라고 조언한다.

그러나 프랑스 문화공보부 산하 방송인 '프랑스 앵테르France Inter'의 뉴스에 이 루머가 보도돼버린다. 당시 퐁피두의 사나이였던 자크 시라크는 곧바로 방송 중단을 공보부 장관에게 강력히 지시했으며, 퐁피두는 이를 비난하는 성명을 발표한다. 드골의 조언을 무시했다고 할 수 있을 텐데……. 이때 드골은 퐁피두 부부를 만찬에 초대한다. 여기서 무슨 대화가 오갔는지는 알려지지 않았으나 분위기가 몹시 안 좋았다고 하며 그 후로 퐁피두와 드골은 결코 직접 대면한 적이 없다. 결국 퐁피두는 1969년, 드골과 상의 없이 로마 방문 중 '대통령 후보로 나서겠다'고 선언하고, 이에 따라 퐁피두 부인에 대한 루머 보도가 더더욱 난무한다.

1969년, 퐁피두는 마침내 대통령 선거에서 승리한다. 당연히 SDECE 인사 조치를 광범위하게 실시하고, 드 뮈르빌 총리는 단 한 번도 엘리제궁에 초대하지 않았다.

사건 자체는 지금도 '미제'로 남아 있다. 도저히 유력한 범인을 찾을 수 없었다. 퐁피두 부인의 사진 또한 존재하긴 한다지만 본 사람은 거의 없다.

　혹시 「왕좌의 게임Game of Thrones」의 아리아 스타크를 기억하
는가? 멸문지화를 입은 아리아 스타크는 늘 살생부를 읊조린다.
퐁피두 대통령 또한 자신을 괴롭힌 인물 10여 명의 이름을 적은
쪽지를 항상 지니고 다녔다고 한다. 그 목록에 드골도 있었을까?

지역 정보

퐁피두센터, 파리 4구
퐁피두 임기 중에 건설이 시작됐지만 개장은
후임인 데스탱 대통령 재임 시기인 1977년에
됐다. 건물 외벽에 지지 구조와 파이프를 노출
시킨 독특한 건축물로서 모든 사람을 위한 예
술을 모은다는 목표로 미술관, 박물관, 도서관
등의 역할을 하고 있다. 현대 예술작품 12만 점을 보유해 유럽 최대의 컬렉
션을 자랑한다.

15.
카망베르 구출 작전

장소는 프랑스의 이지니쉬르메르Isigny-sur-Mer, 때는 1982년 2월 7일 토요일 밤부터 2월 8일 일요일 아침 사이, 공수부대 출신의 사설보안업체 대원 및 사측 노동자 120명이 인구 3000여 명의 작은 마을 하나를 점거한다. 목표는 상당히 귀여웠다. 파업 노동자들이 점유한 카망베르 치즈를 탈환하기 위함이었는데, 이름하여 카망베르 작전opération camembert. 결론부터 말하자면 작전은 대성공이었다. 무려 75만 개의 카망베르 치즈를 구출해냈다. 그날 도대체 무슨 일이 있었던 걸까?

미테랑의 좌파가 정권을 잡은 지 9개월밖에 안 됐던 이 시기의 프랑스는 노동 시간 단축 문제로 매우 시끄러웠다. 유제품을 만들던 베스니에Besnier 그룹(회장의 성을 따서 만든 이름이다)은 정부 정책으로 인해 이 마을의 공장 근무 시간을 두고 협상을 시작했다. 하지만 협상이 잘 안 돼 2월 2일 아침부터 노동자들

카망베르 치즈.

은 공장을 점거하고
파업에 들어갔다. 카
망베르 치즈 300만
개를 가둬놓고서 말이다.

당시 지방 법원은 법원 명령을 통해 공장 점거를 풀라고 했지
만, 노동자들이 어디 그런 말을 잘 듣던가? 이미 공장을 점거한
노동자들은 법원의 명령 이행을 거부했고, 경찰도 일단은 관망했
다. 48시간 이내로는 카망베르 치즈가 변질되지 않는다고 덧붙
이면서 말이다. 1월 월급을 못 받았던 파업 노동자들은 점유한
치즈를 별도로 판매해버릴 생각도 하고 있었다.

물론 회장님 생각은 사뭇 달랐는데, 민간 보안회사 '노르망디'
를 고용하여 작전에 들어간 것이다. 즉 최루탄을 사용해 공장에
진입했다. 경찰은? 무력한 그들은 개입하지 않았다. 마을을 먹여
살리는 회사의 일이니 경찰이 개입하기가 참 석연치 않았다. 당
연히 고소가 있었고, 실무를 책임졌던 이와 민간 보안회사 사장
은 노동자들을 공장에 억류했다는 이유로 집행유예 6개월을 받
았다가, 이후 항소심에서 3개월로 더 줄어든다.

카망베르 작전이 야기한 오늘날의 결과를 보자. 몇 가지 특기
할 만한 사항이 있다.

첫째, 이 사건을 계기로 민간 보안회사 관리법 논의가 생겼고,
실제로 관련 법률이 제정된다.

둘째, 작전에 동원된 노르망디는 극우파 정당인 국민전선 FN(현재는 국민연합으로 당명이 변경됐다)의 장마리 르 펜을 보호한 회사였고, 현재는 사장 아들이 장마리 르 펜의 맏딸, 마린 르 펜의 측근으로 있다.

셋째, 제일 중요한 점은 베스니에 그룹의 현재 회사 이름으로, 바로 락탈리스Lactalis다. 세계 제일의 유제품 회사로서, 스위스의 네슬레와 미국 DFA를 월등히 넘어서는 규모다. 아마 가장 유명한 제품으로 소가 웃고 있는 프레지덩Président 치즈가 있을 텐데, 이 치즈가 바로 락탈리스의 브랜드 중 하나다.

문제는 이곳이 세계적인 기업인데도 상장기업이 아니라는 점이다. 가족 중심의 재벌 기업으로 3대째 경영을 승계할 뿐이다. 대단히 불투명하고, 오너 일가는 전면에 나선 적이 1933년 이래 거의 없다. 인터뷰가 있기는 있었다. 2018년 『주르날 뒤 디망슈 Journal du Dimanche』지의 인터뷰가 나오자 『르몽드』는 질투심인지 뭔지는 몰라도, "그가 말을 했다니!"라며 놀라워했다.

어린이용 유제품이 살모넬라균에 전염됐다는 스캔들이 터져도 그저 묵묵부답. 해당 제품 리콜만 했을 뿐(물론 상당히 대규모였지만), 공장에 문제가 있다는 식의 인정은 안 했다.

카망베르 작전에서 보듯, 언론과 공권력을 피해나가는 재주가 30여 년 전부터 있었다는 의미겠다.

지역 정보

이지니쉬르메르

프랑스 서북부 노르망디 지역에 있다. 월트 디즈니의 조상이 이 지역과 관련이 있다. 이름이 장크리스토프 디지니d'Isigny이기 때문이다. 유제품과 캐러멜로 유명하다. 이즈니의 문장紋章, 여기에도 소가 그려져 있다.

16.
「테넷」 공항 갤러리의
실제 모델
제네바 프리포트

첫째 딸 이름으로 된 트러스트를 통해 축구 구단을 사들인
AS 모나코 구단주, 러시아 올리가르히(재벌)인 드미트리 예브게
네비치 리볼로블레프Дмитрий Евгеньевич Рыболовлев(1966~)는 고
가의 미술품을 많이 사들이는 것으로 유명하다. 최근 사들인 것
으로는 그 유명한 레오나르도 다빈치의 「살바토르 문디Salvator
Mundi(세계의 구세주)」가 있다. 물론 이 작품은 사우디아라비아의
모 왕자가 구입해 현재 아부다비의 루브르 미술관에서 전시 중
이다.

그런데 의대를 나와서 광물 및 부동산 재벌이 된 드미트리 예
브게네비치는 무슨 안목으로 스스로 미술작품들을 사들였을
까? 사실 누군가가 도와줬기 때문에 가능한 일이었는데, 스위스
출신의 미술 거래인 이브 부비에Yves Bouvier(1963~)가 등장한다.
부비에는 영화 「테넷Tenet」에 나오는 노르웨이 오슬로 공항 면세

「살바토르 문디」, 레오나르도 다빈치, 1500년경, 개인.

구역 내 갤러리 창고를 가리키는 프리포트Freeport에서 개념을 착안한 딜러로 유명하다.(실제로 오슬로 공항에는 프리포트가 존재하지 않는다.)

그의 제네바 프리포트는 전 세계에서 미술작품이 제일 많이 모여 있는 장소로 유명해졌으며 탈세, 전쟁 지역 예술품의 은닉 장소, 돈세탁

이브 부비에.

용도로 자주 활용되어 악명이 높다. 이에 스위스 정부는 부비에의 프리포트에 대한 통제를 강화했고, 그 때문에 부비에는 제네바 프리포트 지분 대부분을 스위스 연방정부에 팔고 싱가포르와 룩셈부르크에 새로 프리포트를 마련했다. 앞으로는 두바이와 블라디보스토크에도 개장할 계획이다. 그 전에 소송 건이 어떻게든 해결돼야겠지만 말이다. 그런데 소송이라니?

2005년부터 그는 10여 년간 미술품을 구단주께 조달하는 역할을 한다. 그러던 2015년 2월의 어느 날 부비에가 모나코 당국에 붙잡히는 사건이 일어난다. 작품을 거래하면서 가격을 속여

착복했다는 혐의였다. 이야기의 시작은 이렇다.

때는 2015년 설날이다. 이 대화에는 미국의 헤지펀드 재벌인 스티븐 코언의 미술품 거래를 담당하고 있는 샌디 헬러와 드미트리 예브게네비치가 등장한다.

샌디   저 말이죠. 모딜리아니 그림 하나를 9600만 달러에 팔았답니다.

드미트리   어, 그래요? 나도 모딜리아니 그림 하나를 1억1800만 달러에 샀는데요. 언제 파신 건데요?

샌디   3년 전쯤일 거예요. 정말 멋진 그림이죠. 「푸른 쿠션에 기댄 나부Nu couché au coussin bleu」예요.

드미트리   맥주 좀 들고 있어봐Hold my beer······ (물론 이렇게 말하지는 않았다. 영어를 안다면 이 뉘앙스를 아시리라.)

계산이 나온다. 샌디 헬러가 말한 저 그림이 바로 드미트리가 이브 부비에를 통해 구매했던 것이며, 중간에 2200만 달러가 어디론가 사라진 것이다. 이것 봐라? 그는 마크 로스코 그림의 대금 지불을 검토하자면서 이브 부비에를 모나코로 부르고, 모나코 당국에 신고도 한다. 그리하여 이브 부비에를 기다리고 있던 것은 8명의 경찰이었다.

부비에도 가만있을 수 없었다. 위에 나오는 샌디 헬러를 미국에서 고소했다. 이때 『뉴요커』에서는 부비에가 혹시 제네바 외에 싱가포르에도 미술품 창고를 만들려고 그 짓을 하지 않았을까 추측하는 기사를 내보낸다.

가령 레오나르도 다빈치가 그린 「살바토르 문디」를 부비에는 8000만 달러에 사들였고, 이를 드미트리에게 1억2750만 달러에 사들이도록 했다. 문제는 이 둘 사이에 딱히 문서로 된 계약서가 없었다는 점이다. 드미트리는 2퍼센트 정도 수수료를 주면 되겠지라고 여겼다고 한다. 반면 이브 부비에는 오히려 이 그림을 시가보다 싸게 사들이게 했다고 주장하고 있다.

물론 드미트리는 이 그림을 사우디 왕자에게 4억5000만 달러로 팔았으니 손해 본 것은 아니다. 그들 소송의 핵심은 그림 값 자체보다는 이브 부비에가 중간에 가격을 놓고 거짓말을 했느냐다.

이 이야기에 반전이 있을까? 있다! 드미트리의 변호사인 테티아나 베르시다라는 우크라이나 출신 모나코·스위스 변호사가 있다. 러시아어밖에 못 하는 드미트리를 위해 AS 모나코에서 일하는 변호사인데, 여자 문제로 이혼했던 드미트리를 도운 경력도 있다. 드미트리는 이브 부비에와 함께, 부비에를 소개해줬던 친구도 돈세탁 혐의로 고소했다.

다만 베르시다 변호사는 드미트리를 돕기 위해 고소 건에 대한 이야기를 하면서 이브 부비에를 소개해줬던 친구의 대화를 몰래 녹취했고, 이 녹취가 밝혀지자 녹음은 불법이라며 베르시다 변호사도 고소되어, 당국은 베르시다의 휴대전화를 압수한다. 이 휴대전화에서 모나코 법무부 장관과 드미트리 간에 오간 문자 메시지가 다수 확인됐다. 내용을 보니, 이브 부비에를 잡아들인 것은 드미트리와 모나코 법무부 장관의 모략이라고 봐도 좋을 정도였다. 도대체 모나코가, 정확히는 모나코 왕실이 드미트리와 무슨 관계인 것일까? (법무부 장관은 이 사실이 알려지자 곧바로 사임했다.)

당연히 드미트리 측은 노발대발해 모나코같이 조그만 나라에서 모두가 모두를 아는데 연락은 당연히 하는 거 아니냐면서, 이브 부비에의 휴대전화는 왜 조사하지 않느냐고 항의하는 중이다. 반면 부비에 측은 이것은 모나코와 드미트리의 음모라는 주장이다. 이 엉망진창인 소송은 2020년 5월에야 종결된다.

모나코 대법원이 부비에 건에 대한 수사가 편파적이고 부비에의 권리를 침해했다면서 부비에에 대한 소를 파기했던 고등법원의 결정을 확정했다. 모나코 당국이 워낙 드미트리 편에 있었기 때문인데, 부비에의 사기 건에 대해서는 판단을 내리지 않았다.

다만 드미트리는 부비에를 상대로 2018년 2월, 제네바에서도 형사 소송을 제기해놓았다. 중개를 하면서 비밀리에 수수료를 챙기면 안 된다는 주장과 딜러로서 일하니 마음대로 수수료를 챙길 수 있다는 주장의 충돌이다. 스위스에서의 소송 건은 여전히 진행 중이며, 파리의 한 여성에게 스위스 세무 당국의 고위급을 유혹해달라고 부탁한 일이 2020년 초 언론을 통해 발각됐다. 이건도 현재진행형이다.

지역 정보

제네바 프리포트

이브 부비에가 이제까지 없던 제네바 프리포트를 만든 것은 아니었다. 통관의 원활화를 위해 원래부터 있던 것이며, 프리포트 내에 있는 화물은 기술적으로 '운송 중'이기에 관세를 부과할 수 없다.

그가 낸 아이디어는 기존의 이 프리포트 창고를 예술품 중간거래소로 활용하자는 것이었다. 여기서 거래하면 세금을 어디에 내야 하는지가 불분명해진다. 문제는 스위스의 불투명한 관세법과 창고 관련 법들이었다. 프리포트에 수장된 화물의 40퍼센트가량이 예술품으로, 그 총액은 110조 원가량으로 추정된다. 당연히 절세나 탈세 지역으로 표적이 됐기에 현재는 스위스 정부가 지분의 대부분인 85퍼센트를 매입했으며, 부비에는 지분 5퍼센트만을 갖고 있다고 주장하고 있다.

Paris
France

London
United
Kingdom

Berlin
Germany

Moscow
Soviet Union

Milano
Italy

Russia

2 부

런던과 영국

1.

혁명은 밥솥 안에서

혁명은 밥솥 안에서 시작된다.

몇 년 전부터 북미에서 선풍적인 인기를 끌었고 현재는 한국에서도 판매 중인 주방 기기가 하나 있다. 압력솥이다. 평범한 압력솥이 뭐 그리 대단한 인기를 끌 수 있으랴 싶지만, 이 인스턴트 폿Instant Pot은 캐나다 회사 더블 인사이트가 개발한 스마트 압력솥이다. 압력밥솥과 냄비를 합친 꼴인 이 솥이 인기를 끈 이유가 있다.

압력 덕분에 음식을 조리하는 전통적인 방식보다 시간을 훨씬 짧게 하고, 스마트폰의 블루투스를 이용해 레시

피를 전송하는 방식도 계획되어 있다고 한다. 인스턴트 폿으로 심지어 팥죽과 식혜도 만들 수 있다. 버튼만 누르면 되니, 오븐을 다룰 줄 알면 어떤 음식도 할 수 있다.

이렇게 사소한 부문부터 혁신시키는 것이야말로 진짜 기술이다. 다만 이 압력솥의 원조는 따로 있다. 17세기 프랑스로 가보자.

드니 파팽Denis Papin(1647~1713)은 1647년 블루아 근처에서 태어났다. 의대에 들어간 그는 학위를 마친 후, 1670년부터 프랑스 과학 아카데미에서 일하기 시작한다. 참고로 과학 아카데미는 루이 14세 시절인 1666년 콜베르 국무장관이 영국 왕립학회를 본받아 세웠으며 루브르궁 안에 위치해 있었다.

앙제대학(헨리 8세가 이혼에 대한 법률 자문을 구한 곳이 여기였다)에서 의학으로 학위를 받은 그가 파리 과학 아카데미로 올라온 이유로는 여러 설이 있다. 그중 하나는 콜베르 사모님인 마리 샤롱과 동향이라서 젊은 나이인 24세에 곧바로 들어갔다는 설이다.(당시가 루이 14세 시절임을 감안하시라.) 하지만 그보다 다른 설이 더 그럴듯하다. 의학을 전공하기는 했지만 그는 의학에 뜻이 없었고 오히려 물리학에 더 관심이 많아서 증기를 내뿜는 기계 장치를 고안했고 이것 때문에 아카데미에 들어갔을 가능성이 높다는 것이다.

이 과학 아카데미에서 만난 스승이 크리스티안 하위헌스, 그러니까 1997년 토성 관측을 위해 미 항공우주국NASA에서 발사한 탐사선의 이름 '카시니-하위헌스Cassini-Huygens'에 포함되어

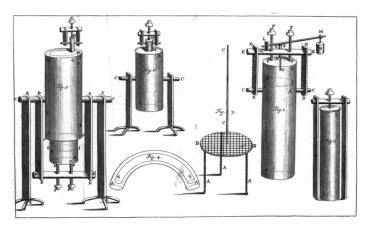

드니 파팽이 고안한 새로운 다이제스터.

있는 바로 그 하위헌스다. 그리고 미적분을 뉴턴과 거의 동시에
발견했던 고트프리트 빌헬름 라이프니츠도 있었다. 하위헌스의
연구조교로 뽑힌 파팽은 증기 왕복 기관, 그러니까 피스톤 엔진
의 기본 원리를 연구했다.

진공 상태에 대한 논문을 과학 아카데미에 제출한 그는 국왕
이 이제까지 신교도들에게도 종교의 자유를 부여했던 낭트 칙령
을 폐지하네 마네 말이 나오던 차에(그는 칼뱅파였다) 하위헌스의
추천서를 받고 런던왕립학회로 간다. 여기서 그는 로버트 보일과
함께 일하는데 이때부터 그의 성과가 폭발적으로 나타난다.

런던에서 그는 프랑스에서 진행했던 진공에 대한 연구를 응
용하여 최초의 압력솥을 발명했다! 압축된 증기의 힘을 측정하
고 이를 동력화하다가 이걸 요리에 쓰면 요긴하겠다는 생각이

들었던 것이다. 『뼈를
부드럽게 만드는 새
로운 다이제스터 혹
은 엔진A new Digester
or Engine for softening
Bones』이라는 책의 서
두에서 그는 "요리는
매우 오래된 기술이
라 누구나 보편적으
로 사용하고 자주 사
용하기에, 요리 기술
의 개선에 대해서는

드니 파팽.

진지할 수밖에 없다"
고 썼다. 과연 프랑스인답다.

　파팽이 실제로 작동하는 모델을 완성한 해가 1679년. 다이제
스터라 이름 붙인 이 압력솥은 별도의 아궁이와 함께 실린더들
로 이뤄져 있다. 말이 필요 없다. 학회 만찬 요리를 이 솥으로 만
들어서 제공하자, 교수들 모두 난리가 났다. 물론 여기가 영국임
을 염두에 뒤야 한다. 1682년 기록을 보면 압력솥으로 만든 요
리가 너무 맛있어서 잔소리하는 아내에게 갖다줬더니 평화가 왔
다는 간증이 있다.

　당연히 압력솥은 피스톤 엔진의 원리로 연결된다. 그래서 그
는 대형 압력 왕복 기기의 개념 설계를 마쳤는데 마침 라이프니

츠의 초청도 있어서 그는 독일로 건너가 베를린 과학 아카데미의 창립 멤버가 된다. 하지만 독일 내 대포 실험 실패로 인해 사상자가 다수 발생하는 바람에 공공의 적이 되어버린 후, 그는 영국으로 되돌아간다.

그런데 이게 웬걸, 영국에 돌아오니 그의 친구 로버트 보일은 사망했고, 이제 런던 왕립학회는 아이작 뉴턴이 전권을 휘두르고 있었다. 뉴턴은 파팽의 기술을 경멸했고 그 대신 토머스 세이버리의 유사 기술(그의 연구에는 피스톤이 없었다)을 더 우대하고 있었다.

왕립학회에 파팽의 자리는 더 이상 없었다. 그는 1713년 쓸쓸히 런던에서 사망했는데, 실제로 증기기관을 발명한 토머스 뉴커먼은 파팽의 개념 설계를 그대로 베끼다시피 했다. 역사는 거의 언제나 영국인이 이기는 것으로 끝난다.

지역 정보

런던왕립학회

런던의 웨스트민스터시 성제임스 구역에 위치한 칼턴하우스 테라스Carlton House Terrace에 있다. 원래는 카디건으로 유명한 카디건 백작의 저택이었으며, 얼그레이 티로 유명한 얼 그레이 백작이 거주하기도 했다.

2.

뉴턴의 조카와
사과나무의 행방

아이작 뉴턴은 모두 잘 알 것이다. 하지만 그의 조카 캐서린 바턴Catherine Barton(1679~1739)은 모를 가능성이 크다.

캐서린 바턴은 뉴턴의 배다른 여동생이었던 해나 스미스가 낳은 딸이다. 뉴턴의 어머니가 새로 결혼해서 그런지 뉴턴은 어머니와 사이가 매우 좋지 않았지만, 동생과의 사이는 원만했다. 그래서 그녀의 성이 뉴턴이 아니라 바턴이다.

만유인력을 발견한 이유에서인지는 모르겠지만, 뉴턴은 결혼을 안 했고 자식도 없었으며, 동성연애자라는 소문이 나기도 했다. 한편 캐서린은 아름답고 재치 만점에 똑똑했다고 한다. 그래서 그녀와 어울렸던 『걸리버 여행기』의 작가 조너선 스위프트나 볼테르의 칭찬을 많이 받았고, 뉴턴 자신도 캐서린을 좋아했다. 여기서 뜬금없이 조너선 스위프트나 볼테르를 언급한 이유가 있다.

당시 볼테르가 영국에 망명 중이었기 때문이다. 볼테르는 프랑스에 있을 때 사사건건 로안 공작과 싸움이 붙었는데, 필명(볼테르) 때문에 한 번 크게 싸움이 났었다. 볼테르냐, 아루에(볼테르의 실제 이름이 프랑수아마리 아루에François-Marie Arouet다)냐 빈정거

프랑수아마리 아루에(볼테르).

리는 그에게 볼테르는 결투를 청했고, 로앙 공작은 수하를 시켜 그를 흠씬 두들겨 팬 다음, 바스티유 감옥에 밀어 넣어버린다(아직 왕정 시절이다). 이에 볼테르는 자신의 잉글랜드 망명을 요청했고, 당국은 그의 청을 들어준다.

그런 볼테르를 잉글랜드에서 거둬준 인물 중 한 명이 조너선 스위프트였다. 혹시 볼테르의 소설 「미크로메가스Micromegas」[1]가 『걸리버 여행기』의 영향을 받았던 것일까? 이들은 뉴턴의 조카와 자주 어울렸는데, 캐서린 바턴이 이들에게 얘기한 것이 바로 뉴턴과 사과나무에 관한 것이었다고 한다.

이 얘기가 유명해진 계기는 1726~1729년에 체류했던 영국에
대한 볼테르의 책 『철학편지Lettres philosophiques』의 15번째 서한
항목에 들어간 것이다. 내용인즉슨 1666년 케임브리지 근처에
머무르던 뉴턴이 어느 날 정원을 거닐다가 사과가 떨어지는 장면
을 보고 고민을 하더라는 것이다. '사과는 어째서 아래로만 떨어
지는가?'

흔히들 동화책에 나오는 것처럼 사과가 뉴턴의 머리 위로 떨
어진 건 아니라는 얘기다. 여기에 대한 기록은 캐서린 바턴의 남
편인 존 콘듀트도 거의 동일하게 적고 있다.

아홉 살 연하의 남편 존 콘듀트도 그녀에게 홀딱 반해 뉴턴을
따라 조폐국에 들어온 사람으로, 결혼할 당시 그의 나이는 30세
였고 캐서린의 나이는 38세였다. 딸도 하나 낳은 것을 보면 아마
그들은 행복한 부부로 지낸 것 같은데…… 사실 캐서린이 좀 전
력이 있는 분이다. 결혼하기 전에는 핼리팩스 백작, 찰스 몬터규

---

1 볼테르가 1752년에 쓴 SF 소설이다. 시리우스 출신의 거대한 외계인 미크로메가
스와 토성 출신의 한 서기관이 지구를 구경하려 했지만 자기네 몸집에 비해 혹성이
너무 작아 구경을 포기하려던 찰나, 학자 무리가 탄 배와 고래를 발견한다. 손으로
배를 집어올리자 웬 곤충들이 모여 있나 싶었지만 그 곤충들은 일곱 명의 학자였다.
그 면모를 보자면 (1)대머리 물리학자: 미크로메가스가 좋아했다! (2)아리스토텔레스
를 따르는 학자(고대 그리스어를 모른다) (3)데카르트를 따르는 학자 (4)니콜라 말브랑
슈를 따르는 학자: 결국은 범신론자다 (5)라이프니츠를 따르는 학자: 영혼에 대해 혼
란스러워한다 (6)로크를 따르는 학자: 지혜를 갖춘 영혼을 거론하는 유일한 학자. (7)
소르본의 한 박사: 아퀴나스의 『신학대전』을 인용하면서 하느님을 부르짖는다. 볼테
르는 그를 '원생동물'로 묘사했다. 미크로메가스는 그들과 철학적인 대화를 나누는데
그가 보기에 로크를 따르는 학자만이 그나마 제정신이었다. 그래서인지 그는 모든 존
재의 원인과 종말을 담은 지혜서를 하나 지구인들에게 남기기로 한다. 나중에 프랑
스 과학 아카데미가 그 책을 펼쳐보니 백지였다.

와 '자주 대화를 나누던' 사이였기 때문이다. 몬터규는 보통 인물이 아닌 사람으로 당시 영국에서 대장성장(지금은 영국 총리가 맡고 있다)을 지낸 귀족 중의 귀족이었다. 부인과 사별 후, 1698년 캐서린 바턴이 그의 가정부가 됐다.

몬터규가 1715년 사망했을 때, 그는 심지어 캐서린 바턴에게 막대한 유산을 남긴다. 몬터규 역시 자식이 없었는데, 유언장에 "그녀와의 대화 안에서 누렸던 기쁨과 행복에 대한 작은 보상"이라고 적었다. 이에 당시에는 그 둘이 그렇고 그런 사이라는 루머가 파다했다. 왕실 천문학자 존 플램스티드[2]는 "그들이 정말 훌륭한 대화를 나눴나봅니다"라며 빈정대기도 했다.

그러거나 말거나, 뉴턴의 머리를 (문학적 의미에서) 때린 사과나무의 행방에 대해서는 세 군데 정도(킹스 스쿨, 울즈소프 저택, 트리니티 칼리지)가 서로 진짜 사과나무가 자기네 정원에 있다고 싸움을 벌이고 있는 듯하다.

---

2 찰스 2세와 왕실 천문관이었던 존 플램스티드에게도 재미나는 일화가 하나 있다. 하루는 런던탑에서 천문 관측을 하려는데 까마귀들이 너무 많아 일을 못 하겠다고 플램스티드가 불평하자, 찰스 2세가 까마귀를 내쫓으려 했다. 플램스티드는 까마귀를 내쫓으려는 국왕의 움직임에 놀라며 그러지 말라고 했다. 차라리 자기가 근무지를 그리니치 천문대로 옮기겠다고 말이다. 물론 런던탑이 주된 처형 장소라서 까마귀가 몰려들었을 가능성도 있다. 여기서 플램스티드가 까마귀를 죽이거나 옮기면 안 된다고 한 이유는, 까마귀를 죽이면 런던탑이 무너지고 국왕도 쫓겨난다는 전설 때문이었다. 이걸 들은 찰스 2세는 적어도 여섯 마리는 항상 런던탑에 살아야 한다고 명령을 내렸다고 한다. 그래서 런던탑의 까마귀들은 지금도 국가 예산으로 돌보고 있다.

지역 정보

사과나무가 자기 지역에 있었다고 주장하는 곳들

1. 그랜섬에 있는 킹스 스쿨

잉글랜드 동부, 링컨셔주 그랜섬에 위치해 있다. 헨리 튜더의 잉글랜드 정복을 도왔던 리처드 폭스가 세운 문법학교grammer school(라틴어 학교의 역할이라는 의미에서 문법학교이며 현재는 중등학교 정도로 인정받고 있다)이고 지금도 학교로 존재하고 있다. 뉴턴은 여기서 교육을 받았으며, 1655년부터 1660년 사이에는 이곳 교사를 지냈다. 학교 측에서 뉴턴에게 사과나무를 제공했고, 뉴턴이 그 나무에서 만유인력을 발견했다는 설이 있다.

2. 울즈소프 저택Woolsthorpe Manor

울즈소프 저택 또한 잉글랜드 동부, 링컨셔주의 그랜섬에 위치해 있다. 뉴턴이 태어나 자란 곳이며, 참고로 그의 생일은 성탄절(1642년 12월 25일)이다. 일단 정원에 있는 사과나무가 뉴턴이 만유인력을 발견했다는 곳으로 보호를 받고 있다.

3. 트리니티 칼리지

옥스퍼드가 아닌 케임브리지의 트리니티 칼리지를 가리키며, 헨리 8세가 1546년에 세웠다. 문제의 사과나무는 트리니티 칼리지 안에 있는 뉴코트에 있으며, 실제로 사과나무가 아니라 밤나무라고 한다.

3.
런던 동물원 판다의
저주

2018년 영국의 국립문서보관소가 20년 묵은 기밀 서류를 공개하던 중 재미있는 내용이 발견되어 언론이 떠들썩했던 적이 있다. 마거릿 대처 전 영국 총리와 판다의 이야기다. 대처가 오랫동안 집권해서 그런지 얘깃거리가 많은데,[3] 이때 공개된 기밀문서에 따르면 대처 여사는 판다와 함께 유세를 하자는 의견을 일언지하에 거절했다고 한다.

---

3 1979년 총선에서 승리한 후, 대처가 총리가 된 날짜가 바로 5월 4일이었다. 이때 보수당에서 『런던 이브닝 뉴스』에 대처의 총리 취임을 축하하는 정치 광고를 실었는데, 그 사진에 바로 'May the Fourth Be with You, Maggie. Congratulations'라 적은 것이다. 다만 신문사가 폐간되면서, 5월 4일 스타워즈 데이의 시작을 알린 이 광고 기록은 없어진 모양이며 현재는 단편적인 기록밖에 안 남아 있다. 「스타워즈」 1편(혹은 에피소드 IV)은 이미 1977년에 나오자마자 전설의 반열에 올라 있었으므로, 분명 스타워즈를 빗댄 메시지임에 틀림없다. 그러나 (물론) 스타워즈 데이가 공식화된 것은 그리 오래된 일이 아니며 루카스 필름이 만든 것도 아니다. 2011년 캐나다에서 팬들이 첫 집회를 연 이래 지속된 행사지만 지금은 물론 공식적인 차원에서 스타워즈 데이를 다들 축하하고 있다.

원래 이 건은 재정적으로 어려움에 처해 있던 런던 동물원에서 총리실로 요청한 것이었다. 미국을 방문하실 때 콩코드 비행기 뒤편에 판다를 태우고 가자고 말이다. 미국에 있는 판다랑 짝짓기를 해주기 위함이었다. 이에 대처 여사는 느낌표까지 동원해 손수 메모를 썼다.

"판다와 정치인은 좋은 징조가 아니죠!Pandas and politicians are not happy omens!"

판다가 어째서 불운의 상징일까? 주된 이유는 두 가지로 추정된다. 첫 번째는 에드워드 히스Edward Heath(1916~2005)다. 원래 '테디 히스'라 불렸던 히스 총리는 둥글둥글, 귀염상이다. 어떻게 보면 후의 러시아의 옐친 대통령을 좀 닮았는데, 바로 영국에 판다를 들여온 장본인이 히스였다. 1974년, 히스 총리가 중국을 방문했을 때 마오쩌둥은 히스에게 판다 두 마리, 치아치아Chia-Chia와 칭칭Ching-Ching을 선물로 줬다.

세월은 흘러 대처가 수상이 된 이후 1981년의 어느 날, 때마침 미국 스미스소니언 동물원에서 영국 런던 동물원에 수컷 판다를 데려와서 소개팅을 시키자고 제안한다. 판다의 개체 수를 늘리기 위해서였다. 미국 측의 판다는 닉슨이 중국에서 데려온 것이었으며, 대처가 미국을 방문할 때 판다를 데려가서 화려하게 데뷔시키자는 계획은 불발됐지만 미국 판다와 영국 판다의 소개팅은 예정대로 진행된다.

국제 커플이 잘될 가능성도 그만큼 낮은 것일까? 이 소개팅도 불발에 그친다. 사랑이 안 되면 과학으로 해보자며 과학자들이

나섰으나 인공 수정도 실패했다. 둘은 애초에 궁합이 안 맞았던 모양이다.

두 번째 이유는 BBC의 영화 「정말 중요한 판다들Very Important Pandas」이다. 가령 자유 진영의 카터 전 대통령이 독재자 킬러라고 한다면[4] 공산 진영에는 판다가 있다. 중국이 판다를 선물로 준 지도자들은 하나같이 불운한 운명을 맞이했다.

1. 리처드 닉슨 미국 대통령: 1972년 방중 시 판다를 선물로 받았다. 1974년 사임.
2. 에드워드 히스 영국 총리: 1974년 방중 시 판다를 선물로 받았다. 1974년 사임.
3. 다나카 가쿠에이 일본 총리: 1971년 방중 시 판다를 선물로

---

4 카터를 직접 만나는 독재자 대부분은 얼마 후 사망한다는 우스갯소리가 있었다. 실제 사례로 파나마 대통령 오마르 토리호스, 소련의 브레즈네프, 이란의 샤 팔라비, 이집트의 사다트, 박정희 대통령, 김일성이 있었다.

받았다. 1974년 사임.

4. 헬무트 슈미트 독일 총리: 1980년 선물 받고 1982년 사임.
5. 조르주 퐁피두 프랑스 대통령: 1973년 선물 받고, 1974년 임기 중 사망.
6. 스티븐 하퍼 캐나다 총리: 2012년 선물 받고, 2015년 사임.

대처 여사가 판다에게 손사래칠 만하다.

지역 정보

런던 동물원

런던의 리젠트 파크에 있으며 1828년 개장하여 세계에서 가장 오래된 동물원이다. 원래의 목적은 동물 연구를 위한 컬렉션이었다. 국가 지원금을 받지 않으며 입장료와 스폰서십, 각종 회원제 요금으로 운영하고 있다.

4.
정권을 교체시켰던
프러퓨모 스캔들

런던 서쪽, 버킹엄셔주에는 클리브든Cliveden 성이 있다. 17세기에 건립됐지만 세월이 지나면서 프린스 오브 웨일스, 그러니까 영국 왕세자 등이 소유했다가 금세기 들어서는 애스터 자작[5]이 가졌고, 현재는 일종의 박물관처럼 돼 있다. 영국사에서, 특히 영국 현대사에서 클리브든 성은 중요한 존재다. 여기서 중대한 스캔들이 두 건이나 터졌기 때문이다.

지금 하려는 얘기는 두 번째 스캔들로, 첫 번째는 가볍게 얘기하고 지나가겠다. 첫 번째는 애스터Astor 자작 시절이다. 클리브든 성에서는 보수당 계열 유력 인사들의 모임이 자주 개최됐다. 아마 영국 역사에 관심이 많다면 노벨문학상 수상자 가즈오 이

---

[5] 윌리엄 월도프 애스터(1848~1919) 자작을 가리킨다. 가죽과 부동산으로 재벌이 됐으며 미국 제일의 부자가 된 애스터 가문의 일원으로서 영국으로 건너와 자선사업을 통해 귀족 작위를 받았다.

클리브든 성.

시구로의 『남겨진 나날들The Remains of the day』을 잘 알 텐데, 그 책의 배경이 아닐까 싶기도 한 모임이었다. 왜냐고? 클리브든 셋Cliveden Set이라 불렸던 모임이기 때문이다.

　이 모임의 주동자는 애스터 자작 부인인 낸시 애스터였는데, 나치 독일에 친밀감을 느끼는 영국 상위 계층끼리 어울리며 일종의 영국의 친나치화를 위한 싱크탱크 역할도 한다는 논란이 일었다. 영국이 독일과 화해하도록 영향을 주려 했다는 것이다. 하지만 이러한 묘사가 오해라는 설[6]도 있다.

6　나치 독일이 1940년 작성했던 일종의 살생부, '영국 내 특별수색 대상자 목록 Sonderfahndungsliste G.B.'이 있으며, 여기에 클리브든 셋의 주요 인사들도 포함되어 있었다. 즉 클리브든 셋이 세간에 알려진 것처럼 친나치 모임은 아니었을 수도 있다.

물론 영국 보수당 내에서 처칠파가 승리해 나치와의 본격 전쟁에 돌입했지만 애스터 자작 부인이 문제였다. 그녀가 이 탈리아에 파병된 영국군이 이탈리아에서 노닥거린다고 비아냥 댔기 때문이다. 제아무리 최초의 여성 국회의원이라 하더라도 개념이 없으면 비판

낸시 애스터.

받게 마련. 낸시 애스터는 그런 존재였다.

두 번째 스캔들은 좀더 현대의 이야기다. 바로 '프러퓨모' 스캔들이기 때문이다.

존 프러퓨모Jone Profumo(1915~2006) 남작은 북아프리카 전선과 노르망디전에 참전했고, 전쟁의 와중에 보수당 하원의원에 당선됐다. 귀족에 장교, 대영제국 훈장, 보수당 내 최연소 국회의원 타이틀까지 거머쥔 그의 정치 인생은 튼튼해 보였다. 외교부 장관에 전쟁성 장관(부처 이름이 특이하게 느껴질 텐데, 나중에 국방부로 이름이 바뀐다), 그리고 국왕 자문기관인 추밀원 의원에까지 오른다. 도중에 유명한 영화배우였던 발레리 홉슨과 결혼도 하고

말이다.

그때 그가 한 여자와 스캔들이 있음이 드러났다. 클리브든 저택에서 열렸던 파티에서 만난 크리스틴 킬러 Christine Keeler(1942~2017)와 연분이 났던 것이다.

프러퓨모는 킬러와 별로 오래 사귀지 않았다. 문제는 킬러가 예브게니 이바노프라는 주영 소련대사관 해군 무관과도 '모종의 관계'에 있었다는 것이다. 쿠바 핵 위

존 프러퓨모.

기가 일어나던 당시는 냉전이 최고조에 달한 시절이었다. 따라서 영국 같은 주요 상대국에 파견된 무관은 '당연히' 스파이 역할도 수행하고 있었으며, 실제로 이바노프는 킬러를 통해서 당시 전쟁성 장관이었던 프러퓨모로부터 정보를 빼내려 했었다.

영국은 난리가 났다. 프러퓨모는 하원에서 자신의 결백함을 선언했지만, 그 선언은 거짓말이었고 결국 프러퓨모는 모든 자리에서 물러난다.(일단 당시로서는 킬러의 이력도 그렇고 그녀가 실제로 이바노프에게 전한 것은 별로 없지 않냐는 의견이 있었다.)

이 여파와 당시 유럽경제공동체EEC 가입 실패로 인해, 해럴드 맥밀런 수상은 자리에서 물러났고, 1년 후 정권은 보수당에서

노동당으로 넘어간다.

애기는 여기서 끝이 아니다. 프러퓨모는 모든 자리에서 물러난 뒤 사회봉사를 시작했다. 실제로 화장실을 청소하고 환자를 돌보는 등 거의 늙어 죽을 때까지 40여 년간을 봉사활동을 하며 보냈다. 모든 인터뷰를 거절한 채 말이다.(아들이 책을 썼는데 그 책을 위한 인터뷰만은 거절하지 않았다.) 묵묵히 모든 지위를 벗어던진 채 사회봉사에 인생을 다 바친 한 사내를, 영국은 용서해주었다. 특히 마거릿 대처 전 수상은 자신의 생일 파티에서 여왕의 옆자리를 프러퓨모를 위해 마련해놓을 정도였다.

그는 40년간 배운 게 있냐고 묻는 아들에게, 잠시 뜸을 들인 다음 "겸손함이요"라고 답했다. 프러퓨모는 2006년에 조용히 눈을 감았고, 8년 전 먼저 세상을 떠난 부인 옆에 묻히고 싶다는 유언을 남겼다.

그렇다면 당사자였던 크리스틴 킬러는 어떻게 됐을까? 2017년 폐질환으로 타계했다. 이 스캔들의 주인공인 그녀의 삶을 차근차근 짚어보면 정말 영화 같다.

불우한 가정 환경에서 자라나 학교도 제대로 졸업 못 했던 크리스틴 킬러는 미모 덕택에 런던 소호에 있는 클럽에 스트립 댄서로 취직한다. 그때 접골사이자 예술가인 스티븐 와드라는 한 사내를 만나는데 그에게 반했던 그녀는 아예 와드의 집에 얹혀 살면서, 와드가 시키는 대로 하는 생활을 시작한다.

와드는 상당히 수완이 좋아 영국 정계는 물론 소련인들과도 친했다. 특히 애스터 자작과 가까웠던 그는 클리브든 성에서 파티를 자주 개최했는데, 그때 다름 아닌 프러퓨모 장관, 예브게니 이바노프 주영 소련 무관도 초대됐다. 영국의 MI5(국내 방첩기관)는 이바노프가 영국으로 귀순할 의사가 있는지 궁금해했고, 와드에게 이바노프에 대한 접근을 의뢰한다. 이에 와드는 크리스틴한테 이바노프에게로의 접근을 명령하는데, 이 와중에 프러퓨모가 크리스틴을 보고 반한다.

프러퓨모도 그렇고, 이바노프도 마찬가지로 MI5가 주목하는 인물이었기 때문에, 일단은 프러퓨모 및 킬러의 이중생활이 MI5에 포착된다. 달갑지 않은 불륜이었다. 총리실에서는 프러퓨모에게 당장 그 관계를 그만두라 했고, 실제로 몇 달 안 갔다. 프러퓨모는 그녀를 더 이상 만나지 않았다.

문제는 킬러였다. 다시금 강조하지만 1960년대 미녀의 표준이었던 모양인지, 킬러에게 추근대는 남자가 끊이지 않았고, 러키 고든이라는 자메이카 출신의 재즈 음악가가 킬러랑 사귀는 데 성공한다. 그러나 고든은 상당히 못된 남자였고 그의 폭력을 피하기 위해 킬러는 자신을 사모하는 또 다른 뮤지션인 조니 에지컴에게 고든 좀 어떻게 처분해달라고 부탁한다. 역시 그녀를 좋아했던 에지컴은 고든을 칼로 그었다.

하지만 그 역시 여느 남자처럼 질투심이 강했기에, 킬러가 자신이 원하는 대로 데이트를 안 해주자 와드의 집에 은신해 있던 킬러를 찾아와 행패를 부렸다. '총'도 쏘고 말이다. 경찰이 들이닥쳐 그를 잡아갔고 그는 그곳에서 모든 사실을 토해냈다. 와드 및 프러퓨모, 이바노프 등등. 하지만 이어 일어난 재판에서 킬러는 모습을 드러내지 않았다. 프러퓨모가 손써준 것이 아닐까?

이 정도로만 얘기해도 굉장히 드라마틱하다. 그래서 실제로 BBC에서 드라마로 만들었다.[7] 그리고 학업과정도 제대로 밟지 못했고 공무 경험도 없던 킬러가 프러퓨모의 고급 정보를 이바노프에게 과연 자세히 알려줬는지에 대해서는 좀 부정적이었다. 그런데 여기에 추가해야 할 수수께끼 인물이 한 명 더 있다. 소련의 국가보안위원회인 KGB에 침투한 미국의 협력자다(현재까지 그의 정체는 드러나지 않았다). 그가 미국에 보낸 보고서에는 크리스틴 킬러가 이바노프의 도움으로 프러퓨모의 아파트에 도청기까지 설치했으며, 프러퓨모와의 관계가 끝난 후인 1962~1963년에도 프러퓨모로부터 정보를 빼돌렸다는 사실이 드러나 있다. 심지어 연애편지 및 정사 장면 사진까지 있었다고 한다. 빼돌린 정보는 고고도 제트기 실험이나 전술 핵무기 유럽 배치 관련 등이었다.

만약 이때 동서 간 전쟁이 났다면 서구가 매우 불리해질 만한 기밀이었으며, 상당히 중요한 정보를 소련으로 넘긴 셈이었다. 물론 한 여자를 두고 일어난 두 남자 간의 싸움 때문에 스캔들의 전모가 드러나면서 소련이 프러퓨모에게 협박 편지를 보낼 시간이 없기는 했다. 치정은 애국에 기여하는 것일까?

그리고 이 정보는 위에서 말했던 KGB 내 미국 첩자가 빼돌린 것이었다. 즉 소련에게 저런 정보가 흘러갔는지 영국은 몰랐고,

---

7 제목은 「크리스틴 킬러의 시련The Trial of Christine Keeler」. 2019년 12월부터 2020년 1월까지 BBC 1에서 6개의 에피소드로 방영됐다.

미국은 알고 있었다. 그리고 '수년 동안' 영국의 MI5에 알리지 않았다. 미국이 영국 정보기관을 못 믿어서다. 역시 정보기관의 세계에서는 미국과 영국도 친구 사이가 아니다. 소련 입장에서는 '성공'한 스파이 작전 중 하나였다.

정리해보자. 관련자는 현재 모두 사망했다.

해럴드 맥밀런	당시 총리(보수당), 스캔들로 1년 후 노동당에 정권이 넘어감.
프러퓨모	당시 전쟁부 장관, 사임. 그 후 일생을 사회봉사 활동으로 지냄.
스티븐 와드	법원 재판을 앞두고 수면제 과다 복용으로 자살.
'러키' 고든	노환으로 사망.
에지컴	암으로 병사.
예브게니 이바노프	과도한 음주로 사망.
크리스틴 킬러	이름을 바꾸고는 어렵고 힘들게 일생을 살았음. 폐질환으로 사망. 그녀는 스스로에 대해, "저는 영국 역사의 일부이죠I am part of English History"라고 말했다.

지역 정보

클리브든

런던 수도권과 인접한 버킹엄셔주에 위치한다. 현재 건물은 1851년에 이탈리아 16세기 방식Cinquecento으로 세워졌으며 원형은 1666년에 세워진 저택이었다. 제1차 세계대전 당시에는 캐나다 적십자가 병원으로 사용했고 1980년대 이후로는 호텔로 쓰였다. 사실 클리브든에서 일어난 일보다 서식스 공작 부인이 된 메건 마클과 해리 왕자가 결혼하기 전에 머물렀던 호텔로 더 유명하다.

5.

결투 재판과
한 아가씨의 죽음

「왕좌의 게임Game of Thrones」 시즌 4 에피소드 6에 나오는 티리온 라니스터의 결투 재판 장면을 기억할 것이다. 조카 살해 혐의로 아버지가 주재하는 재판정에 선 티리온은 재판장에 정의가 없으니 하느님께 맡기겠노라 말하면서 결투 재판을 신청한다. 「왕좌의 게임」에 나오는 여러 이야기가 그러하듯 결투 재판 역시 역사적 사실에 근거한다. 실제로 그런 방식의 재판이 허용됐기 때문이다.

다만, 결투 재판이 로마법에 근거한 것은 아니었다. 게르만 계열 민족들의 관습법이었고, 서로마 제국 이후 게르만 계열 민족들이 유럽을 석권하면서 이 관습법이 거의 성문법화됐다. 영국에는 정복왕 윌리엄의 잉글랜드 정복(1066) 이후 이 관습법이 건너간 것으로 나와 있다. 그리고 유럽에 퍼진 게르만 계열 민족들이 뭘 받아들였겠는가. 바로 기독교다. 성서에서 가장 유명한 결투가 바로 다윗과 골리앗의 싸움이 아니겠는가.

즉 결투에서 다윗이 이길 수도 있다 함은 역시 하느님의 뜻이 바로 정의라는 생각과 결합됐다. 뭔가 좀 이상한 혼종이라 여겨질 수 있는데, 중세가 지나 근세인들이 보기에는 당연히 말이 안 되는 재판 방식이었다. 결투가 진실을 가려내기보다 진실을 가리는 데에 더 잘 쓰였기 때문이다. 실제로 상대방의 재산, 주로 부동산을 빼앗기 위해 전문 싸움꾼을 고용하여 결투 재판을 내는 사례가 많아서 이에 대한 신뢰도는 시대가 지날수록 떨어졌다.

여담이지만 결투 재판의 규칙이 좀 재미있다. 결투 재판은 보통 죽음으로 승패가 갈리지만, '항복하겠다'는 표시도 승패의 인정으로 간주됐다. 게다가 결투 재판은 '하느님의 뜻'을 보이는 것이기에, 국왕도 그 재판에 개입할 수 없었고, 결투하기 전에 참가자가 사망한다면 그 시신을 결투장에 옮겨서 형식적으로 결투 재판 의식을 치렀다.

근세가 되는 16~17세기 들어서는 대체로 결투 재판이 사라진다. 대표적으로 프랑스에서는 16세기는커녕 사법부가 허용한 결투가 1386년 이후 없었고, 국왕이 허용한 결투 또한 1547년 이후 없었다. 하지만 대륙법 체제가 아닌 영어권은 그보다 느렸다. 17세기도 아니고 무려 19세기, 즉 1818년 애슈퍼드Ashford 대 손턴Thornton 사건이라는 유명한 재판에서 결투 재판 요청이 등장했던 것이다. 그런데 놀랍게도 이 결투 재판이 승인된다. 보통법 Common Law 체제의 영국에서는 명시적으로 해당되는 법을 폐기하지 않는 한 효력이 있다고 인정했기 때문이다.

　이 사건이 또 흥미로운 것은 1817년 당시 스무 살이었던 메리 애슈퍼드 양이 나이트클럽이라 할 수 있는 퍼블릭 하우스public house에 가서 춤을 추다가 24세의 청년 에이브러햄 손턴 군과 눈이 맞는다는 내용이기 때문이다. 그래서 같이 왔던 친구를 먼저 집에 들여보낸 다음 새벽에 그들은 몰래 데이트를 한 것으로 추정되는데…….

　메리 애슈퍼드 양은 이튿날 호수에서 익사한 채로 발견된다. 손턴은 즉각 마을 사람들에게 붙잡혀 구속되고 재판이 시작되지만 증거가 충분하지 않아 무죄 방면된다. 당시 검찰 측은 손턴이 강간 살해를 저질렀다고 주장했지만 시신 검시 결과 애슈퍼드 양에게 상처가 없는 것으로 나왔고, 강제로 뭔가를 했다는 증거는 상당히 부족했다.

　하지만 손턴이 살인범이라는 지라시가 곳곳에서 배포될 정도로 지역 여론은 그를 범인으로 여겼다. 당시 손턴은 마을 사람들

1409년 아우크스부르크에서 일어났던 결투 재판을 묘사한 그림(1544).

의 눈총 때문에 정문으로 나갈 수 없을 정도였다.

메리 애슈퍼드의 오빠는 항소를 제기했고, 거의 영국 전체가 그를 돕는 분위기여서 자발적 모금 움직임도 있었다. 손턴은 다시 구속됐는데, 그는 차라리 하느님의 뜻을 묻자며 결투 재판을 신청한다. 그런데 손턴이 워낙 건장해서인지 메리의 오빠는 결투를 포기한다. 하느님의 뜻마저 손턴에게 있었다. 여담이지만 여론 재판이 으레 그러하듯, 승소했다 하더라도 손턴은 영국에서 살 수 없었고 결국 미국으로 이민을 가게 된다.

이 재판은 1819년 그나마 현대적이라 자부하던 영국 사회에 큰 충격을 던졌다. 결투 재판이 이론상 지금도 가능함을 보여줬기 때문이다. 의회에서 갑옷을 입으면 불법 행위라는 1313년의 형법이 21세기에도 여전히 존재하는 영국이지만 그들은 언제나 그러했듯 빈틈을 찾아낸다. 그 이후로도 1985년 스코틀랜드에서 무장강도 혐의를 받은 두 형제가 '잉글랜드의 법이 스코틀랜드에

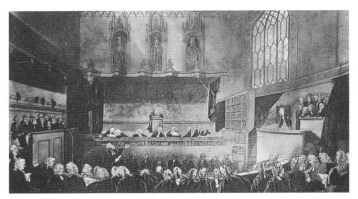

애슈퍼드 대 손턴의 사건에 대해 재판이 이뤄졌던 법정의 모습.

서는 안 통한다'는 이유로 결투 재판을 신청했다. 물론 1819년 영국 의회가 제정한 법에서 스코틀랜드가 제외된다는 근거를 제시하지 못해 요청은 기각된다.

재미있는 현대적인 사례가 하나 더 있다. 2002년 한 할아버지가 오토바이 폐차 신고를 안 했다는 이유로 25파운드의 벌금통지서를 받자, 운전면허청을 상대로 결투를 요청한 것이다. 유럽 인권법의 해석을 통해 결투 재판이 여전히 유효하다는 게 이유였다. 재판소는 그럴 이유가 없다며 오히려 벌금을 200파운드(여기에 비용 100파운드를 추가로 붙였다)로 올려 부과했다.

못다 한 이야기

1. 프랑스에서는 사법 절차와 관련 없는 '명예 결투duel pour l'honneur'가 비교적 현대까지 이어졌다. 마지막 사례는 1967년

4월 21일에 있었다. 명예 결투는 중재자와 입회인이 있고 절차에 따라 진행됐다. 초·중·고등학교에서 흔히 일어나는 '끝나고 XX에서 보자'가 아니다.

의상 제한도 있다. 양복 정장을 입고 진짜 검epee으로 하는 결투였으며 4분 정도 소요된다. 승부를 가르는 기준은 코피가 아니라 두 번의 상처다. 경찰들은 이 결투를 무시했지만, 유명인이 하는 경우 기자들도 참석했다. 1967년의 결투는 영상 기록으로도 남아 있다.

당시 결투한 사람은 누구였을까? 한 명은 마르세유 시장이자 하원의원(프랑스에서는 이런 겸직이 허용된다)이면서 노동자인터내셔널 프랑스 지부SFIO(현 사회당의 전신) 소속으로 당시 하원 원내총무였던 가스통 데페르Gaston Defferre(1910~1986)다. 다른 한 명은 젊은이로 이튿날 결혼식을 앞둔 예비 신랑 르네 리비에르René Ribière(1922~1998)다. 드골주의자로 역시 하원의원이었다.

문제의 발단은, 가스통 데페르가 연설을 하는데 계속 르네 리비에르가 깐죽대면서 개입한 것이었다. 화가 난 데페르는 "닥치시죠, 개새끼Taisez-vous, abruti!"를 대놓고 말했고, 리비에르는 사과를 요구했다. 하지만 데페르가 사과를 거절하자 결투가 성립됐다. 드골 대통령은 이 결투를 말리기 위해 양측에 사절까지 보냈지만 결투는 그대로 진행됐다.

앞서 결투가 4분 만에 끝났다고 했다. 데페르 할배는 이미 결투 경험이 있는 용사였기 때문에 리비에르를 찌르는 데 성공한다. 리비에르는 검을 들어본 경험이 없었던 듯했고, 원래 처음 상처 내는 쪽이 승리하는 걸로 결정했지만 리비에르는 버텼다. 그러나 두 번째 상처가 나자 리비에르의 패배로 결투는 끝난다. 데페르 할배는, 처음에는 새신랑 리비에르의 사타구니를 노렸다며 능청을 떨었다.

2. 중세에는 케이크 재판이라는 것도 있었다. 보리빵이나 치즈 등으로 만든 저주받은 케이크를 먹어서 하느님의 뜻이 어디 있는지를 가리는 재판이다. 별 탈 없이 소화하면 무죄, 뭔가 생기면 유죄였다.

이건 결투 재판보다 낭만적이라고, 그리고 케이크 하나 못 삼키냐고 할 수 있겠지만 실제로 당시 위생 수준 때문에 그렇지는 않았다. 가령 웨섹스 백작 고드윈은 왕의 동생 살해에 참여했다는 혐의를 받자 케이크 재판을 신청했다. 하지만 하느님의 뜻은 그에게 없었다. 빵이 목에 걸려 숨이 막힌 그는 사망하고 만다. 케이크가 이렇게 무섭다. 물론 역사적 사실이 아니라 만들어진 이야기라는 설도 있다.

6.
신나는 마녀 생활

인쇄술의 도입은 어떤 관점에서 보든 간에 정말 혁명적이다. 이른바 정보의 민주화를 가져왔기 때문이다. 게다가 여기에 '짤 방'이 들어간다면 효과는 더더욱 배가된다. 황색 저널리즘의 역사가 그때부터 본격화된다. 이를테면 버즈피드의 WTFwhat the fuck와 같은, 우리나라로 치면 요새 페이스북에 범람하는 뭐라 설명하기 힘든 콘텐츠들도 이때부터가 시작이다.

그중 가장 히트작은 마녀다. 1484년 독일·오스트리아 지방의 도미니코회의 두 이단 심판관이 교황(인노첸시오 8세)의 결재를 받은 다음 마녀사냥이 시작되는데 이 역시 인쇄술 혁명의 산물 이었다. 『말레우스 말레피카룸Malleus Maleficarum』(마녀의 망치)이 라는 마녀 백과사전이 큰 역할을 했기 때문이다.

이 책은 지금의 관점에서 봐도 워낙 선정적이라 당시 베스트 셀러 반열에 올랐고, 마녀 심문의 기준 역할을 했다. 게다가 독

1579년에 나온 지라시에 그려진 마녀들.

일 지방에만 머무르지 않았다. 영국에서는 지금 관점에서 볼 때도 역시 지라시 범위에 들어가는 목판화 인쇄 지라시가 크게 유행했는데, 1579년에 나온 일명 「로킹엄이라 불리는 엘리자베스 스타일과 두텐 아줌마, 듀엘 아줌마, 마거릿 아줌마 이 네 명의 악명 높은 마녀가 저지른 증오스러우면서 무시무시한 행동들의 이상하고도 진실된 리허설A Rehearsal both Straung and True, of Heinous and Horrible Actes Committed by Elizabeth Stile, alias Rockingham, Mother Dutten, Mother Deuell, Mother Margaret, Fower Notorious Witches」이라는 지라시를 살펴보자.(스펠링이 이상하더라도 중세 영어 단어임에 유의하자.)

지라시의 주인공은 엘리자베스 스타일이라는 65세의 노파로서, 다른 할머니들과 같이 사는 인물이었고, 「신비한 동물사전」에 나올 법한 괴동물들을 자기네 피로 키웠다. 게다가 온갖 동물로 변신할 수 있는 남자, 로시문드 아저씨도 한 명 거느리고 말이다. 물론 반드시 등장하는 동물이 하나 있는데, 바로 고양이다.

그러던 1589년의 어느 날, 스코틀랜드의 제임스 6세(원래 스코틀랜드의 제임스 6세로 왕위에 올랐다가 잉글랜드의 엘리자베스 1세 여왕 사후, 잉글랜드의 제임스 1세가 된다)는 덴마크 공주 안나와 결혼하기 위해 덴마크로 항해를 떠난다. 그런데 덴마크에서 스코틀랜드로 돌아오는 항로가 몹시 험난했다. 폭풍이 몰아치는 바람에 노르웨이에 잠시 피신했던 제임스 6세는 결국 스코틀랜드로 무사히 귀국할 수 있었다. 그러나 누가 감히 스코틀랜드 국왕의 신혼여행 길을 방해했단 말인가? 혹시 마녀의 짓은 아닐까?

'스코틀랜드 뉴스'의 한 장면(1816).

　이로써 국왕이 직접 심문하는 마녀 재판이 스코틀랜드와 덴
마크에서 열린다. 수백 명의 사람이 구속됐고 고문도 심했던 이
재판은 1591년 「스코틀랜드 뉴스, 지난 1월 에든버러에서 화형당
한 저명한 마술사, 지옥에 떨어져야 마땅한 피안 박사Newes from
Scotland, Declaring the Damnable Life of Doctor Fian, a Notable Sor-
cerer, who was Burned at Edenbrough in Januarie Last」라는 이름의
지라시로 나돈다. 여기에 들어간 쌀방이 또 매우 시사적이다. 마
녀들이 냄비에다 뭔가 넣고 끓이고, 그것이 풍랑을 일으켰다는
서사 구조로 되어 있기 때문이다.
　이 '스코틀랜드 뉴스' 지라시가 큰 영향을 끼친 사례가 있다.

악마와 함께 강강수월래를 추는 마녀들. 『마녀와 마법사의 역사The History of Witches and Wizards』(1720)에 나오는 한 장면이다.

바로 셰익스피어의 『맥베스』다. 『맥베스』 줄거리에서는 마녀가 중요한 역할로 등장한다. 그리고 제임스 6세가 제임스 스튜어드로, 잉글랜드·스코틀랜드 통합의 제임스 1세가 되었을 때 의도찮게 마녀 재판의 광풍은 잉글랜드도 덮쳤다.

지라시가 계속 나돌았고, 이때쯤 해서 마녀의 이미지가 완성된다. 뭔가 끓는 냄비, 간지 넘치는 뾰족 모자, 마이카로서의 빗자루, 그리고 쿨함의 상징인 고양이. 지금 기준에서 보면 오히려 귀여운 모습의 악마들과 그들의 파티 장면도 지라시에 여럿 등장한다.

17세기 짤방을 보면 이렇다. 악마들과 술 마시고 춤추며(강강수월래), 동물로 변신도 하고, 하늘을 날아다니기도 한다. 마녀 재판의 광풍이, 마녀라는 뭔가 '썰나는' 콘텐츠의 탄생을 부추긴 것이다. 전염병과 내전, 가난이 창궐하던 시대이니, 악마에 대한 호기심 어린 인기도 이해할 만하다.

지역 정보

스코틀랜드 뉴스가 묘사하는 마녀 재판은 스코틀랜드 지역 이스트 로디언에 있는 노스 버릭이라는 곳에서 일어났다. 100여 명이 구속됐고 많은 수가 고문을 못 이겨 마녀 혹은 악마와의 접촉을 저질렀다고 고백했다. 나중에 셰익스피어가 『맥베스』에서 스코틀랜드 마녀 장면을 쓸 때 참고했다고 한다.

7.
스카포크에 오신 걸
환영합니다

스카포크Scarfolk는 1979년 이후로 발전하지 않은 서북 잉글랜드의 한 도시입니다. 1970년대가 영원히 지속되는 곳인 스카포크는 이교도 의식이 과학과 꾸준히 결합되고 있으며, 학교에서 유령학hauntology[8]을 의무 과목으로 가르치고 있습니다. 유령이 계속 돌아다니기 때문에 오후 8시까지 모두 잠들어야 합니다. '오늘 스카포크를 방문하십시오. 우리의 제1과제는 광견병 방지입니다.' 더 자세한 정보를 원하시면 다시 읽으십시오.

스카포크 웹사이트[9]에 나와 있는 환영 문구다. 영원히 영국

---

[8] 유령학hauntology은 자크 데리다의 저서 『마르크스의 유령들Spectres de Marx』에 나온 개념으로서, 유령이라는 상징적인 존재를 통해 과거의 요소에 집착한다는 뜻이다. 당연히 마르크스의 「공산당 선언」에 나온 "한 유령이 유럽을 떠돌고 있다"의 문장에서 따왔다. 이 개념은 시각예술이나 문학 등 다방면에 차용됐다.

[9] 공식 웹사이트: http://scarfolk.blogspot.com/

어린이 '제니'가 사체의 발을 발견한 모습.

의 1970년대를 살고 있는 스카포크가 어떤 곳인지는 어떤 사진 한 장에 대한 설명부터 시작하겠다. 1978년 스카포크의 치안 예산은 절반으로 삭감된다. 영국 재무성에 도둑이 들었기 때문인데 범인은 끝내 안 잡혔으며, 범죄에 따른 시체 발견 빈도도 치솟았다.

이에 스카포크 시의회는 '영국을 정돈하자Keep Britain Tidy'는 캠페인을 펼친다. 시민들, 특히 어린이들이 시체나 시체의 일부를 찾아 경찰에 신고하도록 하는 캠페인이다. 위의 사진은 어린이 '제니'가 사체의 발을 발견한 모습이다. 부패 수준 및 기증했을 때 받을 보상금도 원래 페이지에 적혀 있다. 시체 및 장기 기증도 활성화되어 사망하기 전에 기꺼이 가족들을 기증하는 사례도 적지 않았다고 한다.

너무나 그로테스크한데, 달리 보면 이는 제대로 된 영국식 유

머이기도 하다. BBC2에서 1999년부터 2002년까지 방영했던 「젠틀맨 리그The League of Gentlemen」라는 드라마가 있었다.(숀 코넬리가 나오는 영화 「젠틀맨 리그The League of Extraordinary Gentlemen」가 아니다.) BBC 드라마 「셜록Sherlock」 덕분에 잘 알려진 마크 게티스 등 코미디언 3명이 '로이스턴 바시'라는 마을의 온갖 군상을 연기하는 블랙 코미디다. 북잉글랜드에 위치한 로이스턴 바시 마을이 외지인들을 전혀 환영하지 않는 시골이라는 점이 드라마의 동력이다. "환영, 환영, 동네 사람이유Welcome, welcome, Are you local?" 하면서 외지인들을 쫓아내거나 태우거나 잡아먹거나 하고 매우 괴상하거나 음침하거나 기분 나쁘게 섬뜩한 이야기가 계속 등장한다.

현대스럽지만 예스럽고 또한 괴기스럽지만 아마 실제로 존재할 법한 영국을 그리는 영국식 블랙 코미디의 전통이 꽤 있다는 얘기다. 참고로 「인사이드 넘버 나인Inside No. 9」이라는 드라마 혹은 넷플릭스에도 있는 「블랙 미러Black Mirror」도 이런 장르에 속한다.

당연히 이 스카포크라는 지역도 원래 그래픽 아티스트이자 작가인 리처드 리틀러Richard Littler가 상상해낸 마을이다. 1970년대는 물론 현대를 풍자하면서 말이다. 그는 1970년대 이미지를 가져다가 더욱 1970년대처럼 편집해 풍자를 듬뿍 담은 작품을 만들어 블로그에 올리는 취미도 있다. 그는 이런 풍자를 하게 된 이유 중 하나로 1970년대 영국 정부의 공익 영화 「종착선The Finishing Line」[10]을 들었다. 기찻길에서 놀지 말라는 교훈을 주기 위해 만든 영화다. 영화 속에서 아이들은 기찻길 옆에서 운동회를 벌이고, 아이들이 한 명 한 명씩 죽어나가다 나중에는 다 죽어서 끝난다. 이쯤 되면 영국의 블랙 유머 전통은 민간에 국한되지 않는다는 생각이 든다.

맨체스터 교외에서 자랐다는 작가는 어린 시절 모든 게 무서웠다고 한다. 게다가 그가 스위스에서 거주할 때, 스위스가 정보를 친숙하게 직접적으로 전달하는 나라이긴 하지만, 방식은 이랬다고 한다. '손을 씻으셨습니까? 그러지 않았다면 암에 걸릴 수 있습니다.' 이런 게 바로 스카포크의 분위기다. 스카포크 프로젝트는 2013년부터 시작됐으며, 영원히 1970년대에 갇혀 지내는 서북 잉글랜드 마을의 정부 포스터와 그 외 그래픽 아트를 만들고 있다.

어쩌나 리얼한지 영국 정부가 깜빡 속은 적도 있다. 2018년 7월 정부가 홍보물 아카이브를 만들다가 스카포크에서 나온 패러디 포스터, '광견병을 가진 아이를 발견하면 지체하지 말고 쏘십시오, 생명을 살릴 수 있습니다'를 실제 홍보 사례 안에 끼워넣은 것이다. 물론 사실이 밝혀진 후 해당 그림은 삭제됐다.

작가의 세계관은 확대되고 있다. 『스카포크 발견하기』Discovering Scarfolk』(2014)와 『스카포크 연감, 197X년』The Scarfolk Annual

---

10 이 단편영화는 영국이 도로와 철도 등을 국유화하기 위해 구성했던 교통위원회에서 의뢰하여 제작한 교육용 영상이었다. 위에서 언급한 것처럼 소년들이 죽거나 다치는 내용이 여과 없이 나와 논란을 일으켰다. 영국철도공사의 홍보를 위해 제작됐기 때문에 엄밀히 말해 공익 영화라고 보기 힘든 부분이 있지만 공익 영화로 간주해 텔레비전에서 여러 번 방송했다.

197X』(2019), 『스카포크와 주변: 초대받지 못한 여행객을 위한 도로 및 여가 안내Scarfolk & Environs: A Road & Leisure Map for Uninvited Tourists』(2020)라는 책도 나오고, 텔레비전 드라마도 기획하고 있다고 한다. 몹시 기대된다.

8.

103년 만에 오보 수정한
『파이낸셜타임스』

"여러분의 조국이 펀드를 원한다."

2017년 8월 초, 영란은행Bank of England(우리나라의 한국은행) 블로그에 재미난 글이 하나 올라왔다. 제1차 세계대전(1914~1918) 당시 영국이 어떻게 자금을 조달했는지에 대한 글이다. 니얼 퍼거슨의 책을 읽을 필요까지 없이, 강대국들이 어째서 강대국들인지 아는 사람은 안다. 바로 '자금 조달 능력' 때문이다.

즉 채권 시장을 만들고 조성한 나라만이 열강에 올랐다는 의미일 테고, 영국은 그 선두 주자였다. 다만 채권은 그 발행자가 국가(정확히 말하면 그 나라의 정부)로 대체로 영구채다.(영국 정부의 영구채는 콘솔consol이라 부른다.) 언제 원리금을 갚겠다는 것이 아니라, 그럭저럭 이자나 갚고 원금 상환은 하지 않는 식이다. 그렇다면 세계대전이 발발했는데 어떻게 당시 GDP를 뛰어넘을 전

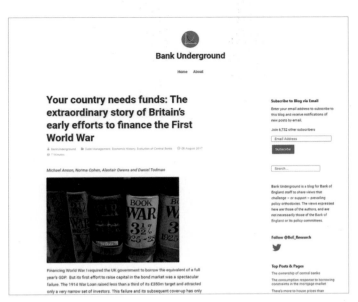

영란은행 블로그.

쟁 자금을 조달할 수 있을까.

영국 정부는 10년 만기 전쟁채권을 발행하기로 한다. 이른바 워 본드war bond인데, 수익률이 2.5퍼센트대였던 여느 정부 채권과 달리 워 본드는 수익률이 4.1퍼센트대였다. 여기에 애국 마케팅을 좀 끼었으면 되려나? 당연히 정부는 이 채권이 '완판'되리라 기대했다.

하지만 정작 판매된 비중은 목표 액수의 3분의 1에 그쳤다. 잠재적인 투자자들의 10퍼센트 정도만 워 본드를 구매했기 때문으로, 영국 부자들이 이미지와 달리 특별한 애국자는 아니었던 것이다. 이들은 자국 정부의 채권보다 본토가 아닌 다른 곳에서 발행되는 채권에 더 관심이 있었다.

1914년 11월 23일 『파이낸셜타임스』가 이른바 '가짜 뉴스'를 대대적으로 내보낸다. 워 본드가 완판됐으며 지금도 투자자들이 나서고 있다고 말이다. 특히 당시 적성국인 독일에 영국 정부의 자금 조달이 실패했음이 알려지면 큰일 날 일이었다.

그렇다면 부족분은 어떻게 메웠을까? 워 본드의 부족분 구매에는 영란은행이 직접 나선다. 이 사태의 실상은 영란은행 최고 임원 3명만 아는 비밀 중의 비밀이었고, 나머지 사람들은 그저 『파이낸셜타임스』에 나온 완판 기사를 믿었다. 영란은행의 조폐국장(과 부국장) 이름으로 '개인 투자자'처럼 부족분을 구매한 다음, 영란은행의 장부에 '기타 채권' 매입으로 기입한 것이다.

당시 영국 정부는 자유방임주의를 중단하고 정부 개입을 대대적으로 실시했다. 부동산 임대료를 동결시키고, 투자자들이 구매한 해외 채권까지 '징발'했다. 게다가 전쟁이 한창이던 1915년에는 국채 말고 다른 채권은 아예 발행과 매입을 금지했다. 물론 당근도 없지 않았다. 워 본드 수익률이 5퍼센트까지 상승했기 때문이다. 덕분에 1920년대 영국 재정의 40퍼센트는 빚 갚는 데 쓰였지만.

경제학자로 유명한 존 메이너드 케인스는 당시 영국 재무성 관료로 일하고 있었다. 케인스는 채권 판매를 잘 숨겼다면서, 1915년 존 브래드버리 재무부 장관에게 '기밀'을 붙인 메모를 하나 보낸다. 다만 영란은행의 개입을 지속시켜서는 안 되며, 자금

원을 다른 곳에서도 구해야 한다고 덧붙였다.

영란은행 블로그는 이 사건 덕분에 여태껏 사인私人(민영)이었던 영란은행이 진정한 중앙은행으로 거듭나는 계기가 됐다고 한다. 영란은행이 정부 채권을 대량으로 사들였기에 중앙은행으로서 영란은행의 기능을 의회가 통제해야 한다는 여론이 모아졌고, 그 결과 종전 이후 영란은행에 대한 의회의 심사가 생겼기 때문이다.

영란은행 블로그를 본 『파이낸셜타임스』는 다급히 103년 만에 오보 수정 기사를 내보냈다. 1914년 11월 23일 내용에 대한 103년 만의 오보 알림이었다.

지역 정보

영란은행

영국 정부의 은행으로 1694년 설립됐으며 민간 소유 은행과 국립은행을 거쳐 현재는 독립적인 공공기관으로서의 중앙은행으로 존재하고 있다. 다만 파운드를 발행하는 곳이 영란은행만은 아니며, 스코틀랜드와 북아일랜드에서는 민간 산업은행이 파운드를 내고 있다. 물론 이 경우 영란은행의 규정에 따라 발행되기 때문에 실질적으로는 영국 유일의 중앙은행이다. 위치는 1734년부터 영국 런던의 금융지구인 시티오브런던에 있다.

9.
미스터 다시는
얼마나 잘생겼을까?

『오만과 편견Pride and Prejudice』의 미스터 다시. 외래어표기법의 용례에 따르면 장음은 표기하지 않는 것이 원칙이지만 일부러 '다아시Darcy(라 쓰고 콜린 퍼스라 읽는다)'로 표기하며 그를 사랑하는 팬들(주로 여자들)이 한국에만 있진 않다. 1995년 방영됐던 BBC의 드라마가 워낙에 잘 만들어졌기 때문에 퍼스의 인기는 세계적이라 할 수 있다.

콜린 퍼스는 그만큼 소설 속의 다시를 잘 표현했다. '잘 표현했다'의 진짜 주어는 배우도 될 수 있지만 우선은 1990년대의 BBC다. 그렇다면 예전에는 미남이 어떻게 묘사됐을까? 실제로 제인 오스틴(1775~1817)이 소설을 썼을 당시의 훈남들은 어떻게 생겼을까? 제인 오스틴은 어떤 미남을 염두에 두고 다시라는 캐릭터를 만들었을까?

일단은 원문부터 참조하자. 다시의 외모를 가리키는 단락은 거의 없다시피 하다.
그녀가 인물 묘사하는
법을 모를 리 없기 때
문에 아무래도 제인
오스틴이 일부러 외모
묘사를 잘 하지 않은
것으로 생각된다. 아래
의 대목을 보자.

빙리 씨는 잘생긴 외
모에 신사와 같은 풍
모였다. 상쾌한 용모
와 느긋하고 자연스
러운 태도를 가지고

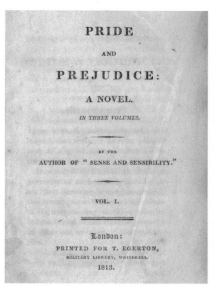

PRIDE

AND

PREJUDICE:

A NOVEL.

IN THREE VOLUMES.

BY THE
AUTHOR OF " SENSE AND SENSIBILITY."

VOL. I.

London:
PRINTED FOR T. EGERTON,
MILITARY LIBRARY, WHITEHALL.
1813.

『오만과 편견』.

있었다. 그의 매부인 허스트 씨는 그저 신사로 보일 뿐이었으나
그의 친구인 다시는 자신의 멋지고 키 크고 잘생기고 우아한
태도로 인해 곧 사방에서 시선을 끌었다. 다시가 방에 들어서
자 5분도 안 되어 그가 해마다 1만 파운드를 벌더라는 소문이
방 전체에 퍼졌다.
신사들은 다시가 잘생긴 인물이라 말했고, 숙녀들도 그가 빙리
군보다 훨씬 더 잘생겼다고 입을 모았다. 그런데 그의 외모에 대
한 칭송은 그날 저녁의 절반까지만이었다. 그에 대한 인기는 금
세 혐오로 바뀌어버린다. 잘난 체하고 동료보다 위에 서려 하

며, 즐기기를 원치 않는 것이 들통났기 때문이다. 더비셔에 갖고 있는 거대한 부동산도 험악하고 불쾌한 인상으로 인해 그의 친구 빙리보다 못하다는 평을 뒤엎지는 못했다.(『오만과 편견』 제3장)

이 주제를 연구한 이들이 있다. 런던대학의 존 서덜랜드 교수(현대 영문학)와 런던 퀸메리대학의 어맨다 비커리 교수(근현대사)다. 이들의 연구에 따르면 제인 오스틴이 『오만과 편견』을 썼을 시기에 제일 잘나가는 훈남의 이미지는 아래와 같다.

머리 색깔은 일단 흰색. 백금발이 아니라. 그 당시 젊은 남자들이 하얗게 파우더를 머리에 칠해서 그렇다. 머리 길이는? 아마 여주인공인 엘리자베스 베넷만큼이나 길었을 것이다. 다시와 엘리자베스의 나이 차이는 7년, 당시 이상적으로 생각했던 나이 차이라고 한다. 수염은? 당시 세련남들에게 수염은 필수가 아니었다. 얼굴 색은 노동을 하지 않는 귀족이므로 창백하고 형태는 긴 타원형, 다만 지금과는 달리 사각·주걱턱은 당시 미남의 상징이 전혀 아니었다. 다부진 몸과 근육은 노동자의 상징. 그에 따라 어깨도 떡 벌어진 어깨는 아니었다. 뾰족한 턱과 작은 입도 추가한다.

공통점이라면 키랄까? 당시 영국 남자들의 평균 키가 167센티미터 정도(5피트 6인치)였는데 제인 오스틴의 취향에서는 몇 센티미터쯤 돼야 위너였을까?(참고로 제인 오스틴의 키는 5피트 2인치, 그러니까 158센티미터 정도였다.) 단서가 있다. 오스틴의 또 다른 소

엘리자베스와 다시.

설인 『맨스필드 파크Mansfield Park』를 보면 키에 대한 묘사가 정확히 나온다.

잘생겼네! 키 작은 남자를 잘생겼다고 부를 이는 없겠지. 그는
5피트 9인치(약 180센티미터)가 안 되는데, 어쩌면 5피트 8인치
(약 177센티미터)가 약간 안 되더라도 놀랍진 않겠어. 인상도 험한
것 같아. 내 생각에 이 크로포드가 남자들은 다 그저 그런 듯.
걔네들 없이도 우리는 매우 잘 해냈지.(『맨스필드 파크』제10장)

키 작은 남자를 상당히 싫어하는 취향은 둘째치고 180센티

미터에도 못 미치는 사람은 핸섬하다고 할 수 없다 하니, 미스터 다시는 180센티미터가 넘었을 것이 틀림없다. 대략 브래드 피트 (5피트 11인치) 정도는 돼야 한다는 의미다. 즉 19세기 기준으로 봐도 승자는 180센티미터라고 할 수 있겠다.

『뉴욕타임스』가 2017년 소설 속 다시는 콜린 퍼스와 전혀 닮지 않았다는 「다시 씨, 당신은 콜린 퍼스가 아닙니다Mr. Darcy, You're No Colin Firth」를 낸 적이 있는데, 기사가 나간 이후 『뉴욕타임스』가 대화(?)를 나눈 독자들은 모두 팩트 폭력을 싫어했다. '나의 다아시는 그러지 않아!' 물론 다시 자체가 가상의 인물이니 실제로 이랬을 것이라는 연구 또한 의미가 없을 수도 있겠다.

즉 1990년대의 BBC는 드라마화를 위해 세계 (특히) 여성들에게 매력을 끄는 현대적인 미남을 캐스팅했다는 의미다. 젖은 셔츠가 원작에 안 나오는 건 워낙 유명해서 다들 알지만 이해해주는 것으로 알고 있다. 젖은 셔츠는 고사하고, 당시 훈남 훈녀들 사이에서는 목을 완전히 가리는 것이 유행이었다. 또한 넥타이 (현대적인 의미의 넥타이가 아니다) 한 번 매는 데 30분 이상 걸렸다고 한다.

물론 부자 다시는 다르다. 스콧 피츠제럴드는 「부잣집 아이」 3장에서 부자에 대해 아래와 같은 말을 한 적 있다.

"정말 부자들에 대해 말해줄게. 너와 나 같은 사람들하고는 달라."

물론 헤밍웨이 아재의 쿨한 대답도 넣어줘야겠다.

"그래, 그들은 돈이 더 많지."

이 에피소드는 사실 헤밍웨이의 단편소설 「킬리만자로의 눈」에 나오는 것이지만, 세상은 둘이 나눈 대화로 기억하고 있다.

지역 정보

BBC판 「오만과 편견」 촬영 장소 중 다시의 저택. 잉글랜드 서부 체셔주 디즐리에 있는 라임 파크다. BBC판 드라마에서 다시가 거주하고 있는 저택으로 나왔다.

10.

드라큘라의 효시, 카밀라

현대 유럽에서 가장 먼저 등장한 드라큘라는 1897년에 나온 브램 스토커Bram Stoker(1847~1912)의 소설이 아니고, 아일랜드의 작가 셰리던 르 패뉴Sheridan Le Fanu(1814~1873)가 1871~1872년 『다크 블루The Dark Blue』라는 잡지에 연재한 『카밀라Carmilla』였다. 화자話者는 로라라는 젊은 영국 여자다.

로라는 여섯 살 때 꿈속에서 어떤 아름다운 여자가 자기 침실로 들어오는 환영을 봤다. 그러다가 12년 후, 아버지는 친구로부터 편지를 받았다. 친구가 조카를 데리고 로라의 집을 방문하려 했지만 조카가 갑자기 사망했다는 이야기였다. 친구는 아버지에게 직접 만나서 조카가 왜 사망했는지 설명하겠노라고 편지에 적고 있었다…….

옆 페이지의 그림은 당시 잡지 연재분에 있었던 일러스트로 데이비드 H. 프리스턴의 작품이다.

데이비드 H. 프리스턴이 그린 카밀라.

로라는 슬펐다. 친구가 생겼으면 했던 로라는 집 바깥에서 마
차 사고를 목격하고, 사고를 당한 또래의 여자아이를 집으로 데
려온다. 그녀의 이름은 카밀라. 같이 사고를 당했던 카밀라의 어
머니는 자기 가족에 대한 이야기는 비밀이라며 혼자 여행을 떠
났다. 카밀라는 특이했다. 기도에 참여 안 하고, 낮에는 대부분
잠을 잤으며 밤에는 깨어나 바깥을 돌아다녔다. 그리고 근처 마
을에서 여자들이 수수께끼의 병에 걸려 사망하는 사태가 일어
난다. 로라는 밤마다 거대한 고양이가 자신을 공격하고 고양이
가 여자의 모습으로 둔갑하여 사라지는 악몽에 시달린다.

로라의 병은 심해진다. 아버지는 로라를 데리고 시골로 갔으
며, 그때 위에서 언급한, 자기 조카를 데려오겠다던 친구를 만난

다. 그는 자기 조카가 '밀라르카Millarca'라는 소녀와 수수께끼 같은 그녀의 어머니를 한 가장무도회에서 만난 적이 있다고 말한다. 그리고 밀라르카의 어머니는 어딜 좀 다녀오겠다고 말하면서 밀라르카를 친구에게 맡겼다.(로라에게도 똑같은 수법을 썼다.) 그 후 조카는 로라와 동일한 증세로 아프기 시작했다. 의사인 사제에게 보여주자 그는 이것이 흡혈귀한테 당한 것이라고 했다. 사태를 파악한 이들은 밀라르카를 공격했으나 그녀는 도주했고 결국 조카는 사망했다.

아버지의 친구와 로라는 행동에 나섰는데 드라큘라 퇴치 전문가들이 함께했다. 예전에 밀라르카의 조상 흡혈귀를 죽였던 '영웅의 후손', 오스트리아-헝가리 제국의 조사단이었다. 이들은 밀라르카의 무덤을 발굴하여 밀라르카를 죽이는 데 성공한다. 그러나 로라는 1년 후 후유증으로 사망하고 만다.

여기까지다. 지금 보면 카밀라Carmilla와 밀라르카Millarca는 철자만 바꾼 동일한 이름이다. 자세한 부분이 더 있기는 한데, 브람 스토커의 소설 속 드라큘라가 이 이야기로부터 큰 영향을 받은 것은 분명하다. 여자 드라큘라의 묘사는 똑같다고 봐도 좋으며, 반 헬싱의 모델이 위에 언급한 '영웅의 후손'이다. 하지만 더 특이한 부분은 지금 보면 로라와 카밀라의 관계가 딱 레즈비언이라는 점이다.(작가는 남자다.) 아래의 인용(원문)은 카밀라가 로라한테 속삭이는 내용이다. 아무래도 빅토리아 시대의 억압을 해소하고자 하는 바람이 이런 형태로 튀어나왔다고 봐야 할 듯하다.

"그녀는 흐뭇해하는 눈길로 나를 훑어보고는, 뜨거운 입술로 나의 뺨을 키스해 내려갔다. 거의 흐느끼는 듯 그녀는 내게 속삭였다. '넌 내 거야, 내 거가 될 거야, 우린 영원히 하나야.'"

로라라고 하는 가장 순수한 영혼도, 카밀라라는 욕망 덩어리에게는 이길 수 없다는 점을 소극적으로 극화시켰다고 할까? 그런데 이 글을 읽는 독자들은 1995년 한국에 개봉했던 데이비드 린치 감독의 영화 「트윈 픽스Twin Peaks」를 떠올릴지도 모르겠다. 주인공 로라 파머를 100년 전의 로라와 비교하면서.

지역 정보

슈타이어마르크

소설의 로라와 그녀의 아버지가 사는 곳이다. 소설에서는 아버지가 원래 오스트리아-헝가리 제국을 위해 일했던 영국인으로 나오는데, 이곳은 현재 오스트리아의 동남부에 위치해 있다.

플리트 가

소설 『카밀라』를 연재할 당시 『다크 블루』를 출판하던 회사(Sampson Low, Son and Company)가 바로 런던의 이 거리에 있었다. 플리트 가는 런던 내 시티City에 있으며 중세 때부터 발전해온 오래된 거리다.

11.
애거사 크리스티
실종 사건

애거사 크리스티Agatha Christie(1880~1976)의 실종 하니까 무슨 크리스티의 소설 제목 같은 느낌인데, 이 기묘한 이야기는 애거사 크리스티 그녀 자신의 실종을 다루고 있다. 정확히 1926년 12월 3일부터 12월 14일까지 그녀는 실종 상태였다.

하지만 누가 추리소설 작가 아니랄까봐 그녀의 실종은 대단히 드라마틱했다. 『로저 애크로이드 살인 사건The Murder of Roger Ackroyd』을 막 출판했던 그녀는 아직 황금기까지 이른 건 아니지만 촉망받는 추리소설 작가의 반열에 올라섰다. 하지만 그녀에게는 가정 문제가 있었다.

남편 아치볼드 크리스티가, 애거사가 가족보다 소설 집필에 몰두한다면서 자신은 새 애인이 생겼으니 이혼해달라고 요구한 것이다. 그러자 1926년 12월 3일 저녁, 당시 일곱 살이었던 딸 로절

MRS. CHRISTIE DISGUISED.

Mrs. Agatha Christie as she was last seen (centre), and (on left and right) how she may have disguised herself by altering the style of her hairdressing and by wearing glasses. Col. Christie says his wife had stated that she could disappear at will if she liked, and, in view of the fact that she was a writer of detective stories, it would be very natural for her to adopt some form of disguise to carry out that idea.

신문에 보도된 애거사 크리스티의 다양한 모습.

린드에게 키스한 뒤 애거사 크리스티는 비서에게 모든 일정을 취소해달라는 편지를 남긴 채 자동차를 몰고 나섰다. 그녀의 자동차는 헤드라이트가 켜진 채로 이름부터 음침한 연못가(침묵의 웅덩이Silent Pool)에서 발견됐다. 단, 사고의 흔적은 없었다.

자동차 안에서는 기간이 만료된 운전면허증과 그녀의 가죽 코트, 심지어 파우더 콤팩트도 발견됐다. 자살일까? 납치일까? 남편이 사주한 살인일까? 1000명의 경찰과 1만5000명의 자원봉사자가 그녀의 흔적을 수색하기 시작했다. 그래서 신문은 애거사 크리스티가 변장했을 경우 이렇게 생겼을 것이다! 하고 3장의 다른 사진을 내보냈다. 모자, 안경, 단발의 모습이다. 남장한 모습을 봤다는 증언이 나오고, 런던의 해러즈에서 봤다는 증언도 나왔다. 『셜록 홈스』의 작가 아서 코넌 도일 경은 이에 대해 어떻게 생각했을까?

그의 해결책도 황당했다. 애거사 크리스티가 버린 장갑을 갖고 가서 영매에게 물어본 것이다. 영매의 답변에 따르면 애거사는 살아 있고 곧 다시 나타날 것이었다. 과연, 영매의 말이 맞았던 걸까? 12월 14일 북부 잉글랜드의 한 호텔에 그녀가 나타났다. 남편이 찾으러 왔을 때, 그녀는 처음에 남편을 못 알아봤으며, 호텔 방 등록은 남편의 정부 이름으로 되어 있었다. 그녀는 조용히 집으로 돌아갔고 그 후로 애거사 크리스티는 자신의 실종 사건에 대해 아무에게도 얘기하지 않았다. 남편을 훈계하려 했을까, 아니면 정신장애였던가? 혹은 책 광고를 노린 것일까? 어쨌든 1년 후 부부는 별거에 들어갔고, 또다시 1년이 흐른 뒤에는 이혼한다.

애거사 크리스티의 실종 사건은 여러모로 실종자 수색에 있어 기념비적인 것이었다. 1926년 당시 애거사 크리스티를 찾기 위해 1만5000명이 동원됐다. 여기에 1000명의 경찰, 많은 보이스카우트, 여러 마리의 블러드하운드 개도 출동했다. 게다가 애거사 크리스티 실종 사건은 당시 영국 경찰이 최초로 비행기를 수색에 동원한 사건이라고 한다.

열흘간 실종 중이었던 크리스티 여사는 해러게이트에 있는 스완 온천 호텔에서 발견된다. 그녀는 살아 있었지만 기억이 나지 않는다고 주장했으며, 사망할 때까지 자신에게 무슨 일이 일어났는지 한 번도 정확히 설명하지 않았다. 그런데 실종 기간에 그녀의 행동을 알려주는 단서가 하나 있다.

애거사 크리스티가 다시 나타나기 사흘 전, 영국의 『타임스』에 올라온 광고 하나 때문이다.

남아프리카에서 최근 사망한 테리사 닐Teresa Neele의 친구와 친척이 계시다면, 타임스사 사서함으로 부디 접촉해주십시오.
COMMUNICATE. Write Box R702, The Times, EC4

테리사 닐은 당시 크리스티가 호텔을 예약하는 데 사용한 가명이었다. 그런데 이 '닐'이라는 성은 바로 애거사 크리스티의 남편인 아치 크리스티와 사귀고 있던 불륜녀의 성이었다. 낸시 닐이다. 이 광고를 누가 게재했을까? 애거사 크리스티였다.

당시 애거사는 남편의 불륜을 알고 있었고, 신문에 광고를 뿌림으로써 그녀의 이름을 널리 알리고 싶어했다는 스토리 라인이다. 하필이면 왜 남아프리카인가 하니, 애거사 크리스티는 당시 남아프리카에서 영국에 처음 들어온 테리사 닐 행세를 했었다. 사실 위의 불륜 이야기와 애거사 자신이 꾸몄다는 실종 얘기는 이미 널리 퍼져 있다. 다만 이 『타임스』 기사는 2018년에야 신문사 내에서 증거를 발견했다는 얘기다. 테리사 닐 여사는 호텔에서 브릿지와 당구를 하고, 피아노 치고 춤추면서 즐거운 시간을 보냈다.

실제로 애거사가 다시 나타난 후, 애거사 부부는 곧 이혼하고 남편은 낸시 닐과 재혼했다.

즉 애거사 크리스티는 처음부터 끝까지 다 자기가 지휘하고 감독하고 단독 출연한 이야기를 만들어냈다는 결론이다. 애거사 크리스티는 자기주장처럼 정말로 사건을 잊지 않았다. 당연한 얘기이지만 당시 영국 일반인들도 그깟 교통사고로 얻은 기억상실증(어디서 많이 본 설정)을 믿지 않았다.

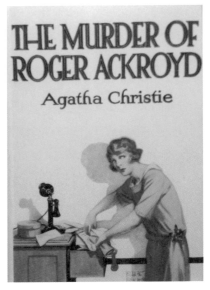

『로저 애크로이드 살인 사건』.

믿지 않았다……는 건 즉 뭔가가 있다는 얘기다. 이 사건은 당시 막 뜨고 있던 애거사 크리스티의 마케팅에 엄청난 도움이 됐다. 마침 1926년은 『로저 애크로이드 살인 사건』이 출판됐던 해다.

한 가지 더 있다. 『셜

애거사 크리스티.

록 홈스』의 아서 코넌 도일은 위에서 말했듯 영매를 찾아간다. 도일은 셜록 홈스의 이미지와는 달리 오컬트나 심령술에 관심이 많았다. 찾아간 영매는 호러스 리프라는 이름의 무당이었는데, 애거사 크리스티의 장갑을 갖다놓고 주인이 어디 있는지 물었다고 한다. 다시 보면 이 무속인의 말이 맞기는 맞았다.

'이거 가진 양반은 멍한 상태 반, 의도가 반…… 사람들 생각처럼 죽지는 않았어. 살아 있습니다.'

지역 정보

올드스완 호텔

실종됐던 애거사 크리스티가 나타난 호텔이다. 적어도 1777년부터 있었던 매우 오래된 호텔이며 잉글랜드 북부 노스요크셔주의 해러게이트에 위치해 있고 4성급으로 여전히 영업 중이다.

12.
마녀들은 어째서
뾰족한 모자를 썼을까:
중세의 주모와 마녀

　마녀의 모습을 보면 대개 특징이 있다. 길고 뾰족한 모자와 빗자루 그리고 검은 고양이다. 물론 뭔가를 열심히 끓이는 커다란 냄비도 있어야겠는데, 도대체 어째서 이런 스테레오타입이 생겼을까? 그 해답은 주모alewife에 있을지도 모르겠다. 단어에서 보듯이 에일+와이프다. 즉 에일을 만드는 부인들이라는 의미인데, 이 그림을 보시면 알 수 있다. 사진은 루이즈 어머니Mother Louise 혹은 루이즈라 불린 당시 유명한 주모로 17세기경의 그림이다. 뾰족 모자를 쓴 당시 유명했던 주모의 모습인데, 그렇다면 마녀는 왜 주모의 모습을 했을까?

　맥주 양조는 생각보다 역사가 오래됐다. 크리스티앙 자크의 소설 『람세스』 시리즈를 봐도 알 수 있는데, 실제 맥주는 이집트보다 더 오래전, 메소포타미아에서 발견된다. 수메르의 여신 중 맥주의 여신 닌카시Ninkasi가 있기 때문이다. 이는 고대 이집트에서

17세기경에 그려진 루이
즈 어머니.

도 역시 맥주의 여신인 테네넷Tenenet으로 연결된다. 남신이 아
니고 여신임에 주의할 필요가 있다. 발굴된 이집트 상형문자 판
에서도 맥주를 따라 마시는 여자들의 모습이 보인다.

이는 중근동 지방만이 아니라 북유럽도 마찬가지다. 발트와
슬라브족 신화에도 라우구티에네Raugutiene라는 맥주의 여신이
있다고 한다. 핀란드에서는 칼레바타르Kalevatar라는 여인이 곰의
침과 꿀을 섞어서 맥주를 양조했다는 전설이 있다.

생각해보면 당연한 일이기도 하다. 현대사회를 빼면 대체로 집
안일은 여자들이 담당했으니, 여자들이 술을 제조한 것이 자연
스럽다. 게다가 도시의 물은 별로 위생적이지 않았기 때문에 맥
주를 제조해서 마시는 일은 생활의 필수적 요청에 따라 생겨난

것이었다. 이는 수도원의 맥주 제조로 이어진다. 유럽 대륙 국가들에서도 여자들이 주로 맥주를 만들기는 했는데, 맥주 길드가 생기면서 점차 여자들은 뒤로 빠지고, 마녀 열풍으로 더더욱 그렇게 된다. 자세히 설명하자면, 대륙의 경우 흑사병이 퍼지면서 위생 문제 때문에 맥주 수요가 크게 늘어남에 따라 맥주 생산 및 판매의 대형화로 이어지고 이는 길드의 탄생이라는 결과를 낳는다. 즉 바깥일을 하는 남자들이 개입하기 시작한 것이다.

영국의 경우, 1500년 이전까지는 가정 내 거의 모든 여자가 맥주 양조법을 알고 있었다고 한다. 그래서 에일을 만드는 부인이라는 단어가 생긴 것이다. 이때 점차 노하우를 쌓고 이웃과 같이 만들고 하면서 잉여 맥주가 생기기 시작한다. 이걸 팔아보자!

바로 주막의 탄생이다. 주모들은 '마케팅'을 위해서 뾰족한 모자를 썼다. 대체로 여자들이 남자보다 키가 작으니 거리나 술집에서 누구에게 주문해야 할지를 알리기 위해서였다. 게다가 주막임을 표시하기 위해 이들은 문 앞에다가 맥주 만들 때 휘젓는 빗자루 비슷한 막대기를 걸어놓았다.

당연히 고양이는 필수다. 귀중한 곡물을 쥐에게 뺏기면 안 되기 때문이었다.

교회는 주모를 악마화시켰다. 일단 교회부터 이들을 안 좋은 시선으로 바라보기 시작한다. 주막에서 술만 파는 경우는 흔치 않기 때문이다. 맥주에 물을 많이 섞는다든지, 양을 속인다든지 하는 비난도 쇄도한다. 더군다나 순진한 남자들을 음주의 세계로 끌어들이는 부류가 주모들이었다. 이들을 이미지로 한 마녀 재판이 이어지는 것도 자연스럽다. 게다가 흑사병 이후로 영국에서도 위생 문제 때문에 에일 수요가 크게 증가하면서 산업화가 이뤄진다. 주막은 물론이거니와 산업혁명 이후 맥주 회사를 세운 사람들은 대체로 '아재'들이었다. 이때부터 맥주 산업의 남성화가 시작됐고, 당연히 현대의 하이네켄 광고는 남자를 위주로 편성됐다. 사실 오늘날엔 맥주 하면 아무래도 남자들을 떠올리는데 이렇게 된 건 대략 150년 정도뿐이다. 이전의 맥주는 주로 여자들 세상이었다. 여자들이 술 잘 마시는 것도 다 이런 역사적인 맥락이 있다.

13.

BBC 전시 방송

'이 방송은 전시 방송 서비스입니다. 우리 나라는 핵무기 공격을 받았습니다.'

냉전은 이야깃거리가 끊이지 않는 화수분이다. 위 문장은 영국이 핵무기에 당했을 경우 나오는 전쟁 방송의 첫 문장이다. BBC 라디오 4의 뉴스캐스터인 피터 도널드슨의 목소리이며, 기밀 해제된 문서에 따르면 이 방송은 잉글랜드 중서부 쪽, 우스터셔주 우드 노턴 홀의 핵 벙커에서 방송하도록 되어 있다. 방송은 사람들에게 차분하게 집에 머물며 물을 아끼고, 신선 식품부터 먼저 먹으라고 권고하고 있다. 녹음한 데 대한 보상으로 관련 직원들은 각자 위스키 한 병씩을 받았다고 한다.

영국 정부가 이 전시 방송 계획을 운영한 시기는 1953년부터 1992년, 그러니까 냉전이 끝날 때까지였다. 물론 그 기원은 제2차 세계대전 당시 루프트바페(독일 공군)의 영국 폭격이 성공할

BBC 라디오 4.

경우의 계획에 있었다.
그때도 직원들이 우드 노턴의 벙커로 가
서 긴급 방송을 하도록 편성되었다고 한다.

　그러므로 전쟁 후 소련이 핵 공격을 가할 때를 대비하여, 살
아남은 국민을 대상으로 방송 계획을 짠 것이 전시 방송 서비스
계획의 핵심이다. 그렇다면 일단 핵 공격이 발생할 시 이를 경고
하는 시스템부터 생겨야 한다. 그래서 나온 것이 '4분 경고'라는
공공 경보 시스템이다. 이 역시 1953년부터 1992년까지 운영됐
고 미사일이 소련에서 출발해 영국에 도착하기까지 4분 정도 소
요된다는 사실 때문에 이런 이름이 붙었다. 물론 누가 이 시스템
을 관할하느냐를 두고 영국 공군과 내무부가 서로 (벗어나려고)
싸웠다는 점은 자랑거리가 아니다. 경고가 가짜였거나 혹은 경
고를 못 했을 경우 책임 소재의 문제가 발생하기 때문에 서로 안
맡으려고 한 것이다. 결국은 공군 기지 안에서 내무부 담당관이
전결하는 것으로 결정된다.

　핵미사일이 날아온다고 가정해보자. 그럼 '적색 공격 경보'라
는 경고 파발을 경찰이 사용하는 우체국 주파수를 통해 띄운다.
4분 경고 시스템이 작동되는 것이다. 그럼 모든 동네에 사이렌이
울려 퍼지고, 해당 BBC 직원들은 위에서 말한 핵 벙커로 이동한
다. 당연히 모든 방송은 중단된다.

　이때부터는 전시 방송사로 지정된 BBC 라디오 4가 방송을

시작한다. 오로지 라디오만이다. 벙커는 우드 노턴만이 아니며, 방송인과 엔지니어, 뉴스 편집자, 보조 작가, '종교 방송을 위한 지정자' 등으로 인원이 구성되어 있고, 정부가 이들을 인솔한다. 창고에는 전시에 내보낼 여러 라디오 프로그램을 미리 녹음한 테이프가 놓여 있는데, 사실 이들을 정말 방송에 내보낼 수는 없었다고 한다. 실제로 핵이 떨어지는 경우, 라디오(민간이 갖고 있는)가 결국 원래 충전되어 있던 전력만으로 버텨야 했기 때문이다. 전력을 낭비할 수 없었다는 의미다. 그런데 잠깐, 여기 동원되는 방송인 선별은 어떻게 했을까?(여담이지만 벙커에 BBC 사장실은 따로 없다고 한다.)

위에서 지정했다고 한다. 배우자를 데려갈 수 없다는 조건 때문인지 사양하는 사람도 꽤 있었다고 하니 인기 있는 보직은 아니었던 듯하다. 기한을 예상할 수는 없지만 일단 한 달 정도 사용할 필수품과 옷을 가져오도록 되어 있었고 음식과 비타민은 벙커에 저장되어 있었다.

그래서 1992년까지 다행히 실전에 쓰이지 않았지만, 더 다행인 점은 준비 매뉴얼War Book을 파쇄하지 않고 남겼다는 사실이다. 그렇다면 1992년 이후에는 어떻게 됐을까? 당연히 뭔가 있기는 하겠지만 공개된 적이 없으니 알 수 없다. 문자 메시지가 올지, 트위터를 봐야 할지는 모르겠지만 말이다.

다만 현재의 코로나19 팬데믹 때문에 영국이 록다운에 들어갈 때, BBC가 정규 방송을 바꾸고 전시 방송처럼 편성한 적은 있다. 일요일마다 '가상 미사 방송'을 하고 정보 제공과 학습, 오락 프로그램을 록다운 시기에 편성한 것이다. 가령 BBC 1은 낮에 고립되어 있는 시청자들을 위한 팁을 방송하고, BBC 4는 중등연합고사GCSE와 수능 A-Level 대비 학습 프로그램을 방송한다. 문화로는 가상 미술관 프로그램이 나온다.

지역 정보

BBC 라디오 4

런던 랭엄 플레이스에 있는 브로드캐스팅 하우스에 위치해 있다. 사실 이곳이 BBC의 본사로서 1930년에 아르 데코 스타일로 지어졌으며, 첫 라디오 방송은 1932년부터였다.

우드 노턴 홀

우스터셔주에 있으며, 이미 1939년 독일의 침공을 염두에 두고 임시 방송국 설치를 위한 작업이 개시됐다.

3부
베를린과 독일

1.

디카페인 커피와
히틀러

커피를 마시는 이유는 대체로 카페인[1] 때문인데, 오후나 저녁에 마시면 고민되게 마련이다. 그럴 때는 디카페인이 있어서 참다행인데, 디카페인 커피가 대체 언제 나왔는지 살펴보면 언제나이야깃거리가 사골 국물처럼 우려져 나오는 나치 시절과 관련

---

[1] 미군 육군연구소는 사람에게 하루에 몇 잔의 커피가 필요할까에 대해 연구했다. 24시간 교대 등으로 어쩔 수 없이 6시간 이내로 자거나, 전투 시에는 아예 못 잘 때도 많을 텐데, 집중력을 발휘하려면 어느 정도의 카페인이 필요한지 알아보자는 목적이었다. 결론은 다음과 같다. △하루 5시간 이내로 잘 경우: 일어났을 때 약한 커피 두 잔, 4시간 후에 동일한 커피 두 잔 △충분히 잤지만 밤샘 근무를 해야 할 경우: 교대 시작할 때 약한 커피 두 잔을 빠르게 음용. △잠을 자면 안 될 경우: 자정, 새벽 4시, 아침 8시에 각각 커피 두 잔. 그렇다면 약한 커피는 어느 정도를 말하며 잔의 규격은 얼마인가? 여기서 약한 커피는 100밀리그램의 카페인을 의미한다. 8온스 컵에 들어간 커피에는 보통 80밀리그램의 카페인이 들어 있다. 정리하자면 하루 200밀리그램의 카페인을 적절히 시간대별로 분리해서 마시면 되는 것이다. 미군은 많은 유형을 대상으로 연구했으며, 연구진은 알고리즘을 분석해 상황이나 조건에 따라 몇 잔의 커피를 마시면 되는지 계산해주는 앱도 출시할 예정이라고 한다. 그렇다면 아침에 스타벅스 톨 사이즈 한 잔, 점심 먹고 스타벅스 또 한 잔이면 딱 맞는 듯하다. 서울의 사무직 노동자들은 이미 적당한 양의 카페인을 섭취하고 있는 얘기다.

있다.

1903년 루트비히 로젤리우스Ludwig Roselius(1874~1943)라는 커피 회사 사장이 디카페인 커피를 발명해 특허를 냈다. 그가 디카페인 커피를 만든 이유는 아버지 때문이었다고 한다. 1902년 커피업에 종사하던 그의 아버지가 사망했는데, 그가 보기에 사망 이유는 커피를 너

루트비히 로젤리우스.

무 많이 마셔서였다. 즉 카페인 과다 복용 때문에 돌아가셨다는 얘기다.

물론 아버지의 죽음을 계기로 로젤리우스가 열심히 연구해서 디카페인을 제조해냈다는 얘기는 아니다. 실제로 디카페인을 발견한 것은 좀 우연한 사건 때문이었다. 커피콩 화물이 배편으로 도착했는데 바닷물에 흠뻑 젖어 있었다. 보통 때라면 화를 내면서 화물을 반려하거나 반송했겠지만, 유독 이날따라 로젤리우스는 이 커피도 한번 볶아보자고 생각했다. 그랬더니 웬걸, 짠 부분을 빼고 나니 카페인도 함께 제거된 것이다.

여기에 착안한 로젤리우스는 동료들과 함께 디카페인 만드는 방법을 연구했고, 특허를 내서 상품화했으며 회사도 설립한다. 상품은 산카Sanka(Sans Kaffeine, 카페인이 없다는 불어식 표현의 준말)이고 회사 이름은 Kaffee HAG(커피 거래 회사의 준말)이다.

게다가 유럽만이 아
니라 막 떠오르고 있
던 거대 규모의 신흥
시장인 미국에도 지
사를 세웠다.

　제1차 세계대전 이
전인 20세기 초의 독
일 사회에서는 건강
붐이 일고 있었다.[2]
당연히 디카페인 커
피가 잘 팔릴 수밖에
없었는데, 막 힘을 내
고 있던 히틀러와 나
치도 디카페인에 눈

1932년 미국에 냈던 산카 디카페인 커피 광고.

독을 들이기 시작한다. 히틀러가 보기에 술과 담배, 카페인은 독
일 민족을 약화시키는 주범이었다. 나치는 순수한 아리안 인종
의 장수와 번영을 위해 카페인의 위험성을 널리 알리는 데 힘썼
다. 나치스 독일의 청소년 조직인 히틀러 유겐트의 생활 매뉴얼
에는 카페인이 일종의 '독'으로 소개되어 있었다고 한다. 게다가
'독'인 카페인과 달리 디카페인은 독일 기업인이 발명하여 독일

2　레벤스레포름Lebensreform(직역하면 '삶의 개혁', 요즘 말로 하자면 웰빙주의)의 개념
이 이때 생겨났다. 이 단어 때문에 독일에서 레포름하우스reformhaus는 개혁의 집
이 아니라 유기농 슈퍼를 의미하게 되었다.

1936년 나치전당대회의 모습.

기업이 판매하는 제품이었다. 또 로젤리우스 자신이 나치즘에 호의적이었다. 급기야 1936년 뉘른베르크 나치 전당대회 당시 로젤리우스는 그곳에 운집한 히틀러 유겐트 대원 4만2000명에게 초콜릿 드링크를 제공하는 조달 계약도 따낸다.

그러나 건강식을 강조한 나치의 바람과는 달리 당시 로젤리우스의 디카페인 공법에는 벤젠이 사용됐다고 한다. 벤젠은 1급 발암물질이다. 벼룩 잡다가 고양이 죽이는 꼴이다. 게다가 무엇보다 로젤리우스 스스로 히틀러의 진상을 점차 파악하면서 그와 엮이는 것에 대해 회의적으로 변해갔다. 이때 등장한 인물이 바로 로젤리우스의 막내딸과 결혼한 사위의 누이인 바바라 괴테 (1908~1997)다. 여기서부터는 디카페인이 아닌 다른 이야기다.

바바라 괴테는 수학과 물리학, 철학을 공부하여 박사학위까지 받은 수재였다. 당시 뉘른베르크 전당대회의 조달 계약도 따낸 로젤리우스는 나치가 집권하면서 승승장구를 하여 비행기 제조사인 포케불프사(현재 에어버스사의 일부를 구성한다)의 지분도 확보했는데 커피쟁이였던 자신이 갑자기 차지하게 된 비행기 제조사를 어떻게 운영할지 난감해하던 차였다.

이때 바바라 괴테가 등장했던 것이다. 로젤리우스는 곧바로 괴테에게 자신의 비서직을 제안하지만, 바바라는 단순한 비서가 아니라 엔지니어링 측면에서 그에게 조언할 수 있는 파트너에 가까웠다. 게다가 점점 건강이 악화되고 있던 그를 돌봐준 인물이 바로 바바라 괴테였다. 속설에 따르면 바바라 괴테 때문에 로젤리우스가 더욱더 반히틀러적으로 변했다고 하며, 심지어 히틀러 암살에 관여했다는 말도 나왔다. 로젤리우스는 1943년에 사망했고 그 후 바바라는 훔볼트대학에서 영어를 가르치다가 전쟁 이후 동료 박사와 결혼하여 호주로 이민 간다. 그곳에서 수학을 강의하면서 여생을 보냈는데, 그녀 역시 로젤리우스를 사랑하지 않았을까? 그녀는 자신의 아들 이름을 루트비히라고 지었다.

지역 정보

커피 거래 회사Kaffee HAG

1906년 코르넬리우스가 브레멘에서 만든 이곳은 무성영화 시절 극장 영상 광고를 처음으로 했던 커피 회사였다. 제2차 세계대전 당시 하그콜라HAG-Cola라는 콜라 대체 음료를 만들어서 군에게 공급하기도 했으며, 1979년 코르넬리우스의 아들이 미국 회사 제너럴푸드에 회사를 매각했다.

2.
늑대들의
독일 이주

근래 독일 내에서 가장 큰 이슈는 이민과 난민이다. 그런데 이와 상당히 비슷한 성격의 다른 이슈가 있다. 늑대들의 독일 이주 문제다. 늑대가 많이 늘어나 양과 같은 가축을 죽이거나, 양치기 개를 습격하는 일도 있다. 최근 베를린 근교 브란덴부르크에서 사냥용 개를 공격하는 사례가 발생하자 독일사냥협회DJV는 빠르고 완전한 사냥 조건 완화를 요구하고 나섰다.

특히나 돼지열병이 우려되는 멧돼지를 잡기 위해서라도 사냥 조건을 마냥 지킬 수는 없다는 논리다. 늑대 개체 수가 증가한 상황에 대한 연방 의회 차원의 논의는 2019년부터 있어왔다. 극우파로 유명한 독일을 위한 대안당AfD과 중도우파인 자유민주당FDP에서 제안한 것은 개체 수가 급격히 늘어나는 등 문제가 되는 동물을 정해진 수렵 쿼터 이상으로 사냥할 수 있게 법적으로 허용하고, 연방 재정으로 피해 방지와 보상에 나서야 한다는

내용이었다. 그러나 2020년 2월 연방의회(하원 자연환경 및 핵 안전 상임위원회)는 늑대 관리 및 감시에 대한 제안을 부결시켰다.

한편 2018년 『프랑크푸르트 알게마이네 차이퉁』지에서는 특이한 시도를 했다. 동물 이주객인 늑대와 관련하여, 사냥을 선호하는 연방 하원의원들을 대상으로 삼아 분석한 것이다. 그 결과 늑대 이주 반대와 사냥 찬성이 매우 유의미한 상관관계를 보이는 것으로 나타났다. 유독 AfD와 FDP가 늑대 사냥을 주장했던 이유가 없지 않은데, 연방 의회 내에 수렵 면허를 가진 의원들을 조사하면 알 수 있다. 게다가 사냥을 좋아하는 의원들은 대체로 이민자들에 대해서도 반대하는 경향을 보였다.

게다가 국경을 넘어온 늑대들은 이민 반대론자들이 상상하는 이민자와 비슷한 느낌을 준다. 안정적인 생태계를 파괴하니까 말이다. 하원의원들의 분석에 따르면 이렇다. 기세 좋은 독일을 위한 대안당AfD 및 기독민주연합CDU·기독사회연합CSU 의원 다수가 수렵 면허를 가지고 있다. 뭔가 논리적으로 연결된다는 것을 독자들도 느꼈으리라 생각한다. 녹색당Die Grünen은 환경 정당답게 67명의 의원 중 면허 보유자가 한 명도 없다. 사민주의인 사회민주당SPD은 수렵 면허를 가진 의원이 153명 중 딱 1명이다. 좌파 당은 낚시 면허 보유자만 1명 있다. 그렇다면 의원들의 수렵 면허 보유 비율은 전체 독일 국민의 그것과 비교하면 어떤가?

18세 이상 독일 인구 6900만 명 중 수렵 면허를 가진 사람은 0.5퍼센트인 38만 명이다. 연방 하원에는? 평균보다 10배 정도 많은 약 30명이 수렵 면허를 갖고 있다. CDU·CSU 안에는 '사냥, 낚시, 자연' 그룹도 결성돼 있다고 한다. 물론 40여 명인 이들 구성원 모두가 수렵 면허를 보유한 것은 아니다.

FDP의 그룹 리더 크리스티안 볼프강 린트너도 최근에 수렵 면허를 획득해 연습하고 있다고 한다. 린트너의 말로는 녹색당이 하도 사상적으로 싸우려 해서 사냥 면허를 따기로 했다고 한다. 사냥이 오히려 자연 보호에 더 유리하다는 이유에서다. 게다가 늑대의 개체 수가 최근 들어 부쩍 늘어났다. 그런 까닭에 마음대로 산에 놀러 갈 수 없을 정도라는 불평도 했다. 하지만 앞서 말했듯, 좌파 계열 정당은 수렵 면허가 거의 없다시피 하다. 환경도 환경이겠지만, 사냥이 일종의 귀족적 취미라는 이미지 때문일 것이다.

여성 의원 중에서는 바이에른 CSU 소속의 도로테 베르 의원이 수렵 면허를 보유하고 있다. 그녀는 앞으로 더 많은 젊은 여성이 사냥 면허를 취득하기를 바란다고 말한다. 정리하자면 대체로 수렵 면허가 있거나 사냥에 우호적인 의원들은 우파이며, 이들은 이민에 적대적이고, 좌파는 대체로 수렵 면허가 없으며 이민에 그리 적대적이지 않다. 상당히 흥미로운 분석 결과가 아닐 수 없다. 그러나 유일한 예외가 한 명 있다. 이민에 우호적이면서 사냥에도 우호적인 인물로 앙겔라 메르켈이 그렇다.

3.
1987년 바이에른의 자율주행 자동차

자동차 관련해서는 독일이 세계 최초인 사례가 꽤 많은데,[3] 디젤 엔진이라는 단어도 이것을 발명한 독일인 루돌프 디젤의 이름을 따 만들어진 것이다. 자동차에 들어가는 라디에이터도 벤츠와 마이바흐가 만들었다. 심지어 전기자동차도 독일이 최초였다.

전기자동차를 만든 이는 페르디난트 포르셰(1875~1951)다. 자동차 브랜드로 여전히 각광받는 포르셰의 주인공이기도 하다. 포르셰는 바퀴 하나마다 전기 모터가 하나씩 달린, 그러니까 모터 4개가 달린 4륜 전기자동차를 1898년에 디자인했다. 우리나라에서는 만민공동회가 개최되고 흥선대원군이 사망하던 때였다.

---

[3] 사실 자동차의 역사는 프랑스와 독일이 앞서거니 뒤서거니 해왔다. 프랑스는 잘 안 와닿을 수 있는데, 18세기의 조제프 퀴뇨의 증기 자동차, 벨기에인이지만 19세기 중반 에티엔 르누아르(화가 르누아르와는 스펠링이 다르다)의 내연기관 자동차 특허 등이 있다. 19세기 후반부터는 본격적인 프랑스 대 독일의 경쟁이 이뤄졌다.

19세기 말에 어째서 석탄 구동도 아닌 전기 구동 자동차를 만들었을까? 당시는 자가용의 플랫폼이 무엇이 될지 아직 결정되지 않았던 시기다. 기사에 따르면 1900년 당시 미국 도로를 달리는 자동차 중 40퍼센트는 증기 기관, 38퍼센트는 전기이고, 22퍼센트가 가솔린이었다고 한다.

페르디난트 포르셰.

게다가 포르셰는 역시 포르셰여서 전기자동차가 더 신뢰성 있고 빠르면서 조용했다고 한다. 그런데 전기자동차에 뛰어든 독일 기업이 포르셰만은 아니었다. 아직 자동차 사업을 유지하고 있던 지멘스가 1905년 빅토리아라는 전기자동차 모델을 디자인한 것이다. 이 차는 강제 브레이크 기능 등 당시로서는 혁명적인 기술을 도입했다. 하지만 지멘스가 판매한 빅토리아는 딱 50대뿐이었고, 결국 지멘스는 1909년 빅토리아의 생산을 중단하고 내연기관 자동차로 관심을 돌린다.(참고로 지멘스는 1927년에 아예 자동차 사업을 포기한다.)

지멘스의 빅토리아.

당시 전기자동차가 내연기관 자동차에 비해 질이 좋았다 하더라도 약점이 있었다. 납축전지가 너무나 무거웠던 것이다. 위에서 거론한 포르셰의 전기자동차는 1톤이었고, 주행거리는 약 50킬로미터로 연속 3시간을 탈 수 있었다. 충전소가 많지도 않았고 말이다. 그래서 당시 전기자동차는 주로 택시와 소방서에서만 쓰였다고 한다. 게다가 제1차 세계대전이 터지면서 전쟁의 와중에 전기자동차에 대한 관심은 급격히 사라졌다. 가솔린이 훨씬 효율적이었기 때문이다.

디젤 기술이 워낙 막강한 나머지 전기자동차에 관심을 갖지 않은 건 사실인데, BMW만은 그 잠재력을 굉장히 높게 봤던 듯하다. BMW를 소유하고 있는 재벌 가문 크반트에서는, 자식들에게 회사를 나눠줄 때 장남에게 배터리 회사인 바르타를 물려줬다.(BMW는 다른 자식들에게 넘어간다.) 독일 배터리 회사로서의 바르타는 현재 명목상으로만 존재하며 2000년대 초에 도산했다.

크반트 가문은 왜 바르타와 배터리 사업을 포기했을까? 여기에는 외부 자문이 결정적인 역할을 했다. 크반트 측은 외부 자문을 통해 자동차의 미래는 디젤이며, 설사 전기에 미래가 있다 하더라도 먼 미래의 일이라고 최종 판단을 내렸다. 배터리는 전자제품이나 만드는 한국과 일본에 넘겨도 좋다고 말이다.

독일 정부가 전기자동차 개발에 아예 관심이 없진 않았다. 1992년, 연방정부가 앞장서고 자동차 기업들(메르세데스, 폴크스바겐, BMW, 오펠, 네오플란)이 후원하여 발트해의 한 섬에 전기자동차 연구소가 세워진다. 당시 연구소 개막식 사진에는 환경부 장관이었던 앙겔라 메르켈의 모습도 보인다.

그런데 이곳에서는 자동차 60대를 만들고 계속 수리만 하다가 3년 반 후에 연구 프로젝트가 엎어진다. '성과'가 없어서였다. 1990년대 미국 캘리포니아가 친환경 자동차 정책을 발표하고, 프랑스가 전기자동차 개발에 세금을 투입하기 시작한 와중에 독일은 아무것도 안 하면서, 기존에 하던 것마저 포기해버린 것이다. 독일 자동차의 미래는 더 이상 자동차 회사가 아닌 보슈에게 있을지도 모를 일이다.

독일이 포기해버린 기술에 추가해야 할 것이 하나 더 있다. 자율운행 차량 또한 독일이 원조라는 얘기다. 독일 자율주행 자동차의 고속도로 주행은 절반의 성공을 거두었지만 결국 좌초됐다. 첫 실험은 1994년의 가을에 이뤄졌으며 대상 차량은 메르세데스 500 SEL이었다. 이 차는 시간당 130킬로미터까지 달렸다.

여기서 에른스트 디크만스(1936~)를 소개하려 한다. 그의 자율주행 자동차 개념은 1980년대 후반, 그러니까 본격적인 인터넷 사용이 일어나기 훨씬 전에 나왔다. 원래 우주공학 박사였던 그는 1970년대 말 독일 국방군 연구소에서 기계에게 시각視覺을 가르치는 연구를 했다. 그러면서 하나 깨달은 점이 있었다. 하늘 위의 우주선보다는 땅 위의 자동차에게 시각을 가르치자는 것으로, 바로 자율주행차의 서막이다.

그는 자비로 메르세데스 밴을 한 대 구입해 여기에 컴퓨터 시스템을 설치하고 1986년 대학 캠퍼스 내에서 주행 실험을 했다. 동료들은 괴상한 연구라고 했지만 디크만스 박사가 그럴 짬은 되니까(우주공학 전공이어서) 그냥 놔두고 지켜보자는 쪽이었다. 이 메르세데스 밴이 바로 최초로 테스트한 자율주행 차량이었다. 1987년 그는 마음을 좀더 크게 먹었다. 아직 닫혀 있던 바이에른의 한 아우토반을 이용한 것이다. 그의 밴은 시간당 90킬로미터까지 속도를 냈다. 이때 그의 연구를 알아차린 메르세데스 벤츠가 접근해왔다. 벤츠와 함께라면 당연히 예산 확보도 수월해지는데, 그만큼 벤츠의 요구 사항도 야심 찼다.

"벤츠 승용차를 (1994년) 10월 파리에서 최종 시연할 수 있겠습니까? 3차로에서 주행해보는 것이죠."

프랑스 정부에 대한 설득은 다임러의 몫이었다. 결국 1994년 10월[4] 샤를 드골 공항CDG의 고속도로를 자율주행 메르세데스가 달리게 된다. 물론 아무도 안 탄 것은 아니고 만일에 대비하여 엔지니어가 탑승한 차량이었다. 파리에서 주행 성공에 고무

된 그는 1995년 독일 바이에른, 덴마크 구간도 테스트해본다. 이번에는 최고 속도가 시간당 175킬로미터까지 나왔다. 하지만 그다음에 프로젝트는 갑자기 종료됐고 그의 연구는 거의 망각에 파묻힌다. 어떤 연유에서일까?

인공지능AI 전문가들이 흔히 일컫는 'AI Winter'라는 개념이 있다. 요즘이야 AI가 떠들썩하지만 생각해보시라. 우리나라 전래동화 「옹고집전」에 나오는 '말하는 허수아비'처럼 지능이 달린 AI 로봇의 개념은 예전부터 있었고, 실제 AI 연구도 1950년대가 시작점이었다. 하지만 때때로 '동절기'가 찾아왔다. 그만큼의 성과가 안 나와서였다.

파리에서 실험했던 1990년대 중반이 바로 '동절기'가 찾아온 해였다. 디크만스의 자율주행 차량은 운전 방향의 시각적 이미지만 분석했다. 즉 현재의 자율주행용 AI에 비해 돌발 상황 대응이 매우 부족했다. 물론 당시 컴퓨터의 처리 능력 때문에 어쩔 수 없는 선택이긴 했다. 고속도로처럼 예측 가능한 도로에서는 테스트에 통과할 수 있었지만 도심 도로에서는 테스트를 통과하기가 어려웠다.

메르세데스 벤츠 또한 기업이다보니 하루라도 빨리 제품화하고 싶어했다. 하지만 1990년대 중후반의 자율주행 차량은 역시

---

4 당시 프랑스는 프랑수아 미테랑 대통령, 에두아르 발라뒤르 총리의 좌우 동거 정부 형태였다. 추측하건대 신기술 테스트는 독일과 같은 연방제(의원내각제)보다는 프랑스 같은 대통령중심제에서 더 신속하게 할 수 있기 때문에 메르세데스가 프랑스를 택했을 것이다. 그 비극은 지금의 AI 경쟁에서도 나타나고 있지만 이건 다른 주제다.

자율주행차.

시기상조였다. 그러자 다임러는 프로젝트에 대한 관심을 끊었다. 그런 탓에 독일의 자율주행 자동차 연구의 맥도 끊긴다.

어떻게 보면 위에서 언급한 전기자동차와 같은 운명을 겪었다고 할 수 있다. 할 수 없이 디크만스는 1990년대 후반, 미국으로 향한다. 그는 미국 육군연구소에서 좀더 복잡한 환경의 내비게이션 기술을 개발했는데, 그의 연구 성과가 미 국방부의 방위고등연구계획국DARPA의 눈에 띄었다. 그의 성과를 통해 미 국방부는 2004년 자율주행 차량을 테스트한다. 이 테스트에서 두각을 보인 인물 역시 독일인이었다.

바로 구글의 인공지능 개발사에서 중심인물로 등장하는 서배스천 스런(1967~)이다. 그는 아예 미국(스탠퍼드대학)에서 교수를 하고 구글 자율주행팀을 설립한다. 결국 독일인이 만든 잊힌 기술을 다시 독일인이 '미국에서' 기술을 이끄는 아이러니다.

디크만스는 진정한 자율주행 차량이 아직은 멀었다고 한다. 통제가 별로 안 되는 환경(가령 구글맵에 누락되어 있는 곳이라든지)에서 운전할 경우 신뢰성이 부족하기 때문이다. 그래서 현재는 '통제받지 않은 환경에서의 자율주행 개념'을 발전시키는 연구를 다른 연구소에서 진행 중이다. 가령 자연재해 이후 도로에서의 자율주행을 시도하는 식이다. 디크만스도 당연히 돕고 있을 것이다. 오래 사셔야 합니다, 디크만스 할아버지.

지역 정보

뤼겐섬

1993년 독일 정부는 유수의 자동차 회사들을 섬 하나에 다 불러 모아서 전기자동차 연구에 착수한다. 그 장소가 바로 발트해 연안의 뤼겐섬이다.

4.
1518년 스트라스부르의
춤 전염병

상당히 기묘한 이야기다. 지금으로부터 500년 전에 일어난 일이다. 한여름인 7월에 독일과 프랑스 접경 지역의 스트라스부르에서 이상한 현상이 나타났다. 그 이상한 일의 중심엔 (아마 결혼 생활에 문제가 있던 것으로 추측되는) 한 아주머니가 있었다.

당시 여러 기록이 증언하길, 7월 14일 트로페아 부인은 거리에 나와 갑자기 춤을 추기 시작했다. 배경 음악은 당연히 없었고 그저 춤을 추기 시작했다. 보다 못한 남편은 그만 좀 추라고 간청했으나 부인은 남편을 무시하고 계속 춤을 췄다. 몇 시간이고 추다가 어둠이 깔리고 지치는 데다 배가 고파 트로페아 부인은 쓰러진다. 하지만 다시 이튿날이 되자 트로페아 부인은 거리에 나와 춤을 추기 시작했다. 3일 동안 춤을 이어가자 거리에는 사람들이 몰려와서 부인과 함께 춤추기 시작했다. 춤은 일주일간 계속됐고 결국 당국이 개입하기 시작했다. 이들을 30마일 떨어진

곳에 있는 성 비투스 성당으로 보내 치료를 시도한 것이다.

성 비투스.

여기서 의문을 가질 법한데, 어째서 비투스일까? 성 비투스는 시칠리아 출신의 그리 유명하지 않은 성인聖人이다. 그는 아버지의 명을 어기고 기독교 신앙을 고수하다가 끓는 물에 담궈지는 등 온갖 고문을 당한다. 이때 천사들이 비투스를 납치해 고향으로 데려갔지만 고향에서 그는 고문 후유증으로 사망한다. 그림을 보면 믿을 수 없겠지만, 당시 그의 나이 10대 초반으로 추정된다. 문제는 9세기, 비투스의 유골을 유럽 각지로 보내면서 히스테리 관련 병에 걸린 이들이 비투스 기념 성당에 가면 치료가 되는 기적을 보였다는 점에 있었다. 그리고 치료가 되면 그들은 감사의 뜻으로 춤을 췄다.

트로페아 부인의 춤도 성당에 가면서 치료가 됐다. 이제 이 춤은 '비투스의 춤'이라 불린다. 하지만 전염된 상태로 춤을 추는 이가 여전히 많아, 아예 춤추는 장소를 따로 만들어주면 그들

스스로 지치지 않겠는가 하는 발상도 뒤따랐다.

　하지만 춤의 전염은 더 확대된다. 기록에 따르면 한 달 안에 400명이 전염됐다고 한다. 이에 당국은 '딴스홀'을 폐쇄하고 9월까지 아예 춤을 금지했다. 물론 모든 규칙에는 예외가 있듯이 결혼식이나 첫 미사를 집에서 봉헌할 때는 춤이 허용되었는데, 이때에도 탬버린과 드럼은 사용하지 못한다는 조건이 따라붙었다. 그리고 당국은 증세가 심각한 이들을 비투스 성당으로 보내기 시작했다. 표시를 위해 손에 작은 십자가를 쥐게 하고 빨간 신발을 신기면서(빨간 신의 동화가 여기서

비투스의 춤.

비롯됐는지도 모를 일이다).

춤 전염은 한 달 정도 지속됐다고 한다. 그렇다면 원인은 무엇이었을까? 진짜 남편에게 불만이 많아서 그랬을까? 춤에 동참한이들 중 여자가 많아서 실제로 그런 관측이 있기도 했다. 동시대독일 지방의 명의인 파라켈수스는 춤 전염병을 조사한 뒤 음탕한 욕망과 상상, 신체적인 발작을 주된 이유로 들었다.

물론 파라켈수스보다는 좀더 정확히 알아볼 필요가 있다. 곡물의 곰팡이 때문에 발작이 나고 그 발작을 없애기 위해 춤을췄다는 분석도 있다. 하지만 이 경우 며칠(혹은 한 달) 동안 지속된 전염을 설명하지 못한다. 조사에 따르면 14세기와 16세기 스트라스부르에 이미 춤 전염병이 있었다. 저조한 수확, 불안한 정치, 매독의 출현 등이 발작적인 춤으로 이어졌다는 얘기다. 비슷한 현상은 지금도 관찰할 수 있다.(1960년대 탄자니아에 비슷한 사례가 있었다고 한다.) 물론 현대의 직접적인 사례는 레이브 파티 Rave party[5]가 아닐까 싶다.

지역 정보

스트라스부르

독일어 이름인 슈트라스부르크Straßburg도 있다. 라인강 서쪽 강변에 있는 도시로서 알자스에 위치하여 독일 영토가 됐다가 프랑스 영토가 됐다가 하는 등 우여곡절이 많았다. 현재 유럽 의회가 이 도시에 있다.

---

5 원래의 레이브 파티는 버려진 창고, 비행기 격납고, 농장에 설치된 천막 등 틀에 박히지 않은 장소에서 청소년들이 밤새 춤을 추는 것이 전부였다. 그러나 요즘의 레이브 파티란 테크노, 앰비언트, 하우스, 드럼 앤 베이스 등 1990년대 후반부터 각광받기 시작한 테크노 음악을 들으며 즐기는 밤샘 파티를 일컫는다.

5.
동독에도
재벌이 있었다

　이것도 상당히 기묘한 이야기이지만 사회주의 국가 동독에 재벌이 있었다. 여기서 재벌은 자수성가한 기업가를 의미하며 그 주인공은 지크프리트 카트Siegfried Kath(1936~2008)다. 그는 원래 서독인이었는데, 1961년 베를린 장벽 건설 직후 동독의 할아버지를 만나러 갔다가 공교롭게 국경이 막히는 바람에 서독으로 돌아오지 못했다.

　그에게는 동독 시민권이 주어졌고, 정부 제안(명령)으로 웨이터 일을 시작한다. 그런데 수완이 좋았던지 그는 1966년 드레스덴에서 직접 '카페 볼티모어'를 열어 성공한다. 이때 그는 인테리어까지 직접 하다가 골동품에 눈을 떠 수집을 시작한다. 당시 동독에는 온갖 예술품이 말 그대로 '방치'되어 있었다.

　이내 그는 아예 카페 사업을 접고 골동품 수집·판매 사업에 돌입한다. 가구와 유리, 도자기, 병 등 온갖 잡동사니를 사다가

지크프리트 카트.

큰 이윤을 받고 판매했으며, 자연스럽게 부를 얻었다. 당연히 오호담당제 같은 사회 체제였던 동독의 국가보안부, 일명 슈타지 Stasi의 눈에 포착된다. 슈타지가 보기에 카트는 의심스러운 활동으로 가득 차 있었던 것이다.

물론 카트는 바보가 아니다. 애초에 정부와 함께 활동했던 것이다. 당시 동독에서는 외화벌이를 위해 1966년부터 거래조율국Kommerzielle Koordinierung, 일명 코코KoKo를 설치하여 다양한 무역활동을 추진하고 있었다. 그중 하나가 바로 예술품 판매였다. 카트는 골동품들을 서방, 주로 서독에 판매해 거대한 수입을 올리는데, 1972년부터 1973년 사이 그의 수입은 무려 네 배나 뛰었다.

하지만 자신의 부를 지나치게 자랑해서였을까? 냉전 시대에 동독 내에서 아우디를 몰고 다닌다고 생각해보시라. 1974년 봄, 코코는 갑자기 그에 대한 지원을 끊었고, 그는 사기죄로 체포되어 1년 반 동안 구속됐다. 사실 그뿐만 아니라 다른 예술상도 모두 잡혀 들어갔기에, 이 사건은 골동품 매매의 '노하우'를 습득한 코코가 직접 거래에 뛰어들려고 벌인 것이 아닐까 싶다.

그는 결국 정부에 모든 재산을 헌납하겠다고 약속하고 '수인거래'를 통해 서독으로 돌아가고자 했다. 수인 거래는 쉽게 말해서, 서독이 동독의 죄수를 돈을 주고 사서 서독으로 데려오는 개념이다. 1962년부터 1989년까지 총 3만4000여명이 이런 방식으로 서독에 왔다. 하지만 수인 거래 대상은 대개 정치 사범이었던지라, 서독 정부는 그에 대한 수인 거래를 거절한다. 대신 카트는 '긴급도피법'을 통해 1975년 서독으로 돌아왔다. 1950년에 만들어진 이 법은 동독 및 동베를린에서 난민 유입을 관장했으며, 1990년 독일 통일 직전, 양국이 맺은 통화경제사회통일 조약으로 폐지됐다.

서독에서 그는 다시금 예술상이나 골동품점을 해보려고 노력했지만, 자본주의 내에서의 경쟁은 그에게 너무 압도적이었다. 그는 실업수당에 의존해 여생을 살다가 2008년 베를린에서 쓸쓸히 사망한다.

지역 정보

슈타지

동베를린 리히텐베르크에 위치해 있었으며 통일 이후에는 베를린의 아시아 타운 혹은 차이나타운 역할로 거듭났다. 노르마넨 거리로 가면 슈타지의 건물을 볼 수 있다.

6.
하느님은 당신의 세금 납부를 감시하고 있다: 독일의 교회세

독자들은 세계에서 미국과 함께 독일이 경제적으로 제일 잘나가는 그룹에 속하는 것을 알 것이다. 그렇다면 독일 산업계의 중심 기업들은 다 어디 위치해 있을까. 바로 라인강 주변, 즉 대체로 독일 남부에 있다. 그리고 독일 남부에서는 가톨릭 세력이 매우 강하다.

다시 말해, (주로 남부의) 독일 가톨릭 교구들이 매우 부자가 됐다는 뜻이다. 그래서 2017년 비상식적으로 사치를 부렸던 '블링블링' 주교 사건도 있었고(이후 교체됐다), 그 후 투명성을 높이겠다는 선언이 뒤따랐다. 하지만 문제는 성서에 대한 해석이 종파나 성직자에 따라 다르듯, 투명성에 대한 해석도 저마다 달랐다는 점이다.

여기서 종교세, 직역하면 교회세Kirchensteuer를 언급하지 않을 수 없다. 세례 받은 보통의 독일인들은 거주하는 주에 따라

8~9퍼센트 정도의 종교세를 납부한다. 독일은 기독교가 국교이기 때문인데(따라서 가톨릭과 개신교도 모두 납부한다) 금액이 '소득세'의 8~9퍼센트 수준이다. 그러니까 1년에 5만 유로를 버는 사람이 독일의 평균 소득세에 따라 20퍼센트인 1만 유로를 소득세로 낸다고 해보자. 그중 8퍼센트가 종교세이니 800유로가 납부해야 할 금액에 해당된다. 관점에 따라 다르겠지만 부담되는 액수임에는 분명하다.

여기에는 전통이 어려 있다. 보통 나폴레옹 전쟁 당시 프랑스에 대한 전쟁 배상금을 위해 교회(즉 교회를 관리하는 군주들)가 1803년부터 세금을 거뒀다고 하는데, 실제로는 그 전통이 훨씬 오래됐으며 철혈 재상 비스마르크가 이를 막기 위한 공식적인 시도를 했다.

바로 비스마르크의 '문화 투쟁'이다. 비스마르크는 천주교의 힘을 약화시키기 위해 교회세 제도를 아예 없애고자 했다. 정치적인 영향력을 제거하기 위함이었다.(개신교는 종파가 다 고만고만하니 정치적인 영향력이 없다시피 했다.) 그 때문에 독일인들의 신대륙(특히 미국과 남미) 이주가 19세기 후반 가속화된 면이 있다.

하지만 결과를 말하자면, 비스마르크의 문화 투쟁 정책은 실패했다. 바티칸의 영향력 약화를 노리고, 이미 리버럴과 보수파로 나뉘어 싸우고 있던 가톨릭을 분열시키고자 했지만, 가톨릭 세력이 비스마르크 때문에 오히려 일치 단결하여 중앙당(현재도 존재하지만 독일 기독민주연합CDU의 전신 중 하나)이라는 강한 야당을 형성했기 때문이다. 이는 결국 바이마르 헌법에도 이어졌고,

히틀러도 종교세를
없애지 않았으며, 독
일 기본법에도 들어
갔다.

그렇다면 이 교회
세를 안 내려면 어떻
게 해야 할까? 교적
포기 서류를 관청에
제출해야 종교세·교
회세를 면세받을 수
있지만 세무 당국이
나 교회가 종교를 포
기한 이들의 뒤를 캔
다는 소문이 늘 나돌

1932년 중앙당의 포스터. 공산주의와 나치 모두를
반대하면 중앙당에 투표하라는 내용이다.

곤 한다. 이런 내용을 자세히 다룬 기사도 있다. 문제는 이 교회
세 징수 대상에 독일 안에 거주하고 있는 외국인들도 포함된다
는 데 있다.

사례 1. 프랑스인

그는 천주교 유아 세례자이지만 여섯 살 때 교리를 배우지 않
기로 결정한 이래, 가톨릭과 관련된 활동을 일절 하지 않았다.
프랑스의 경우는 1789년 대혁명 이후 교회세가 사라졌기 때문
에 가톨릭에서 탈퇴했다는 증서를 국가 기관이 발행할 수도 없

다. 그랬던 그는 성장한 후 베를린에서 일하게 됐는데, 어느 날 갑자기 통장에서 550유로가 빠져나갔음을 알게 되었다. 왜일까? 회사 경리계에 가서 알아보니 천주교 신자라면서 그동안 세금을 내지 않았기에 한꺼번에 납부하도록 했다는 것이다. 그는 현재 30유로를 내고 가톨릭 포기 절차를 진행 중이다. 그 절차가 독일에서는 석 달이 걸리는데, 그 기간에 그는 세금을 계속 내야 한다.

사례 2. 미국인

베를린에서 직장에 다니지만, 미국에서 베를린으로 와 등록할 때 '종교 없음'을 선택했다. 그런데 몇 주 뒤 '교회세사무소 Kirchensteuerstelle'라는 곳에서 편지가 도착한다. 종교가 불확실하다는 게 편지의 내용이었다. 그런데 교회세 사무실 주소를 보니 동네 세무서 주소와 일치했고, 질문 방식도 세무서처럼 꼬치꼬치 캐묻는 식이었다. 세례를 받았다면 언제 어디서? 혹시 교회에서 결혼을 했다면 언제 어디서? 자유교회 출신인지? (참고로 자유교회는 정부로부터 분리된 교회, 그러니까 여기서는 독일개신교연합회EKD에 속하지 않는 기독교 각 종파를 가리킨다.)

사례 3. 독일인

세례 받은 적이 전혀 없는데 개신교도라면서 세금청구서가 날아왔다. 문제는 자신이 신자가 아님을 증명해야 한다는 점이다. 그는 거주했던 모든 행정구역의 교회로부터 신자가 아니라는 서류를 받아야 했다. 그게 불가능했기에, 그는 법원으로 가서 어느 교회든 떠난다는 증명서를 받아 제출했다. 하지만 통하지 않았다. '교회를 떠났다'면 분명 과거에는 교회 소속이었을 것이라면서 그것을 증명해 밀린 세금을 납부하라는 통보를 받았다.

소위 교회세사무소는 정부 기관이 아니다. 국가 대신 징세를 대리하는 교회(가톨릭과 개신교 모두 포함) 소속 기관이며, 독일답게 '서류' 증거가 없는 한 교회세 징세 대상으로 파악한다. 당연히 납세 의무자를 끝까지 추적한다!

2001년부터 2016년 사이, 독일 내 교회를 다니는 신자가 대폭 줄기는 했지만 교회세 수입이 같은 기간 36퍼센트나 증가했음은 이들이 매우 열심(성실)히 일한다는 사실을 알려준다. 그리고 이 교회세사무소는 교회세 수입의 3퍼센트를 수수료로 받는다. 2016년의 수수료가 1억5000만 유로에 달한다.

이들의 업무는 추적 또 추적이다. 외국인들이라면 고향 교구로 서한을 보내 세례 증명서 등을 확보한 뒤 징세하는 식이다. 문제는 교회세사무소가 앞서 말했듯 정부 기관이 아닌 까닭에 정부 기관 개인 사생활 보호법의 관할 대상도 아니라는 점이다. 정부의 업무가 이뤄지는 건물에서 정부로부터 개인 정보를 받아 처리하는데도 말이다. 게다가 독일 헌법재판소는 납세 양식에 종교란이 있다고 하여 그것이 사생활 침해는 아니라고 판결 내리기도 했으며, 숱한 종교세 관련 판례에서 교회의 손을 들어준 예가 허다하다.

　달리 말하면, 정부 기관이 아니니 반드시 자신의 교회 소속을 밝히지 않아도 된다는 의미가 있다. 하지만 계속 '서류'에 근거하는 '서류'를 꼬리에 꼬리를 물고 요구하니 어떻게 이 난관을 빠져 나갈 수 있을까?

7.

도리스 수녀의 맥주,
독일 수도회의 맥주

내가 이토록 독일, 그것도 바이에른에 가고 싶다는 충동을 느
낀 건 처음이다. 다름 아닌 수녀님이 만든다는 맥주 때문이다.
정확히는 바이에른주 말러스도르프-파펜
베르크에 있는 말러스도르프 수녀
원에서 맥주 제조 담당으로 근
무하는 도리스 엥겔하르트
Doris Engelhard(1947~) 수녀
님이 주인공이다. 그녀는 정
말 흔치 않은 여자 맥주 장
인, 즉 브라우마이스터Brau-
meister다. 흔히 영어식 표현으

중세 수도사가 맥주를 양조하는 모습을 그린 그림.

로 브루마스터brewmas-
ter라 부르며 독일에서
맥주 장인은 공인이다.

수녀님은 원래 바이
에른 북부 프랑켄 지방
에서의 독실한 가톨릭
집안에서 7남매 중 막
내로 태어났다. 원래 농
업을 배우고자 했으나
수녀원에 서원을 하고
나니 말러스도르프의

브라우마이스터가 된 도리스 수녀.

프란치스코 수도회 수녀원에서는 맥주 양조를 하는 게 어떻겠
니 하고 제안했다. 1930년부터 수도원 전속 마이스터 수녀님이
맥주를 빚고 있었고, 마침 그녀 또한 농업 전공을 고려하고 있
던 차였다. 이 권유에 힘입어 도리스 수녀님은 말러스도르프 대
표 선수로서 마이스터 과정에 들어가 학습 및 실습을 받은 끝에
1975년 브라우마이스터가 된다. 여성은 수녀님이 유일하며, 지금
도 바이에른 맥주 협회에는 여자가 없다고 한다.

말러스도르프 수도원은 원래 베네딕토회였다가 프랑스 혁명
과 나폴레옹의 영향으로 바이에른의 정교 분리가 일어나면서 버
려졌고, 19세기 후반 프란치스코회가 인수해 수도원을 가꾸고
있었다. 그리고 원래 가톨릭 수도회가 그러하듯, 모든 생산과 소
비를 자급자족하는 곳이 수도원이다. 아이돌 그룹이 노래와 춤

담당으로 구분되어 있듯이, 여기서는 농사, 교육, 맥주 담당이 따로 있었다.

따지고 보면 기독교와 맥주는 별 관계가 없어 보인다. 예수는 물을 포도주로 만들었지, 맥주로 만들지 않았기 때문이다. 게다가 기독교의 문화적 기반인 이탈리아도 맥주보다는 포도주가 더 유명하다.

그래도 천주교 수도원이 맥주를 만드는 전통은 대단히 오래됐다. 신성로마제국의 오토 1세 시절에도 만들었다고 하니 거의 1000년이라고 봐도 좋다. 중세 시대에 만들었던 이유는 성지 순례자들에게 안전한 마실거리를 제공하기 위해서였다고 한다. 당시 물의 위생 상태가 좋지 않았기 때문이다.

더 자세히 설명하자면, 라인강 이북은 포도주 만들기에 적합하지 않은 지역이 대부분인 탓에 마실거리 하면 역시 맥주다. 게다가 각 수도회의 수도원이 생긴 것이 9세기경부터였으며, 이때 주민들은 귀족 빼면 대부분 문맹이라서 일상에 필요한 어지간한 문제를 모두 성당이나 수도원 측과 협의해 해결해야 했다.

즉 '수도원 맥주Klosterbier'라고 해서 뭔가 믿음이 생기는 전통이 1000년 가까이 됐다는 얘기다. 태어나서 죽을 때까지 모든 자문을 받는 곳이니, 그곳에서 만든 음식은 믿고 먹으며 마실 수 있다는 의미이기도 하다. 그러나 19세기 이후 수도원이 많이 줄어들기도 했고, 현재 시장에서 판매되는 수도원표 맥주는 사실상 민간 맥주 회사가 수도원 이름만 따서 만드는 제품이기도 하다. 자료에 따르면 독일에서 요새 맥주를 제조하는 수도원은

안덱스 수도원.

단 아홉 곳이라고 한다.(대부분 바이에른주에 있다.)

진짜 수도원 맥주를 마시려면 거의 수도원 근처로 직접 가야 한다. 제일 많이 생산하는 곳은 1455년부터 1년에 100만 상자를 만든다는 베네딕토회의 안덱스 수도원이다. 물론 대규모 맥주 기업들에 비하면 아무것도 아닌 양이다.

그러나 채산성도 그렇고 독일인들 자체가 맥주를 점점 덜 마시고 있기에 과연 수도원들이 앞으로도 맥주를 만들 수 있을까 하는 의문이 남아 있다. 이를 해소할 방안으로는 민간 회사와의 합작이 제일 그럴듯한데, 최근 에탈 수도원에서 '베네딕토회 백맥주 유한책임회사'라는 합자회사를 창립했다. 그런데 이게 실제 수도원 제작이 아니라는 폭로가 나와 수도사들이 반박하는 흥미로운 사건도 있었다. 뭐 베네딕토회는 100년 단위로 생각하는 곳이니 어떤 수도원 맥주가 주력이 될지는 충분히 시간을 두고 봐야 할 일이다. 베네딕토회 얘기가 나와서 말인데, 이 수도회는 포도주 음주량을 회칙으로 정하고 있다. 포도주는 하루에 0.27리터가 적당하다지만 힘들면 더 마셔도 된다고 쓰여 있다. 정확히 뭐가 힘들 때인지는 하느님만이 아실 듯하다.

한편 도리스 수녀님은 브라우마이스터가 된 후, 40년간 맥주 양조의 외길을 걸어왔다. 수녀님의 목적은 한결같다. 수도원 내 자급자족과 함께, 남는 맥주는 주변 동네에서만 판매하는 것이다. 무슨 말인고 하니 백맥주도 아니고 흑맥주도 아닌, 이 도리스 수녀님표 맥주(도수가 높은 라거라고 한다)를 마시려면 수도원 근처로 가야 한다는 얘기다. 일요일마다 새벽 3시에 일어나서(명백한 근로기준법 위반으로 비치지만, 종교 시설이니 문제 삼을 곳은 없을 것이다) 양조에 신경 쓰는 수녀님께 정말 하느님의 은혜가 함께하길 바란다. 아무쪼록 장수하시기를.

도리스 수녀님의 대단히 중요한 말씀으로 마무리하자.

맥주는 몸을 날씬하게 해줘요. 다만 안주는 먹지 말아야 합니다.

Bier macht schlank-man darf nur nichts essen.

8.
메르세데스 벤츠의
종착지, 알바니아

이번에는 메르세데스 벤츠 이야기다. 그저 평범한 메르세데스 자동차에 대한 이야기를 하려는 것은 아니며, 알바니아에 관해 말하려 한다. 도대체 메르세데스와 알바니아는 무슨 관계일까? 추정에 따르면 알바니아 자동차의 약 70퍼센트가 메르세데스 벤츠라고 한다. 아마 세계에서 벤츠가 가장 많이 밀집되어 있는 나라가 알바니아일 것이다.

아니 알바니아가 무슨 석유가 많이 나오는 걸프 부국도 아니고, 그리 잘사는 나라가 아닐 텐데 하는 의문이 들 것이다. 그 이유로는 몇 가지 있다. 첫째로 알바니아가 역사적으로 독일을 좋아한다. 이게 좀 각별한데 히틀러가 알바니아 국왕에게 메르세데스 벤츠 770(히틀러 자신과 히로히토 천황 등이 탄 고급 벤츠다)을 선물로 줬던 과거가 있다.

둘째도 역시 역사 때문이다. 이건 독일을 짝사랑하는 첫 번째

메르세데스 벤츠 770.

이유와는 조금 다르고 긴 얘기다. 알바니아의 독재자인 엔베르 호자는 쉽게 말해서 유럽의 김일성이라고 할 수 있는데(김일성과 친하지는 않았다) 알바니아를 공산주의 국가로 만들었으면서도 모든 공산주의 국가를 적대시한 희한한 사람이었다.

그는 미국을 위시로 한 북대서양조약기구NATO는 물론이고 바르샤바조약기구WTO가 알바니아로 쳐들어올까봐 겁냈다. 따라서 그는 좁은 국토(지도를 보면 우리나라보다 작다) 안에 1제곱킬로미터마다 6개의 벙커를 지었다. 총 16만8000개의 벙커를 짓고, 도로도 외국 군대가 진입을 잘 못 해야 한다면서 일부러 질 나쁘게 만들어놓았다. 알바니아는 당시 공산주의 국가였는데, 러시아나 동독이 각각 '라다' '트라비'를 생산하고 자국의 개인이

자동차를 구입해서 몰 수
있었던 데 반해 알바니아
는 아예 개인의 자동차 소
유를 불법화한다. 그렇게
해서 1990년대 체제 변환
을 한 후 온갖 브랜드의
자동차(중고)가 들어왔는
데……

일부러 열악하게 건설
해놓았던 알바니아의 도

엔베르 호자.

로를 오로지 메르세데스 벤츠만이 훌륭하게 버틴 것이다. 알바니
아 사람들은 생각했다. 그래, 앞으로 우리는 '시옷' 자 마크로 쭉
간다. 그러나 알바니아는 가난한 나라다. 옛날에도 그랬고 지금
도 그렇고, 앞으로도 그럴지는 모르겠으나 해법은 중고 벤츠뿐이
었다. 즉 알바니아는 메르세데스가 죽으러 가는 국가다.

무슨 뜻이냐면 벤츠 중고차 수입의 천국이라는 얘기다. 게다
가 1990년대부터 삼각별(벤츠) 자동차들을 사오다보니 전국에
메르세데스 전문가들이 넘쳐났다. 벤츠 전문 정비공들이 곳곳에
생기고, 중고차들이 넘치다보니 다른 브랜드들에 비해 메르세데
스의 부품이 오히려 더 저렴해지는 현상이 일어났다. 거래는 물
론 현금으로 이뤄지며, 유로나 달러, 파운드도 환영이다. 게다가
독일과는 달리 환경 규제 같은 게 없다. 독일이 유로6라고? 알바
니아는 유로1도 대환영이다.[6] 당연히 독일 중고차 딜러들도 알바

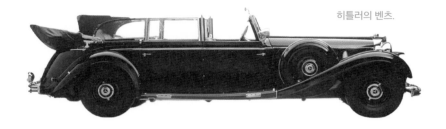
히틀러의 벤츠.

니아로 옛날 재고를 저렴하게 처분하고 있다. 어차피 알바니아계는 독일 전역에 있으니까.

사실 중고 벤츠가 인기 많은 곳은 알바니아만이 아니다. 모로코 역시 그랑 택시grand taxi라고 하여 손님 6명이 다 채워지면 출발하는 택시가 있었는데, 대부분은 1980년대에 생산된 벤츠다. 옛날의 멋진 메르세데스는 어딘가에서 지금도 멋지게 굴러다니고 있다는 의미다. Go Trabi go! 아…… 이게 아닌가? 배경음악은 당연히 재니스 조플린(1943~1970)의 명곡 「메르세데스 벤츠Mercedes Benz」(1970)다.

---

6 유럽연합이 도입한 경유차 배기가스 규제 단계의 명칭. 1992년 유로1에서 출발해 2013년 유로6까지 지속적으로 강화되어왔다.

9.
동독의 인디언과
카우보이

냉전 시대는 기묘한 문화 현상을 세계 곳곳에 탄생시켰는
데 이 사례도 그중 하나라 할 수 있다. '마카로니 웨스턴spaghetti
western'을 탄생시켰던 이탈리아도 아닌, 동독에서 인디언과 카우
보이가 유행했으며 한 할리우드 배우는 동독으로 이주까지 했
다. 도대체 무슨 이유로 그랬을까?

사실 미국 서부에 대한 독일의 낭만적인 생각은 연원이 좀 깊
다. 19세기 작가 카를 마이Karl May(1842~1912)가 쓴 미국 서부
에 대한 모험소설들 덕분인데, 그의 소설은 당시 독일에서 토마
스 만의 작품보다 인기가 더 좋았다고 한다. 문제는 곰 이빨로
된 목걸이를 하고 다니는 그가 미국 서부를 방문한 적이 한 번
도 없었다는 점이지만, 이 사실에 대해 독자들은 개의치 않았
다. 그의 이야기는 대개 고상한 아파치의 리더 형제 그리고 독일
계 미국 이민자의 관계를 다루며, 80여 편이나 되는 그의 소설

은 영화화도 많이 됐
다. 물론 우리는 타란
티노의 영화 「원스 어
폰 어 타임 인 할리우
드Once Upon a Time…
in Hollywood」에서 주
인공(디캐프리오)이 아
예 이탈리아로 가서
웨스턴이나 찍을까
하고 말하던 것처럼,
스파게티 웨스턴은
알아도 소시지Wurst
웨스턴은 모른다. 그
만큼 독일 내에서만
인기를 얻었기 때문이다.

카를 마이의 소설이 영화화된 것의 한 장면.

히틀러도 마이를 좋아했을까? 그렇다고 한다. 그래서 전쟁 이
후로는 카를 마이가 각광받지 못했는데, 카를 마이를 이어받은
리젤로테 벨스코프하인리히(1901~1979)의 『위대한 곰의 아들들』
이라는 인디언 소설이 인기를 끌었다고 한다. 사상적으로 순수
하다는 이유에서였는데, 동독 당국은 1960년부터 1980년까지
12편의 웨스턴 영화를 찍는다. 화면에는 마치 미국처럼 나오지만
실제로는 불가리아나 루마니아, 유고슬라비아에서 로케이션했으
며, 동독이나 동유럽 배우들이 카우보이와 인디언 역할을 다 해

카를 마이의 소설이 영화화된 것의 한 장면.

냈다.

그래서 인디언 문화는 동독에서 1973년 인디아니스틱클룹스 Indianistikklubs라는 코스프레 행사로 발전했고 동독 정부도 이 움직임에는 관여하지 않았다. 사상적으로 인디언은 자본주의의 확산에 따른 피해자였기 때문에 공산주의 동독과 친구라는 이유에서였다. 서부극에서 백인은 '제국주의 계급의 적'으로서 미국을 상징하기 때문에 인디언 코스프레는 전혀 문제가 안 됐다. 동독은 인디언 코스프레를 좋아하는 동독인들을 '민족 간 우정을 통한 민족 평화'의 개념으로 '인디아니스트'라 칭했고, 1980년대에는 1000여 명이 정기적으로 모여서 인디언 캠프 텐트를 만들고 놀았다. 공산주의 치하의 동독에서 국가가 허락한 취미인 인디언 놀이는 아마 일종의 '해방구' 역할도 했을 것이다.

그러나 다들 인디언 역할만 하면 소는 누가 키우나? 카우보이

앙상블과 함께 있는 딘 리드.

역할도 있어야 한다. 카우보이는 혹시 제국주의의 첨병 아닐까?
이것도 문제없었다. 자본주의의 희생자로서 카우보이 역할을 내
세웠기 때문이다. 은행털이는 은행을 하루 동안 털지만 저 은행
은 나를 30년간 털어왔지 하는 식으로 말이다. 그리고 이때 진
짜 미국 배우가 동독에 등장한다.
　서방에 거의 알려지지 않은 콜로라도 출신의 딘 리드Dean
Reed(1938~1986)는 변변찮은 이력을 갖고 있다가 남미로, 그다
음에는 동독으로 이주한다. 특히 그는 1969년 말 이탈리아에
서 「마카로니 웨스턴」을 촬영했는데, 그의 행적 때문인지 소련과
동독에서 톱스타가 된다. 동독에서 살기로 한 그는 1973년부터
20편의 영화에서 연기하고 13장의 앨범을 냈다. 대표 작품으로

「피의 형제들Blutsbrüder」(1975)이 있다. 이 영화에서 그는 1864년 당시 미군의 인디언 학살에 분노해 인디언 편으로 들어온 미군 역할을 맡았다. 어디서 많이 본 줄거리 같지 않은가.

그러다 그는 1986년 갑자기 자살한 사체로 발견된다. 한때 톰 행크스가 딘 리드의 전기에 대한 영화 제작권을 확보했다고 알려졌지만 현재 영화 제작은 불발된 상태다.

그렇다면 통일 이후에는 이런 문화가 수그러들었을까? 카우보이, 인디언 문화를 즐기는 풍습이 여전히 남아 있다. 독일에선 매년 봄 컨트리 페스티벌이 열린다. 행사장엔 미국 컨트리 음악이 나오며 다들 카우보이나 인디언 복장으로 코스프레를 하고 나타난다. 다만 약간 변화가 있다. 인디언보다는 카우보이 쪽을 더 선호하는 것이다. 독일 문화에 더 가까울 뿐 아니라 실제로 독일계가 많이 건너갔다는 이유에서다. 위험한 느낌이 감지되지 않는가? 여기에 참여하는 독일인들은 미국 내전 당시의 남부연맹 깃발 무늬를 한 옷을 입고 나타나기도 한다. 위에서 얘기했던 자본주의로부터 핍박받는 카우보이를, 이제는 서독으로부터 핍박받는 동독으로 치환한다는 의미이기도 하다. 가령 미국에서도 남부연맹 깃발이 유명해진 건 1990년대 이후라고 한다.

즉 동독은 서독에게 (여전히) 여러 의미의 자원을 빼앗기고 있다고 느끼며, 카우보이 역할을 함으로써 동질감과 편안함을 느낀다는 이야기다. 물론 카우보이 코스프레를 하는 독일인들이 미국이나 트럼프를 좋아한다는 얘기는 아니다. 하지만 제아무리 스스로는 비정치적이라고 외친다 해도 정치성을 느끼게 되는 것은 어쩔 수 없다.

10.
JFK와 이히 빈 아인
베를리너

6월 26일은 J. F. 케네디(1917~1963) 전 미국 대통령이 1963년 베를린을 방문했던 날이다. 이것도 거의 60년 전 이야기가 돼버렸다. 다만 케네디의 베를린 방문으로부터 딱 50년 후인 2013년, 오바마 대통령도 아프리카 순방 전에 독일에 들렀다. 물론 두 대통령은 매우 다른 인물이고, 환경도 50년 동안 급격히 바뀌었다.

가령 케네디는 브란덴부르크 앞 파리저 광장까지 차를 타고 가면서 몇 번이고 멈춰 서서 시민들과 악수하거나 대화를 했지만, 오바마는 경호원들의 삼엄한 경비를 받으며 실내 회의장으로 곧장 들어갔다.

케네디는 베를린 시민 절반이 모인 대중 앞에서 그 유명한 "제가 베를린 시민입니다Ich bin ein Berliner!"를 말하며(재키 케네디는 훗날 남편이 외국어로 했던 말이 그토록 오래 기억에 남을 줄 미처 몰랐다고 말했다) 독일 시민들을 눈물 흘리게 했건만, 오바마는 정

독일을 방문해 연설 중인 케네디.

치인들 앞에서(유리 방탄막 뒤에서) 짤막하게 연설만 했을 뿐이
다. 누가 좋고 누가 나쁘다는 얘기가 아니다. 시대가 변했다는
것일 뿐.

　나는 방금 독일 시민들이 눈물을 흘렸다고 말했는데, 실제로
그랬다고 한다. 당시 베를린 장벽(공식 명칭은 '반파시스트 보호 장
벽'이었다)이 한창 세워지고 있었는데, 그로부터 겨우 2주일 전인
6월 10일, 아메리칸대학 연설에서 소련과의 대화를 연설에 넣었
던 케네디는 베를린 장벽이 만들어지는 광경을 직접 본 뒤 6월
26일 자신의 연설을 강경하게 수정했다. 그래서 탄생했던 것이
'이히 빈 아인 베를리너'다. 미국이 소련과의 대화를 위해 베를
린을 포기할지도 모른다는 여론이 상당히 컸던 시절이었다. 이
때 미국 대통령이 베를린에 직접 와서 연설을 했다. 연설문의 내
용은 아래와 같다. 이 부분은 케네디가 직접 추가했다고 알려져

있다.

2000년 전 가장 자랑스러운 말은 '내가 로마 시민입니다'의 '키비스 로마누스 숨civis romanus sum'이었습니다. 오늘, 자유세계에서 가장 자랑스러운 말은 '이히 빈 아인 베를리너!'입니다. (…) 어디에 살든 간에 모든 자유인은 베를린 시민입니다. 따라서 자유민으로서 저는 자랑스럽게 말합니다. '이히 빈 아인 베를리너!'

당시 총리였던 콘라트 아데나워는 케네디에게 베를린에는 가지 말라고 조언했다. 보안상의 이유도 있고, 케네디 또래였던 젊은 베를린 시장 빌리 브란트라는 정적 때문이기도 했다. 케네디가 베를린에 감으로써 빌리 브란트의 기세를 올려주는 모양새가 되어버리기 때문이다. 그래서 아데나워와 브란트, 케네디가 같이 나온 사진을 보면 아데나워는 뭔가 찌뿌등한 모습이다.

그래도 케네디가 인물이기는 인물이다. 그는 '미국과 독일은 친구다'처럼 여느 정치인이나 할 법한 외교적 수사를 구사한 게 아니었다. 한 나라를 대표하는 대통령이 아닌 한 명의 인간이자 베를린의 시민이라 천명한 것이다.

다만 나중에 도시 전설이 하나 생겼다. 베를리너가 원래 잼이 들어간 독일의 도넛 명칭이라서 케네디가 '이히 빈 아인 베를리너'라고 한 말을 '내가 베를리너 도넛입니다'로 알아듣고 독일인들이 웃었다는 이야기다. 이것은 사실이 아니다. 당시 베를린

에서는 저런 도넛을 베를리너라 부르
지 않았기 때문이다. 케네디가 연설
후 "제 독일어를 독일어로 번역하느
라 고생하신 통역자께 감사드립니다"
라고 농담했을 때 청중이 웃었던 것도
이런 전설이 생긴 이유 중 하나였을 것이다.

베를린의 케네디 박물관(미국보다 케네디 자료가 많다고 한다)에
는 빌리 브란트 사무실에서 케네디가 브란트와 함께 열심히 연
습했던 문장이 쓰여 있다. 이걸 보고 또 베를린 시민들이 눈물
흘린다고 한다. 그 문장에는 발음 연습을 위해, 스펠링이 영어식
으로 쓰여 있었다.

'Ish bin ein Bearleener.'

지역 정보

브란덴부르크 문

독일 베를린 중심부 미테구, 에버 가와 운터덴린덴 사이에 위치해 있다. 서쪽
이 파리저 광장, 북쪽이 독일 연방의회다. 문 위에 네 마리 말이 이끄는 로마
시대 전차 크바드리가 상은 나폴레옹이 전쟁에 승리하여 프랑스로 가져갔
다가, 프랑스가 독일(프로이센)에게 패한 후 다시 베를린으로 가져온 이력이
있다. 제2차 세계대전 당시 브란덴부르크 문은 심하게 훼손됐지만 크바드리
가 상만은 상대적으로 피해가 적었다.

11.
메르켈과 마름모

앙겔라 도로테아 메르켈Angela Dorothea Merkel(1954~)의 특징으로 거론했던 것이 하나 있다. 바로 메르켈른merkeln인데, 메르켈른부터 설명하자면 이렇다. '랑겐샤이트Langenscheidt'라는 독일 내 사전 전문 출판사가 있는데 여기서 2015년 올해의 단어 후보 목록 중 하나가 메르켈른이었다. 당연히 메르켈이라는 이름을 동사화한 것이다. 그 의미는 메르켈이나 그 측근들이 썩 좋아할 것 같지 않다. 아래와 같기 때문이다.

앙겔라 메르켈과 관련, 아무것도 안 함. 결정도 없고 의견도 없음Nichtstun, keine Entscheidungen treffen, keine Äußerungen von sich geben, Bezug auf Angela Merkel.

어떠신가? 확실히 메르켈은 느리고 별말이 없다. 극우파의 난

메르켈의 마름모.

민촌 폭동에 대해서도 한참 후에야 성명을 발표했을 뿐인데, 이
걸 독일 젊은층이 비꼬는 단어로 만들어냈다고 볼 수 있다. 하지
만 독일은 늙은 국가다. 메르켈의 지지도는 굉장히 튼튼하며, 어
지간한 사안에 대해 메르켈은 메르켈트merkelt(3인칭 단수동사 변
화형)하고 있다. 그런데 메르켈이 말만 안 하는 게 아니다. 보디랭
귀지도 지극히 제한적이며, 바로 그 점 때문에 총리가 됐다. 바로
메르켈의 마름모다.

  '마름모' 하면 어색할 텐데, 메르켈이 항상 짓는 몸짓이 하나
있다. 손으로 마름모 모양을 만들어서 자기 앞에 가지런히 놓는
광경이다. 너무 유명해서 아예 위키피디아에도 정식으로 등재되
어 있다. 메르켈의 마름모Merkel-Raute라고 말이다. 이걸 따라하
는 지도자들도 꽤 있다. 그렇다면 메르켈은 옛날부터 어떤 보디

랭귀지를 구사했을까?

2005년 총선에서 기독민주연합CDU·기독교사회연합CSU 연합과 사회민주당SPD이 거의 동률(35 대 34)의 성적을 기록했을 때다. 이런 경우 연정 협상을 각 정당이 해야 하고, 그 직전에 당수들이 모두 모여서 텔레비전 토론을 하는 관습이 있다. 그러니까, 주요 당 총재끼리의 텔레비전 토론을 선거 이후에도 한다는 얘기다. 연정을 위해서다. 이때의 영상을 보면 게르하르트 슈뢰더의 진면목이 나온다. 사사건건 다른 정당 당수들의 말을 중간에 가로채면서 윽박지르고, 주장을 강하게 한 것이다. 메르켈도 엄청나게 공격당했다. 메르켈은 어땠을까?

거의 메르켈른하면서 표정의 변화도 없었다. 물론 좀 당혹스럽다는 표정을 짓긴 했지만 감정이 전혀 드러나지 않았다. 손은 탁자 위에 놓여 움직이지 않았고 말이다. 슈뢰더가 폭포수처럼 말을 쏟아낼 때, 그녀는 대답을 아예 하지 않음으로써 대응한 것이다. 결국 메르켈이 승리했고 슈뢰더의 정치 인생은 그날로 끝났다. 토론 후 슈뢰더는 방송 전에 음주를 하지 않았음을 언론에 해명해야 했다.

침묵과 무반응의 이유가 동독 출신의 키 작은(164센티미터) 여자여서가 아니었는지도 모르겠다. 여자 정치인들이 보통 벌이는 실수가 하나 있다. 남자 정치인처럼 말하고 행동한다는 점이다. 메르켈은 전혀 그렇게 대응하지 않았다. 상대방이 자폭하도록 놔둔다는 얘기다. 다만 메르켈 입장에서 푸틴은 좀 까다로웠다고 한다. 서로 러시아어와 독일어를 다 잘하기도 하고(그래서 사

코니와 함께 있는 푸틴과 메르켈.

석에서 그들은 존댓말이 아닌 반말[du, ты]로 서로를 부른다고 한다),
푸틴은 메르켈을 길들이려 했다. 언론에 보도됐듯이, 메르켈의
트라우마인 개를 풀면서 말이다.

2007년 러시아 소치의 대통령 여름별장에서 만난 푸틴과 메
르켈. 푸틴은 자신의 애견 '코니'를 데려왔고 개가 순하니 괜찮을
거라 얘기했다. 개를 무서워하기로 유명한 메르켈은 "이 개가 기
자들을 먹어치우진 않겠죠"라고 러시아어로 너스레를 떨었지만,
불편한 표정이 역력했다.

물론 메르켈은 그냥 놔뒀다. 표정은 완전히 당황했지만 말이
다. 메르켈은 나중에 오히려 러시아가 내세울 게 개밖에 없는 것
아니냐는 반응으로 쿨하게 나섰고, 언론은 당연히 푸틴을 비난
했다.(푸틴이 유일하게 존중하는 서방 지도자는 메르켈밖에 없다고 한

다.) 아무것도 안 함으로써 힘을 역이용하여 오히려 힘자랑하는 인물에게 돌리는 식이다. 그런데 어째서 마름모 모양으로 손을 가지런히 하냐는 질문을 받았을 때의 메르켈이 한 답변은 참 알쏭달쏭하면서도 그녀가 양자화학 박사 학위를 보유한 공대생이었다는 사실을 떠올리게 한다.

"(마름모가) 대칭에 대한 애정을 좀 보여주죠Es zeigt auch eine gewisse Liebe zur Symmetrie."

12.
브라운 베이비

'브라운 베이비Brown Baby'라는 개념이 있다. 제2차 세계대전이 남긴 유산 중 하나인데, 특히 전쟁 직후 서독에 주둔한 흑인 미군과 현지 독일 여성 사이에서 낳은 아이들을 의미한다. 혼혈아를 뜻하는 Mischlingskinder 혹은 점령군의 아이를 의미하는 Besatzungskinder라는 단어도 사용하기는 하는데, 보통은 그냥 브라운 베이비라고 한다. 이들이 문제가 됐던 나라가 독일만이 아니었기 때문이기도 하지만, 미군으로 인해 생긴 문제인 탓에 영어 단어를 그대로 사용하는 것으로 보인다.

항복 직후의 독일은 몹시 어려운 상황이었고 점령군인 미군은 그야말로 마음대로 할 수 있었다. 동독 지역에 진주한 소련군도 마찬가지였던 터라 그들의 만행은 잘 알려져 있는데, 미군이 일으킨 남녀 문제도 대체로 소련군과 유사한 면이 있었다. 문제는 흑인 병사들이 관련될 때는 너무 눈에 띄는 아이들이 태어난다는 점이었다.

워낙 전쟁은 여자의 얼굴을 하고 있지 않다는 점을 상부도 알고 있었기에, 당시 미군을 이끌던 아이젠하워 장군은 전쟁 중에 아예 친목 금지령을 내린다. 범위는 광범위했다. 처음에는 독일인과 절대 말을 섞지 말라는 것이었지만 종전 이후에는 이 통제가 좀 느슨해지기 시작한다. 영국군도 비슷한 명령을 내렸는데 미국보다는 덜 강경했다고 한다.

하지만 다들 추측하실 것이다. 군인들은 몰래 나가서 독일 여자들을 만나고 다녔으며, 사귀기도 했고, 독일 여자들이 몸을 팔기도 했으며, 강간 사건도 있었다. 군 상부는 사고 친 병사를 독일 내 다른 기지로 보내거나 아예 다른 작전 지역(한국이나 베트남)으로 방출하기도 했다.

독일 내에서는 상황이 어떻게 돌아갔을까? 미군이 자꾸 아버지 혹은 아버지로 추정되는 군인들을 독일에서 쫓아내다보니, 독일에 남은 어머니들은 아이들을 자기 혼자 거둘 수밖에 없었고 따라서 대부분 가난에 허덕였다. 또한 나치 직후의 시절이다보니 흑인에 대한 곱지 않은 시선은 여전했다. 전쟁 직후 태어난 아이들이 취학 연령에 다다른 1952년, 독일 연방 의회는 이들이 어차피 독일 사회에 통합되지 못할 테니 이들을 사회에서 없애기로 결정한다. 즉 흑백 혼혈아들을 입양 보내자는 것이었다.

입양처로는 미국을 겨냥했다. 그것도 특히 미국의 흑인 부부들이 그 대상이었다. 미국 외에 입양을 보낸 곳으로는 덴마크도 있었다. 거리가 가깝기도 하고 당시 덴마크는 싱글 맘에 대한 인식이 괜찮았으며, 입양하려는 부부도 많았기 때문이다. 그래서 1950년부터 1970년까지 덴마크로는 약 4000여 명의 아이가 입양됐다. 물론 그들의 미래가 괜찮았느냐 하면 그건 또 다른 문제다. 입양 허가 자격을 못 받은 부모들에게도 혼혈아 입양은 허용되었기에 수요가 많았다고도 한다. 독일의 유력 주간지인『슈피겔』의 추정에 따르면 1945년부터 1968년까지 독일 내에서 태어난 아이들 중 7000여 명이 흑인 혼혈이었으며, 스위스 언론『보헨 차이퉁Wochen Zeitung』에 따르면 1960년까지 서독에 주둔한 군인들 때문에 태어난 아이 중 약 8만 5000명이 백인이었고 흑백 혼혈은 5000명 정도였다. 같은 추축국이었던 오스트리아의 경우 오스트리아 현대사 박물관에 따르면 총 3000여 명의 '점령군의 아이들'이 태어났는데 인종 구분 통계는 찾기 힘들다.

이렇게 미국으로 입양된 혼혈아들은 잘 살았을까? 미국 내 흑인 가정이 평균적으로 불안정하고 경제적으로 좋지 않기 때문에 이들도 고난의 인생을 겪게 된다.『슈피겔』기사에는 입양한 부모가 미국 시민 등록을 (아마도 절차를 몰라서) 안 하는 바람에다 큰 성인이 되어서 독일어 한마디 못하거늘, 독일 국적임이 드러나 독일로 쫓겨나는 사례도 나왔다. 다행히 독일이 유럽연합에 속해 이들은 영국으로 이주해서 겨우 살게 되지만 말이다.

흑인이 아니더라도 미국 내에서 '흑인'으로 간주받은 군인(가령 하와이 출신)과 독일 어머니 간의 자식인 경우도 있었다. 이들은 어디서도 인정받지 못하는 사태가 일어나는데, 백인이라기에는 어둡고 흑인이라기에는 밝아서다. 물론 모두 입양을 보낸 것

독일 흑인 이니셔티브에서 활동한 카트리나 오군토예.

은 아니고 그래도 자기 자식들을 손수 키우려는 독일 어머니들
이 있기는 있었다. 그러나 위에 적었듯이 이들도 경제적으로 풍
족하지는 못했고 학교 내 왕따는 물론 고난의 인생을 겪는다. 그
래서 성장하자마자 독일이 몹시 혐오스러워 미국인과 결혼해 미
국으로 바로 떠나버린 사례도 있다.

맥락은 좀 다르지만 이런 일은 영국에서도 되풀이된다. 미군
이 전쟁 기간에 영국에도 대거 주둔했기 때문이다. BBC 기사에
따르면 전쟁으로 인해 약 2000여 명의 혼혈아가 태어났다. 다만
영국 정부는 이들의 해외 입양을 막았기 때문에 미국으로 건너
간 아이들은 극히 드물었다고 한다. 그렇다고 해서 이들이 영국
내에서 잘 자라났다는 얘기는 아니다.

독일에서 태어난 혼혈 아이들은 이제 늙어가고 있고, 아예 독

일 내에서의 흑인들을 위한 단체인 '독일 흑인 이니셔티브Initiative Schwarze Menschen in Deutschland'를 만들었다. 단순히 '브라운 베이비'들만을 위한 것은 아니지만, 어디에도 속할 수 없었고 평생 이상한 시선을 받으며 살아왔던 이들에게 일종의 정체성을 심어주는 곳들이다.

13.

동독의 패션

사회주의 동독에 서구식 개념의 패션이 과연 존재했을까 하고 묻는다면, 존재했다고 말해야 할 것 같다. 물론 처음 동독 정부를 설립했던 때는 세계대전 직후이기도 해서 실용적인 패션만 존재했던 것이 사실이다. 그렇지만 1956년에는 패션 매거진 『지빌레Sibylle』가 창간되고 서독 주간지 『슈피겔』에서 '레드 디오르 Roter Dior'라 일컫던 하인츠 보르만이라는 걸출한 디자이너도 있었으며, 특히 1960년대 서독의 68혁명과 역시 같은 해에 일어났던 체코슬로바키아의 좌절된 '프라하의 봄'은 동독 청년층에게도 꽤 큰 영향을 끼쳤다.

여담이지만 동독에는 68혁명이 존재하지 않았다는 주장이 최근 독일에 등장했다. 영화 「타인의 삶」에 묘사된 것처럼 동독 정부의 기록은 거의 편집적이라 할 수 있는데, 사실 동독에도 68혁명은 존재했다. 특히 프라하의 봄과 관련해서 베를린 한 곳

에서만 389건의 전단
살포 시위(3528건의
전단 포함)와 271건의
대자보가 기록되어
있다. 아무튼 이제까
지 성인 옷을 줄여서
입어야 했던 청년층
의 불만도 누그러뜨릴
겸 동독 정부는 패션
부문에 신경을 쓰기
로 한다. 목적은 다음
과 같이 고상했다.

『지빌레』.

  사회주의적 성격 형성에 기여하고 사회에 대한 동기 부여를 높
  이기 위함sozialistische Personlichkeiten zu formen und Jugend-
  liche zu einer hohen Leistungsbereitschaft für die Gesellschaft zu
  stimulieren.

  동독 정부는 곧 청년을 위한 의류 프로그램 입안을 위해 '워
킹 그룹'을 소집했고, 드디어 1968년 봄 결과가 발표된다. 캐주얼
과 파티복이 모두 포함됐으며 모자와 신발, 보석도 있었는데, 이
모두가 당시 서유럽 유행을 강하게 반영하고 있었다. 이게 무슨
의미인고 하니, 모드Mod 혹은 모즈룩Mod's Look을 들여왔다는

뜻이다. 정부가 발표한 이 컬렉션은 청년패션센터Jugendmodezen-tren에서 판매됐는데, 판매가 개시되자마자 매진될 정도로 인기가 좋았다.

하지만 공산주의 국가들이 으레 그러하듯 동독도 생필품, 특히 의류용 직물의 질이나 양 모두 서구에 비해 뒤떨어진 상태였다. 그나마 제조하는 고급 의류나 직물은 소련이나 서독 수출용으로, 외화벌이 전용 산업이었다. 사실 동독 패션을 한마디로 하자면 DIY, 즉 '집 안에서 스스로 만들어 입는다'가 더 적절하다. 그런 까닭에 모든 동독 가정에는 반드시 재봉틀이 있었다.

이는 동독 패션이 의외로 무척 창의적이었다는 말이기도 하다. 리넨 원단을 구했다면 염색한 다음 재킷, 스커트, 셔츠, 블레이저 등 못 만드는 것이 없었고, 기저귀밖에 못 구했다면 이걸로 여름용 블라우스를 만들었다. 정부도 물자 부족을 알고 있었기에 DIY만은 장려했다. 바느질 수업 과정을 제공하고 패션 잡지에서 원단을 많이 소개하곤 했다.

그중 이상하리만치 인기를 끌었던 품목이 하나 있다. 청바지다. 68혁명의 영향을 받았던 점도 있을 텐데 서유럽에서 인기를 끌었던 비트가 강한 음악과 긴 머리, 청바지는 동독 청년들에게도 선망의 대상이었다. 그러나 원단도 부족했던 동독이 청바지를 생산할 수 있을 리 만무했기에 복제해서 만든 청바지들이 몇 종류 나오긴 했지만 아무도 그 원단의 정체를 몰랐고, 알려고 하지도 않았다. 당연히 원래의 청바지보다 질이 훨씬 떨어졌다.

청바지에 대한 수요가 일반인이든 간부의 자제든 관계없이 모두에게서 높았던 모양인지, 동독 정부는 드디어 1978년 미국 리바이스로부터 청바지 100만 벌을 수입하기로 한다. 그러나 수요가 많음을 똑똑히 알고 있었기에 판매 방법을 고민해야 했다. 그냥 아무렇게나 팔기로 한다면 사재기나 싸움, 폭동까지 일어날 수 있기 때문이었다.

이에 동독 정부는 영리한 아이디어를 하나 낸다. 정부가 수입하고 정부와 한 몸인 공산당이 팔기로 한 것이다. 청바지는 미국에서 들여온, 자본주의의 이념이 묻어 있는 바지였다. 따라서 동독 내에서 사상에 문제가 없는 당 간부들이 판매하는 건 명분에 맞는 일이기도 했다. 물론 납득하지 못할 수도 있겠지만 그들이 내세운 논리가 이것이었고, 그에 따라 노동자의 바지이니 노동자에게 판매해야 하기도 했다. 가령 오후 2시부터 6시까지 사원증이 있는 사람에게만 회사 구내식당에서 판매하는 식이다. 그러나 리바이스 청바지는 어찌 됐든 미국 것이었고 자본주의가 묻어 있는 옷이었기에, 학생이 청바지를 입을 경우 당국이 의심의 눈초리를 보내면서 감시했다고 한다. 심지어 각 학교는 학생들이 청바지를 입고 등교하면 집에 가서 '더 적절한 바지'로 갈아입으라며 돌려보내기도 했다.

당연한 얘기이겠지만 이렇게 공식 수입된 청바지로도 동독인들은 만족하지 못했다. 암시장이나 서구 물건이 꽤 들어왔던 헝가리 부다페스트로 가서 사거나 했다. 그래서 1987년이 되면 동독의 젊은층은 누구나 집에 청바지 두 벌 정도는 갖고 있었다고 한다. 서유럽도 청바지에 그 정도로까지 열을 올리지는 않았는

1989년 베를린 장벽 위에서 청바지를 입고 있는 청년들.

데 말이다. 스탠퍼드대학 베를린 연구센터 소장을 맡고 있는 캐런 크레이머는 동독이 '청바지 그 자체인 나라'라고 표현한 적이 있다고.

Paris
France

Berlin
Germany

Milano
Italy

4 부

모스크바와 소련 그리고 러시아

London
United
Kingdom

Moscow
Soviet Union

Russia

1.

소련과 『삼총사』

1965년 12월 31일, 유리 가가린이 딸 갈리나와 옐레나, 그리고 우주 비행사인 친구 코마로바 이리나의 딸과 함께 찍은 사진이 한 장 있다. 사진 속 그는 삼총사의 복장을 하고 있었다. 굳이 왜 그랬을까?

답은 간단하다. 그만큼 소련 사람들이 삼총사에, 아니 일종의 문학 도제 공장을 운영했던 알렉상드르 뒤마Alexandre Dumas(1802~1870)의 작품 『삼총사』에 심취해 있었기 때문이다. 하지만 뒤마의 소설들 자체가 워낙 재미있으니 세계 어디서든 인기가 많지 않을까? 그중 소련은 다른 나라들보다 더 멀리 나갔다. 『삼총사』에 심취했던 소련은 관련 소설과 영화를 제멋대로 만들어내기 시작한 것이다.

우선 소련은 국민배우들을 동원해 「다르타냥과 삼총사 Д'Артаньян и три мушкетёра」라는 뮤지컬 영화를 만들었다. 아니,

삼총사 복장을 한 유리 가가린.

그렇다면 촬영 장소는 어디였을까? 소련 공화국 중에서 그나마 서유럽과 가장 비슷한 지역은 우크라이나의 리비우여서 거기서 촬영했다. 당연히 소련에서 흥행에 대성공을 거둔다.

이에 힘입어 속편이 세 편 더 나온다. 1992년과 1993년 그리고 시간이 한참 흘러 2008년에도 나왔다. 알다시피 알렉상드르 뒤마의 원작은 3부작('삼총사' '20년 후' '10년 후'이며 이 작품에 우리가 알고 있는 '철가면'이 포함된다)뿐이다. 그렇다면 최신작인 2008년에 나온 영화는 무엇을 배경으로 했단 말인가? 원작에서 등장인물이 여럿 죽지 않았던가?

간단하다. 기존 캐
릭터를 갖고 내용을
새로 쓰면 된다. 실
제로 2008년에 나
왔던 4편 「삼총사
의 귀환」(혹은 「마
자랭 추기경의 보물
Возвращение мушкетёров,
или Сокровища кардинала
Мазарини」)은 뒤마의
원작 내용과 거의 무
관하다. 원작에는 없
는 다르타냥의 딸과
아토스의 아들, 포르

「삼총사」 영화 포스터.

토스의 아들딸, 아라미스의 아들이 등장한다. 참고로 뒤마의 원
작에는 아토스의 아들만 등장하니 나머지는 모두 극을 위한 창
작인 셈이다. 2008년의 이 영화는 상영판과 극장판, TV 미니시
리즈판의 세 가지 버전이 있으며, 평이 그리 좋지는 않지만 영화
를 바탕으로 한 소설도 판매됐다. 그렇다, 소설이다. 러시아 사람
들은 삼총사를 자기네 구미에 맞게 후속작 혹은 전혀 다른 삼
총사 소설들을 자기네 식으로 쓰기 시작했다. 그중 네 가지를 소
개하면 아래와 같다.

1) 『다시 등장한 삼총사Снова три мушкетера』(1997), 니콜라이 하린, 바그리
우스 출판사

작가인 니콜라이 하린은 러시아의 수학 선생이라고 한다.
150여 년 전, 알렉상드르 뒤마가 당시 러시아를 방문해서 고
조할아버지를 만났고, 자기를 환대해줘서 감사하다며 아직 출
간하지 않은 글이지만 당신에게 선물로 드린다며 원고를 줬다
고 한다. 어차피 당시 러시아 지식인들의 불어는 거의 모국어급
이었기에 할아버지는 이 원고의 중요성을 알아보고 가보家寶로
숨겨놓았다.

소위 이 '후속작'에는 포위된 라로셸 안에 다르타냥이 잠입해
그곳 사람들이 지지하는 버킹엄 공작이 사망했음을 알리지만,
그들은 다르타냥을 믿지 않고 죽이려 한다. 이때 그를 도와주
는 미모의 여성이 있었다. 그녀의 도움으로 겨우 빠져나온 다르
타냥은 여러 모험 끝에 리슐리외 추기경의 음모에 따라 바스티
유에 갇혔고, 삼총사는 그를 구하러 바스티유로 향한다.

2) 『추기경의 기사, 다르타냥Д'Артаньян, Гвардеец Кардинала』(2002), 알렉
산드르 부슈코프, 올마프레스 출판사

제목에서 수상한 점을 못 느끼셨는가? 『삼국지』를 조조 중심
으로 다시 읽은 만화 『창천항로』의 느낌과 비슷하다고 할 텐데
(『창천항로』에 대한 논란이 있음을 인정한다) 이 소설은 뒤마의 『삼
총사』를 뒤틀었다. 다르타냥이 총사대가 아니라 리슐리외 추기
경 편에 들어가서 오히려 추기경의 기사들인 로슈포르, 바르드

와 도원결의를 맺고, 총사대와 왕비를 공격하는 것이다. 특이한 캐릭터로는 올리버 크롬웰(영국사에 나오는 그분 맞다)이 등장한다는 것이다.

작가인 알렉산드르 부슈코프가 원래 작가로 유명한 인물이어서인지, 플롯 자체가 대단히 흥미로워 보인다. 어느 날 문득 다르타냥은 생각했다고 한다. 자기가 만약 총사대로 들어갔다면 리슐리외 사람들과 싸우고 있겠지?

3) 『붉은 청년 악마들Красные дьяволята』(1921), 파벨 블랴킨, 오닉스 21세기 출판사

연도를 보면 알겠지만 출간 시기가 혁명 직후다. 『삼총사』를 그대로 소련 초기 적백내전 당시에 대입시킨 내용이다. 주인공인 미하일과 두냐샤, 중국인인 유유가 볼셰비키에 협력을 거부했던 우크라이나의 혁명가 네스토르 이바노비치 마흐노와 맞서 싸우는 내용이다. 이른바 붉은 삼총사.

4) 『맞아요, 그 밀라디예요Да, та самая миледи』(2005), 율리아 갈라니나, 포룸 출판사

『삼총사』를 밀라디의 관점에서 그린 소설이다. 『삼총사』를 자세히 봤다면 밀라디가 평범한 악역이 아님을 알 텐데, 거의 드러나지 않았던 그녀의 인생과 생각을 본격적으로 풀어본 소설이다. 그리고 중요한 내용 비틀기. 밀라디가 살아남는다. 밀라디에 대한 별도의 소설이 율리야 갈라니나의 독창적인 아이디어

는 아니다. 이전에 프랑스와 미국에서 유사한 소설이 몇 권 나
왔기 때문이다. 가령 프랑스 작가 야크 리배의 『밀라디 내 사랑
Milady mon amour』이나 미국 작가 딘 리비의 『밀라디Milady』
등이 있다.

다양한 시대에 나온 네 소설과 영화만 뽑아봐도 러시아 사람
들이 얼마나 『삼총사』를 좋아하는지 알 만하다. 특징이 있다면
러시아와 어떻게든 접점을 만든다든가, 아니면 아예 관점을 달리
해서 소설을 비트는 방식이다.
　당시 소련의 젊은이들은 모두 『삼총사』를 읽었기에 알렉상드
르 뒤마가 러시아 작가 아니냐고 할 정도였다고 하니, 어쩌면 유
리 가가린도 『삼총사』를 즐겨 읽었는지 모를 일이다. 소련 입장에

서는 최소한 미국과 영국 콘텐츠가 아니기 때문에 조금 풀어준 이유도 있었을 법하다. 서방국 중에 그래도 가장 우호적인 곳이 프랑스였으니 말이다.(체코슬로바키아 사태 때문에 멀어진 게 있긴 한데, 이는 다른 주제다.)

첨언하자면 러시아인들은 『삼총사』에만 달려들지 않았다. 암굴왕 『몽테크리스토 백작Le Comte de Monte-Cristo』에도 달려들어서 멋대로 속편을 만들어낸다.

지역 정보

리비우

우크라이나 서부의 중심지로서 폴란드 혹은 오스트리아 영토였던 적도 있었다. 역사가 매우 오래된 도시로서 문화유산이 많고, 폴란드나 합스부르크 왕조의 영향 때문에 서유럽풍의 건축물도 꽤 있었다. 그래서 「다르타냥과 삼총사」의 촬영지로 선택된 것이다.

2.
소련과 햄버거

1990년 1월 31일, 모스크바 푸시킨 광장에 등장한 맥도널드 매장 앞에 사람들이 길게 늘어선 줄 사진이 준 충격은 꽤 컸다. 자본주의의 첫맛이 궁금하기는 했을 것이다. 그런데 정말 햄버거와 같은 형식의 음식이 소련에는 없었을까 하는 의문이 들었다. 비슷한 것이 있기는 했다. 그리고 햄버거를 포함한 이 모든 소련의 소비재 이야기를 하다보면 결국 스탈린 시절의 아나스타스 미코얀Анастас Иванович Микоян(1895~1978)과 만날 수밖에 없다. 화장품을 포함해 소련의 어지간한 소비자용 제품들은 음식산업부 장관이었던 그를 통해서 태어났기 때문이다.

1936년 여름의 일이다. 미코얀은 소치로 여름휴가를 갈 요량이었다. 그러자 친애하는 지도자 동지께서 담배만 피우시더니 말을 꺼냈다. "나의 친구 아나스타스 이바노비치, 소치에서 도대체 뭘 하려고? 차라리 미국 요식 산업의 경험을 배워오는 것이 어떻

1990년 1월 31일, 모스크바 푸시킨 광장에 등장한 맥도널드 매장 앞의 기다란 줄.

겠소?" 스탈린의 말은 이어졌다. "미국 가려면 몇 개월은 걸리겠지? 휴가는 미국에서 보내는 걸로 합시다." 그런데 감히, 미코얀이 스탈린의 말에 이의를 제기한다. 가족에게 이미 휴가를 어디로 갈지 다 말했는데, 특히 아내가 이해하지 못할 것이라고 말이다. 그러자 스탈린은 미소를 지었다. "그럼 사모님도 데려가면 되겠네."

조건은 당연히 스탈린이 정했다. 아이들은 크림반도에 남고 미코얀 부부만 미국에 가는 대신 마음에 드는 장비를 살 수 있는 충분한 예산과 인력 10명까지 붙여주겠다고. 당연히 휴가, 아니 미국 출장에 수반되는 비용의 전결은 미코얀이 할 수 있었고 말이다. 미코얀은 일주일 후, 베를린과 파리를 거쳐 배편을 통해 뉴

왼쪽 인물이 미코얀이다.

욕으로 향한다.

미국 출장 3년 후 미코얀은 『요리 성서кулинарная библия』를 작성한다. 부제는 '맛있고 건강한 음식책'. 미국의 경험을 소련에 이식시키고자 작성한 것이다. 러시아의 혁명적 사상을 미국의 효율성과 결합시키자는 의도였다. 다만 냉전에 접어든 1950년대 판본에서는 미국에 대한 언급이 책에서 사라진다.

미코얀이 미국에서 배워온 것을 크게 알아보자면 다음과 같다. 아이스크림과 마요네즈, 스파클링 와인(소련에서 '소비에트 샴페인'으로 재탄생한다), 공장제 빵, 소비자용 냉장고, 통조림 고기, 과일 주스 공장, 비스킷과 과자, 초콜릿 생산 공장, 소시지, 설탕, 드라이아이스······ 그리고 햄버거가 있었다.

미코얀은 뉴욕 메
이시 백화점 햄버거
가게에서 발견한 표
준 햄버거 패티의 대
량생산에 이끌렸다.
미국인들은 이 패티
와 양파, 상추, 빵을
한데 넣어 햄버거를
대량으로 생산했을
뿐 아니라 가격도 저
렴했다. 햄버거는 또
한 바쁜 이들에게 매
우 편리한 음식이기
도 해서 미코얀은 햄

미코얀 커틀릿, 즉 소련이 만들었던 패티와 빵의 선전
용 포스터다.

버거에 감명을 받았고,
즉시 25대의 패티 제작 기계를 주문한다.(기록마다 약간씩 달라, 어
떤 곳에는 22대라고 나온다.)

위의 포스터는 바로 소련이 만들었던 패티와 빵의 선전용이
다. 완전한 미국식 햄버거는 아니며 이름하여 미코얀 커틀릿이다.
포스터에는 '뜨거운 모스크바 코틀레티(커틀릿)와 번'이라고 필기
체로 쓰여 있으며 50은 가격이다. 그러나 소련의 물자 사정상, 패
티에 무엇이 들어갔는지는 아무도 몰랐다고 한다.

게다가 소련에 정치가 개입하지 않을 수 없겠다. 스탈린 사

후 미코얀은 흐루쇼프를 지지했고, 흐루쇼프 자신도 소비자 후생 증진에 관심이 많았던 터라 미코얀은 자리를 유지할 수 있었다. 그러나 브레즈네프 시대는 좀 달라 미코얀은 쫓겨난다. 그래도 미코얀 커틀릿은 '쇠고기 커틀릿'으로 살아남는데, 낮은 품질을 숨기기 위해 소금을 과도하게 뿌렸다고 한다.

그러니 햄버거라는 의미에 해당될 수 있는 음식이 소련에 있었느냐고 묻는다면 그렇다고 할 수 있다. 하지만 그것이 정말 햄버거에 견줄 만했느냐 하면 매우 의심스럽다는 결론을 내릴 수밖에 없다. 워낙 커틀릿의 질이 들쑥날쑥한 데다 맛도 수상할 때가 있었기 때문이다. 우리가 알고 있는 형태의 햄버거의 등장 시기는 역시 1990년 1월 31일이 맞다고 봐야 할 것이다.

지금이야 별 차이 없겠지만 1990년 당시 두 나라의 맥도널드를 전부 가본 사람에 따르면 소련의 맥도널드가 미국 맥도널드보다 더 맛있었다는 평도 있다. 믿거나, 말거나.

지역 정보

푸시킨 광장

맥도널드 1호점이 들어선 지역이다. 모스크바 중심부에 위치해 있으며 소련 시절에는 스탈린 광장이라 불렸다. 중앙에는 푸시킨의 동상이 세워져 있다. 맥도널드는 현재 러시아에만 800개가 넘는 점포를 유지하고 있으며 1호점 푸시킨 광장 지점은 세계에서 방문객이 가장 많은 점포로 손꼽힌다.

3.
소련과 영어 교육

다음 페이지의 사진부터 보자. 이것은 1965년 당시 소련의 초
등학교 5학년용 교과서다. 그렇다면 초등학교 5학년 때부터 외
국어를 가르쳤다는 얘기인데, 문제는 소련의 특성상 모든 외국어
교사는 소련 내 대학에서 학위를 받아야 했다는 점이다. 즉 소
련 선생님이 영어를 가르쳤다는 뜻이며, 러시아식 악센트를 그대
로 배웠다는 점이 함정이다.

초등학교 5학년이 되면 주요 외국어(영어, 불어, 독어) 중에서
하나를 택해 배울 수 있었는데 60~70퍼센트는 영어를 택했다는
증언이 있다. 물론 지방 학교들은 대부분 단일한 외국어 과목을
제공했지만 말이다. 게다가 영어나 불어 몰입형 학교가 큰 도시
에 하나씩은 꼭 있었다고 한다. 소련의 특성상 학교는 무료였지
만, 어디에 가면 저런 몰입형 학교에 입학할 수 있다는 식의 정보
는 역시 이너 서클 안에서만 돌았다.

물론 중앙아시아 소련 연방 국가들SSR은 지역에 따라 제1외국어인 러시아어 다음의 제2외국어로서 주요 외국어(영어, 불어, 독어)가 아닌 인접어(가령 페르시아어)를 배웠다고 한다. 이 말이 무슨 의미냐 하면 일반적인 학교의 외국어 교육은 그저 그런 수준이었다는 뜻이다. 게다가 시청

1965년 소련의 초등학교 5학년 영어 교과서.

각 자료를 구하기 쉽지 않았으니 교육 효과도 제한적이어서 암기가 최선이었다(어떻게 보면 최고의 방법이다). 그래서인지 어휘와 단어, 문법에 지나치게 많은 비중을 두는 것이 아니냐는 비판도 있었다. 어디서 많이 보던 비판이다. 그러나 워낙 서방으로부터 배우거나 빼와야 할 것이 많았기에 외국어 교육은 스파이 교육용으로서만이 아니라, 꽤 진지하게 이뤄졌다고 한다. 이건 영어권을 빼면 어느 나라나 마찬가지였을 것이다.

여담이지만 소련 지도자 중 누가 영어를 잘했을까? 결론부터 말하자면 그동안 소련 서기장 중에서 영어를 잘한 인물은 딱 두

명이다. 다름 아닌 레닌(1870~1924)과 고르바초프(1931~)로 처음과 마지막 서기장이다. 찰리 채플린을 좋아했던 강철의 대원수 스탈린은 영어로 말했다는 기록이 없어서 수준이 어땠는지 모른다. 다만 회담을 같이 했던 루스벨트 미국 대통령은 스탈린이 자기가 하는 영어를 잘 이해하는 것 같은데 말을 안 하더라고 증언한 바 있다.

생애 두 차례나 유럽 각지를 망명자로 떠돌았던 레닌은 당연히 불어, 독어에 능했다. 게다가 영국에서도 망명생활을 했기에 영어도 잘했는데, 이 영어를 아일랜드 과외 교사로부터 배웠다는 이야기가 있다. 아마 잉글랜드보다 저렴했을 것이 분명한 과외 비용 때문이었을 텐데, 말하자면 그의 악센트는 아일랜드식이었다는 의미다. 『우주전쟁』으로 유명한 작가 H. G. 웰스가 런던에서 레닌을 만났는데 그가 아일랜드식 영어를 쓰더라는 증언도 했으니 거의 확실할 것이다.

4.

예카테리나 3세

소련의 문화 산업에서 빼놓을 수 없는 인물이 한 명 있다. 바로 예카테리나 푸르츠예바Екатерина Фурцева(1910~1974)다. 그녀는 일단 소련에서 가장 장수한 문화부 장관(재임 1960~1974)이었고, 언론은 그녀를 '예카테리나 3세'라 칭했다. 러시아 역사상 가장 유명한 여왕 예카테리나 2세, 알렉세예브나Екатерина Алексеевна Романова(1729~1796)의 후예라 그렇게 부른 것이다.

다만 이번 글은 예카테리나가 사랑했던 네 남자에 관한 이야기이기도 한데, (당연히) 시대순으로 보면 첫째, 파일럿이었던 표트르 비트코프, 둘째, 프룬제 공산당 지역 본부의 제1서기 표트르 보구슬랍스키, 셋째, 어쩌면 가장 유명할 니콜라이 피류빈 소련 외교부 장관, 마지막은 이탈리아 밀라노의 '라 스칼라' 오페라 하우스 관장 안토니오 기린겔리다.

정식 결혼은 첫째와 셋째뿐인데, 첫째는 제2차 세계대전이 그들을 갈라놓았다. 오랫동안 전선에 나가 있던 남편을 기다리던 중 그녀는 불명의 남자와의 사이에서 딸을 하나 낳고, 그 후 죽은 줄 알았던 남편이 살아 돌아왔다. 자연스럽게 종막은 이별.

푸르츠예바.

둘째 사례는 좀 기구한데, 보구슬랍스키는 유대계였다. 제아무리 나치와 소련이 싸웠다고 하지만 소련은 유대인을 박해했고, 보구슬랍스키는 그녀에게 피해가 안 가도록 하기 위해 스스로 사라진다. 카탸(예카테리나 푸르츠예바의 애칭)는 헤어지기 싫어했다고 전해지지만 말이다.

자, 그렇다면 그녀는 어떻게 이탈리아 오페라하우스 관장을 만날 수 있었을까? 이 지점에서 흐루쇼프 얘기로 들어가지 않을 수 없다.

크림반도에서 직공으로 일하던 그녀가 추천을 받아 학교에 진학해 화학공학 학위를 받은 후 모스크바 당 위원회의 제1서기로 올랐을 때 그녀는 흐루쇼프와 친해졌고, 흐루쇼프는 그녀를 '당의 인재'라며 스탈린에게까지 소개했다. 이로써 그녀는 1950년 중앙당 위원회 위원까지 올라설 수 있었다.

이때부터 루머가 퍼진다. 흐루쇼프와 사귀는 사이 아니냐고 말이다. 당시 영국 BBC 취재진이 모스크바에 갔을 때, BBC 기자가 당시 주소련 영국대사였던 험프리 트리벨리언에게 예카테리나가 흐루쇼프의 정부냐고 다짜고짜 물은 적이 있다. 험프리 대사는 예카테리나가 문화부 장관일 뿐이라고 엄숙히 답하고는 천장을 응시했다.

여기저기의 기록을 참조하자면 둘의 관계는 예카테리나가 흐루쇼프에게 연애 상담을 한 것이 와전된 것으로 보인다. 이때 위에서 얘기한 세 번째 남자이자 두 번째 남편, 이미 자녀 둘을 가진 유부남이었던 피류빈을 만났기 때문이다. 당시 유고슬라비아 및 체코슬로바키아 주재 대사였던 그를 만나기 위해 그녀는 일부러 출장 일정을 잡기 일쑤였다.

그녀는 결국 피류빈을 이혼시킨 다음 정식으로 결혼한다. 그러던 와중에 '레닌그라드 사건'(1949~1950)이 터진다. 레닌그라드 사건은 중앙당의 허락 없이 레닌그라드에서 일반적인 시장을 개장하려 했다는 혐의로 간부진에 대한 숙청이 일어난 일을 일컫는다. 스탈린이 죽기 3년 전에 일어난 것으로, 모스크바에 있는 레닌그라드 출신 신진 사대부들을 없애기 위한 사건이라는 해석이 나오는데……

나중에 흐루쇼프는 이 사건의 비밀을 폭로하면서 오히려 스탈린 사후에도 남아 있던 스탈린파의 숙청에 활용한다. 즉, 스탈린 사후 흐루쇼프는 이 사건을 역이용해 자기 파를 대거 진출시켰고 여기에는 그녀도 포함돼 있었다. 그러나 1957년 반당집단 사건이 일어난다. 스탈린 사후 흐루쇼프의 행보가 과하다고 여겨

흐루쇼프를 무너뜨리려던, 일종의 쿠데타 모의였다. 몰로토프와 함께 밀리터리 덕후들이 잘 알고 있는 주코프가 이때 완전히 실각한다.

이 사건 당시 전화 통화에서 푸르츠예바가 흐루쇼프를 비난했던 사실이 드러난다. 연애 상담사 흐루쇼프는 가차 없었다. 부부를 당중앙위원회로 불러내서 그들을 공개적으로 혹독히 질책했다. 이로 인해 1960년에 밀려난 자리가 문화부 장관이었다. 당시 소련에서 문화부 장관은 당중앙위에 참여할 권리가 없었기 때문에 좌천성 인사였다. 그녀는 여기에 충격받아 자살 시도를 벌이고 피류빈과도 멀어진다. 이미 피류빈은 불륜 중이기도 했으며 부인의 커리어를 질투하던 못난 남자였다. 그러나 그녀는 피류빈과 이혼하지는 않았다. 문화부 장관으로서의 삶을 만끽하기로 한 것이다. 파리, 밀라노로 향한 그녀는 소련 최초의 프랑스 인상주의파 회고전을 열기도 하고, 모스크바 예술극장도 새로운 빌딩으로 개장(1973)했으며, 성형수술도 했다. 샤넬의 블랙 드레스를 입은 최초의 소련 장관이기도 할 것이다. 1974년에는 모나리자의 소련 전시도 해낸다. 특히나 볼쇼이와 라 스칼라의 교류가 결정적이었다. 라 스칼라는 1964년과 1974년 볼쇼이로 와서 공연을 했다.

여기서 바로 안토니오 기린겔리를 만난다. 둘의 만남은 그녀가 사망하기 전까지 비밀리에 이뤄졌기 때문에 세상에 잘 알려지지 않았지만, 딸에 따르면 어머니가 유일하게 사랑했던 이는 기린겔리였다고 한다. 하지만 남편의 불륜은 계속됐고, 그녀 사인의 공

마리아 칼라스와 안토니오 기린겔리, 1970년.

식적인 진단은 급성 심부전이었으나 그녀는 자살한 것으로 알려
져 있고 지인들 모두 자살일 거라고 얘기한다.

마지막으로 공산주의 유머에도 그녀가 등장한다.

소련에서 피카소 전시회가 열렸는데, 피카소와 푸르츠예바 장
관 둘 다 표를 깜빡 잊고 안 가져왔다. 직원은 먼저 피카소에게
물었다.

"표를 안 가져오셨나요?"

"아니, 제가 피카소예요!"

피카소는 자신의 신분을 입증하기 위해 평화의 상징 비둘기
를 그렸고, 직원은 그가 피카소임을 알고 들여보내줬다.

"방금 피카소를 들여보냈습니다. 당신이 장관님이 맞다면 증
명해보세요."

"피카소가 누군데요?"

"반갑습니다. 장관 동지, 어서 들어가시죠."

5.

롤러코스터 혹은
러시아 산 타기

옆 페이지에 실린 놀이공원 홍보 포스터는 1895년에 나온 것
으로, '나이아가라 폭포'라고 쓰여 있다. 새로운 롤러코스터를 만
들어서 광고하는 것인데, 스펠링을 자세히 보면 롤러코스터가
Montagnes Russes Nautiques라고 되어 있다. '러시아 산山 타
기'라는 의미인데 어째서 나라 이름이 단어에 붙어 있을까? 답변
은 간단하다. 시초가 러시아여서 그렇다.

러시아에서는 눈으로 뒤덮인 언덕에서 브레이크 없는 나무
썰매로 경주하기가 유행이었고, 기록을 보면 18세기 즈음 키가
2미터 넘는 표트르 대제의 명령에 따라 인공 '얼음 슬라이드'가
만들어진다. 25미터 높이에 50도의 경사도였다고 하니 꽤 가팔
랐던 모양인데, 예카테리나 대제 또한 이걸 너무나 좋아해서 자
기가 타려고 개인 사저에도 지었을 정도다. 이게 바로 1784년, 상
트페테르부르크 외곽에 위치한 러시아 차르 집 안의 개인 저택

인 오라넨바움에 만들
어진 롤러코스터다.

그런데 이걸 나폴레
옹 전쟁에서 승리한 러
시아 병사들이 파리에
진주하여 프랑스인들에
게 알려줬다는 말이 있
다. 러시아인들이 프랑스
에 비단 비스트로[1]만 가
져온 것이 아니다. 파리
벨빌의 놀이공원에 롤러
코스터를 만들었고 이를
'러시아 산'으로 이름 붙
였다는 기록이 있다. 바

1895년에 제작된 놀이공원 포스터.

퀴 달린 나무 열차로 만든 기구였다. 곧 파리 내에도 우후죽순
퍼졌고 루이 18세도 친히 구경 갔다고 한다(탔다는 기록은 없다).

비록 사고가 꽤 나기는 했지만 당연히 인기를 끌었고 곧바
로 덴마크로, 영국으로, 미국으로도 퍼져갔다. 미국의 첫 기록은
1827년이고, 개조를 잘하는 미국답게 코니 아일랜드의 롤러코

---

1 이 루머는 우리나라에도 잘 알려져 있지만 사실이 아닐 가능성이 크다. 서빙한다
는 의미의 서부 프랑스(푸아티에) 사투리, 그러니까 정확히는 오크어 중 하나인 푸아
트뱅어의 '비스트로bistraud'에서 왔다는 의견이 있기 때문이다. 1814년 파리에 온
러시아 군인들이 '뷔스트라'를 외쳐서 비스트로가 됐다는 첫 언급은 1884년에야 등
장하며, 파리 특유의 카페 명칭에 족적을 남긴 뚜렷한 증거가 없다고 한다.

1817년 파리에 설치된 롤러코스터.

스터는 그림이 그려진 어두운 터널도 통과하는 등 시각적인 부분에 세심히 신경을 썼다. 당연히 특허도 내고 말이다. 아마 이런 응용 때문에 러시아 산이 아니라 차량 그 자체를 가리키는 '롤러코스터roller coaster'라는 이름을 붙였을 것이다.[2]

참고로 독일에서는 롤러코스터를 아흐터반Achterbahn이라 부르는데, 8자형 궤도차 정도의 의미다. 우리말의 88열차 명칭과는 별 관계가 없어 보인다. 그런데 정작 원조라 할 수 있는 러시아는 뭐라고 불렀을까. '미국 산Американские горки', 즉 직역하면 미국 언덕이라고 부른다.

롤러코스터가 두꺼운 나무에서 철제로 바뀐 것은 디즈니부터였고, 그 후 360도도 나오고 거의 직각도 나오는 등 별의별 게

---

[2] 사실 1884년 미국의 롤러코스터 특허에 처음으로 '롤러코스터'라는 명칭이 등장한다. 따라서 어째서 이 이름을 붙였는가에 대한 논란이 좀 있기는 하다.

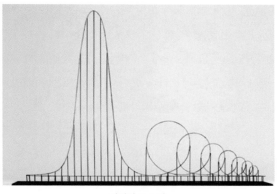
안락사 코스터.

다 나온다. 그중 실제로 만들어지지는 않았지만, 정말 희한한 롤러코스터 디자인이 하나 있다. 리투아니아의 엔지니어이자 디자이너인 율리요나스 우르보나스Julijonas Urbonas가 고안한 '안락사 코스터Euthanasia Coaster'다.

그는 안락사를 위해 510미터까지 올라간 후, 360킬로미터의 속도로 하강해 그 뒤로 일곱 번을 360도로 회전하는 롤러코스터를 디자인했다. 500미터 높이에서 그런 속도로 떨어지면 당연히 뇌에 산소 부족이 생기고, 모든 신경이 마비되면서 죽을 것이다. 거의 10G(중력 상수)의 압력을 받기 때문이다. 설사 살아남았다 하더라도 일곱 번의 잔여 회전이 확실히 탑승자를 죽여줄 것이고 말이다. 그의 롤러코스터 디자인은 2011년 더블린의 사이언스 갤러리에서 전시됐고, 그야말로 대표작에 올랐다. 우르보나스에 따르면, 500미터를 천천히 올라갈 동안 다시 한번 생각해

볼 기회는 많지만, 결단을 내리면 곧 모두가 마비되고 사망한다고 한다. 사실 이 개념이 실제 건축으로 연결되기는 매우 힘들다고 생각되지만, 손쉽게 안락사를 시켜준다는 면에서 미학적으로 아름다움을 줄 수는 있으리라 본다. 그런 까닭에서인지 우르보나스의 디자인에 착안한 단편영화도 만들어졌다.

지역 정보

더블린 사이언스 갤러리

아일랜드 더블린에 있는 트리니티 칼리지(더블린대학에 속해 있다) 안에 위치해 있다. 아일랜드에 있긴 하지만 이 대학은 영국 엘리자베스 1세 국왕이 설립했다. 그래서 옥스퍼드, 케임브리지와 교류도 활발하다.

오라넨바움

러시아 상트페테르부르크의 페트로드보르초비구에 위치해 있다. 러시아 왕실의 개인 주택과 별장이 모인 장소로서 예카테리나 대제가 롤러코스터를 설치했다는 곳이기도 하다.

6.
소련의 전기자동차
РАФ-2910

 상당히 독특한 디자인의 버스가 있다. 원래 이 버스는 모스크
바 올림픽(1980)을 위해 특별히 디자인됐다. 이른바 심판용 버스
로서 말이다. 옆에 커다랗게 심판용судейская이라 쓰여 있으며,
자세히 보면 여닫이문에 모스크바 올림픽 문양도 그려져 있다.
그래서 운전석 외에 접이식 탁자와 회전이 되는 의자, 냉장고 등
을 갖췄고, 문도 양면에 다 있었다.

속도는 보통 시속 30킬로미터를 염두에 두고 제작했으며 최대 속도는 시속 50킬로미터 정도였다고 한다. 거리는 100킬로미터쯤 달릴 수 있었다. 그런데 어째서 전기자동차여야 했을까?

운동 경기 중, 가령 마라톤이나 달리기 중에 가능한 한 조용하고 배기가스도 없어야 하기 때문이다. 게다가 지붕에는 정보를 알리는 큰 전광판도 설치할 수 있었으며 동력원은 니켈·아연 배터리였다고 한다. 토머스 에디슨이 1901년에 특허 출원했던 그 니켈·아연 배터리다.

눈길을 끄는 건 독특한 1970년대 전기자동차만이 아니다. 이걸 만든 회사가 (당시로서는 소련에 속했던) 라트비아에 있어서다. 그런 까닭에 버스의 시리얼 넘버는 회사 이름인 '리가 버스 공장 Рижская автобусная фабрика'을 반영해 나왔다.

현재의 러시아, 특히 극동 지방에는 한국의 중고 버스들이 다니고 있지만, 소련 시절의 중소형 버스(구급차와 영구차를 포함한다)는 대부분 이 회사에서 만들었다. 좀더 출력이 강한(?) 버스는 볼가강 근처에 있는 UAZYA3(울리야놉스크에 있는 자동차 공장이라는 의미)에서 만들었다.

게다가 1950년대 소련이 으레 그러했듯, 서방의 버스(특히 폴크스바겐의 미니버스) 디자인도 꽤 참조했기에 당연히 귀여운 버스들이 나올 수밖에 없다. 소련이 무너진 이후에도 라트비아 자체적으로 버스를 계속 만들다가 결국 1997년에 도산하고 만다. 기사에 따르면 한국의 모 업체도 리가 공장 인수를 타진했던 듯한데 잘 안 된 모양이다.

그런데 2018년 반조립 형태로 전기 미니버스 생산이 계획된
다. 한 우크라이나인(키릴 슈메이코)이 회사 브랜드를 다시 등록하
고 보슈 모터와 리튬이온 배터리로 미니버스를 만들려고 시도한
것이다. 어차피 유럽 전체가 전기자동차로 갈 것이니, 미리 내다
보고 하는 투자일지 모르겠다. 작고 귀여운 전기 미니버스가 계
속 나오기를 바란다.

지역 정보

소련 올림픽 스타디움

루즈니키 스타디움이라 불리며 현재는 축구 전용 구장으로서 2018년 러시
아 월드컵에서도 사용됐다. 1956년 개장했으며 1980년 하계 올림픽 당시
주경기장이었다. 모스크바 루즈니키 가에 위치해 있다.

7.
러시아의 성평등 혁명

이번에 다룰 주제는 러시아의 여성 혁명이다. 보통 러시아 혁명 하면 1917년에 두 차례(2월, 10월) 있었던 혁명만을 기억하는데, 하나 더 있었다. 바로 성 혁명이다. 이것을 결코 간과해서는 안 될 텐데, 20세기 초의 시각에서 볼 때 정식으로 여군을 조직하고 그에 따른 지원 태세를 국가 차원에서 갖춘다는 생각을 다른 나라들은 별로 안 했기 때문이다.

다시 말해 당시 막 태어났던 사회주의 러시아는 케렌스키의 명에 따라 러시아군, 심지어 해군 내에 여군으로 이뤄진 부대를 설치해낸다.

기존에 러시아에 여군이 없었던 것은 아니다. 이미 예카테리나 2세 시절인 1787년 여군으로 이뤄진 중대가 설립된 적이 있다. 하지만 이는 오래가지 못했다. 제1차 세계대전 당시에도 자원 형식으로 많은 여군이 전선에 참여했다. 즉 역사적으로 이 정도

했으니 정식으로 군대에 여자를 받아들여도 되겠다는 인식이 소련 사회에 이미 있었다는 의미다. 이에 따라 여군에게는 바지 착용도 허용된다. 비슷한 시기 프랑스 사회에서는 자전거를 타는 여자들의 바지 착용을 문제 삼았는데, 이에 비하면 러시아가 같은 시기 해군 군복을 사이즈

케렌스키.

만 조금 조정해서 그대로 여군용으로 만들었던 사실은 놀랍다. 얼핏 보면 남녀가 구분이 안 될 정도였다(휘장과 견장만 안 달았다고 한다).

이들은 지금도 러시아 북방함대 기지가 있는 북극 근처의 콜라만으로 배치됐는데, 일단 대중의 호기심을 받은 덕분에 전문 기자가 따라붙어 이들의 일거수일투족을 사진으로 남겼다. 그런데 여기에는 사연이 좀 있었다. 다른 해군 기지들이 여군을 안 받으려 했던 탓에 만성적으로 자원자가 부족한 북극 근처로 보낸 것이다.

하지만 바로 그해 10월에 일어난 볼셰비키 혁명 때문에 여군에 대한 지속적인 지원은 불가능했다. 케렌스키에서 레닌으로 정권이 바뀌면서 기존의 여군은 유니폼을 반납하고 비서나 잡역, 요리사가 되었던 것이다. 그래도 한 가지는 증명됐다. 여군을 훈련시켜서 군대에 배치하는 실험이 성공했다는 점이다.

제2차 세계대전 당시 소련이 여군을 얼마나 잘 활용했는지는 알 것이다. 공산당이 정권을 접수한 1920년대 이후, 소련은 해군사관학교에서도 정식으로 여군을 받기 시작했고 실제로 그들을 함선이나 해군 항공기 조종사로 배치했다. 이들은 공산주의가 애초에 그렸던 '여성의 아름다움'과도 맞았다. 남자의 옷차림과 같은 패션 및 헤어스타일도 인기를 끌었다. 짧은 머리에 자유롭고 속박되지 않은 스타일, 모자, 가슴을 가리는 두툼한 재킷, 허리를 잘록하게 하는 가죽 허리띠…… 그렇다, 1920년대 소련 여자들은 치마만은 포기하지 않았다. 거기에다 한 가지 더 있다.

1917년 러시아 혁명이 일어나면서 같은 해 동성애 조목을 형법에서 폐지한 것이다. 심지어 정보 및 비밀경찰을 맡았던 소련 국가정치총국ГПУ 직원 중에 남자 직원으로 등록해 들어온 여자 직원도 있었다. 그녀는 1918년부터 비밀경찰에 복무하면서 남자 옷을 입고 남자처럼 얘기했는데 동료 중 누구도 그녀의 성을 의심하지 않았다고 한다. 심지어 1922년에는 한 여자와 결혼하고 입양아도 한 명 들인다.

게다가 불륜까지 저지르고, 여자인 점이 발각돼서 '자연을 거스르는 죄'로 소송까지 당했지만, 당시 소련 법원은 이를 인정하지 않고 결혼도 그대로 유지시킨다. 이후 그녀는 입에 술을 대기 시작했고 여러 여자를 괴롭힌 죄로 체포도 여러 번 당한다(뭔가 러시아 남자스러운 결말이다).

여담이지만 동성애에 대해 스탈린은 다시 형법 안에 포함시켜서 유죄로 만들었고, 1991년 옐친 때 이르러서야 형법상 죄에서 사라진다. 즉, 1917년에서 스탈린이 집권하기 전까지, 여자는 물론 동성애 커뮤니티에서도 짧다면 짧다 할 수 있는 '혁명' 기간을 거친 셈이다.

지역 정보

콜라만
북극해의 일부로서 바렌츠해의 피오르드로 구성되어 있다.

국가정치총국ГПУ
소련 시절 국내 방첩기관의 역할이었으며 현재도 같은 빌딩에 연방보안국 ФСБ이 위치해 있다. 모스크바의 루비얀카 가에 있다.

8.
소련의 우유 패키지

　이번에는 소련의 1950~1970년대 우유갑 이야기를 하려 한다. 이 이야기의 흥미로운 점은, 제2차 세계대전 이후 소련과 미국이 이른바 체제 경쟁에 돌입하면서 비단 군사력만 뽐내지 않았다는 데 있다. 정말 두 초강대국은 온갖 면에서 상대를 이기려 했는데, 그중 하나가 바로 우유였다(여담이지만 소련 체제의 거의 막바지였던 1989년 당시 소련은 1인당 우유 소비량으로 미국을 이겼다! 소련은 378킬로그램, 미국은 263킬로그램).

　'도대체 왜 우유가?'라고 할 수 있을 텐데, 일단 논문 한 편부터 소개하겠다. 페테르부르크의 국립고등경제학대학 카치트코바 교수가 작성한 「소련의 우유와 우유 패키징」이다. 또한 러시아 사람들은 지금보다 소련 시절의 우유 품질이 더 좋았고 고급이었다는 인상도 갖고 있다.

　어떻게 보면 당연한 일이다. 그 당시에는 국가적 경쟁 차원에서 우유 제품을 만들었고 정말 넓은 소련 전역에서 자원이 나왔기 때문이다. 우선 중요한 사건은 '부엌 논쟁Kitchen debate'(1959)이다. 서로 누가 우월한가에 대한 흐루쇼프와 닉슨의 말싸움이긴 했지만, 이 논쟁을 통해 실질적으로 미국보다 뒤떨어진다고 생각했던 소련 지도부는 대대적인 생활 환경 개선에 나선다.

즉, 흐루쇼프 정권이 생각했던 이상적인 노동자의 집(흐루쇼프의 이름을 따서 흐루숍카хрущёвка라 불렀다)의 부엌에 딱 들어맞는 환경으로 개선해야 한다는 의미였다. 이때 우유가 문젯거리로 떠오른다. 소련 인구의 다수를 차지하는 슬라브계 민족도 근본은 서양인 터라 우유를 많이 마셨는데, 당시(1950~1960년대 이야기다) 소련의 우유는 대부분 아침에 도시로 나오는 공급 차를 통한 배급 아니면 유리병 공급의 형태였다.

우유 유리병은 요새 느낌으로는 상당히 고급스럽다는 느낌과 함께 '재활용이 쉽겠군' 하는 이미지를 주는데 예전에도 유리병이 싸지는 않았었다. 게다가 유리병은 우유 보존효과가 별로 없었다. 그뿐만 아니라, 흐루숍카의 부엌 안에 들어가기에는 병자체의 크기도 컸다. 나아

1957년 소련에서 만든 포스터.

1959년 흐루쇼프와 닉슨(당시 부통령이었다)의 부엌 논쟁 장면.

가 생각보다 재활용 비중도 그리 높지 않았다. 자본주의 국가든 공산주의 국가든 유리병에 흠집이라도 있으면 가게에서 안 받아 줬으니 말이다.

그에 대한 해결책으로 등장한 것이 바로 우유갑이었다. 종이 사용의 발전이자 진보였던 것이다. 하지만 당시 보통의 종이로는 우유의 신선함을 보존하기 어려웠다. 소련의 일반 주택들에서 냉장고를 갖춘 곳도 별로 없었고 말이다. 즉 종이에 화학 처리가 필요했다.

문제는 서구 국가들이 만드는 우유갑에 필적할 만한 종이·폴리머 생산 시스템이 소련에 없었다는 사실이었다. 당시 소련이 만들던 황산염 펄프로는 역부족이었다. 그래서 주변 서구 국가들로부터 기술을 도입하거나 베끼기 시작하는데, 핵심은 스웨덴의 테트라팩이었다.

다행히 테트라팩의 발명가이자 기업 회장인 한스 라우징의 러시아어 실력이 출중했다. 또한 스웨덴은 공산권 수출규제위원회CoCom의 회원국이 아니어서 소련과의 무역에서 상대적으로 자유로웠고, 우유갑을 전략 무기로 취급하는 분위기도 아니어서 1959년에 첫 생산 기계가 소련에 인도된다. 1962년이 되면, 소련은 이제 서방의 기술로 우유갑을 만들기 시작한다.

정리하자면 1950~1960년대 흐루쇼프의 서방 생활 수준 따라잡기 정책 목표가 소련의 우유 포장 상황을 바꿔버렸다는 얘기다. 그리고 여기에 중대한 조연 역할을 한 곳이 스웨덴의 테트라팩이었다. 하지만 반전도 하나 있다. 소련이 사라질 때까지 전체 우유 중 종이 우유갑의 비중은 유리병의 비중을 넘지 못했다.

우유 배급 장면.

지역 정보

모스크바 미국 전시회(1959)

이른바 부엌 논쟁을 촉발시켰던 전시회로서 1959년 7월, 모스크바 소콜니키 공원에서 개최됐으며 당시 닉슨 부통령이 소련을 방문해 흐루쇼프 서기장과 같이 전시회를 관람했다. 전시회의 목표는 미국의 예술과 패션, 자동차, 자본주의, 모델하우스, 미래 기술을 보여줘서 우위를 확인시키자는 것이었다.

전시회가 개최된 소콜니키 공원은 모스크바에서 가장 오래된 대형 공원이며 14~15세기에 조성됐다. 전설에 따르면 1382년 토크타미시 칸의 침공을 막기 위해 모스크바 대공국의 대공, 드미트리 돈스코이가 소콜니키 공원에서 군사를 규합했다고 한다. 현재의 모습을 갖춘 건 1878년부터였고 모스크바 동쪽의 소콜니키 구역에 위치해 있다.

9.

크라스나야 모스크바

사실 소련 하면 생각나는 것은 화장품이 아니다. 그런데 소련 시절, 아니 아예 제정 러시아 시절의 마지막 시기부터 지금까지 생산되고 꽤 인기 있는 제품이 하나 있다고 하면 믿을 수 있겠는 가. 제아무리 중후하고 장대한 공업 위주의 소련이라 하더라도 소비자용 제품도 당당히 한몫하던 사회가 소련이었다.

바로 크라스나야 모스크바Красная Москва, 붉은 모스크바라 는 이름의 이 향수가 처음 만들어진 건 차르 니콜라이 2세 때 였다. 당시 제정 러시아 창립 300주년(1913)을 기념으로 차르의 어머니를 위해 제정 러시아에서 화장품을 담당하던 프랑스인들 이 만든 향수, '황후가 좋아하는 부케Le Bouquet Preféré de l'Impé ratrice'가 그 원본이었다.

그러나 곧 러시아 혁명이 터지고 프랑스인들도 쫓겨나거나 도 망친다. 이들이 프랑스에 귀국해서 만든 향수가 샤넬 No.5라는 전설이 있는데, 실제로 두 향수는 매우 비슷한 느낌이라고 한다. 그런데 위 단락의 내용은 문서 기록이 확실히 남아 있지 않은 듯하다. 그러므로 문서로 확실하게 남은, 소련의 화장품과 향수 산업을 얘기할 때 거론하지 않을 수 없는 인물이 한 명 있다. 화염병으로 유명한 몰로토프…… 아니, 바체슬라프 스크랴빈의 아내인 폴리나 젬추지나Полина Семёновна Жемчужина(1897~1970)다.

유대인 가정에서 태어난 젬추지나는 유대인 지식인들이 으레 그러했듯 열혈 볼셰비키였고 남편인 몰로토프가 레닌 사후에 줄을 잘 선 덕택에 스탈린 정권하에서 잘나갈 수 있었다. 게다가 스탈린 부부와 몰로토프 부부는 한때 같은 아파트에 살아서 스탈린 부인 나데즈다와 친해졌다.

여담이지만 젬추지나는 나데즈다와 친했기 때문에 나중에 스탈린의 미움을 산다. 한번은 저녁 식사 자리에서 스탈린이 부인을 공개 비판했는데 젬추지나가 나데즈다를 위로했던 것이다. 나데즈다는 비난을 받은 이튿날(1932년 11월 9일) 권총으로 자살한다.

공식적으로 크라스나야 모스크바의 생산 시작 연도는 1925년이다. 물론 이걸 그냥 만들지는 않았다. 소련의 화장품 공급 국영 기업인 테제Тэжэ(액화 제품 합자 기업을 의미하는 Трест Жиркость 혹은 Трест жировой промышленности Москвы의 준말이다)를 통해서 제작했다. 테제의 설립 시기는 제정 시절 러시아에 있던 프랑스인들의 화장품 회사인 랄레와 브로카르 등 여러 기업을 합병시킨 1921년이었다.

테제는 소련 내 화장품 공급을 거의 독점하다시피 했다. 그리

크라스나야 모스크바.

고 그 본격적인
시작은 스탈린의
제1차 및 제2차
경제개발 5개년
계획이었다.
　이 계획은 기
본 생필품 공급을 최우선으로 했다. 젬추지나는 1930년 테제의
공장을 하나 맡았다가 1932년부터 아예 테제 그룹 전체 총괄로
승진한다. 경제학과 출신이기도 하지만 무엇보다 적백내전 기간
에 프로파간다를 맡았던 그녀였다. 게다가 워낙 친한 스탈린에
게도 막말을 하는 인물이었다. 다음은 당시 요식산업부를 맡고
있던 미코얀의 증언이다.

　"그녀는 스탈린에게, 우리 공장은 비누와 화장품, 향수를 충분
히 제조할 수 있는데 소비자부에서 원료 공급을 안 해줘서 인민
을 위한 중요 제품들을 만들 수 없다고 불평, 불만을 제기했다.
그 말을 듣자마자 스탈린은 나보고 화장품을 직접 맡으라고 지
시 내렸다."

　스탈린의 지지도 얻었겠다, 젬추지나는 일반 국민이 스탈린에
게 쓰는 편지를 이용해서 많은, 아주 많은 재료를 확보한다. 당시
소련 정부는 일반 국민이 스탈린에게 편지를 쓰도록 독려했다.
인민의 의중을 반영하기 위함이라는 목적에서였다. 그녀는 이 편

오른쪽의 여성이 폴리나 젬추지나다.

지들이 당과 인민의 명령이라며 미코얀을 압박한 것이다. 그 결과 품질 좋은 화장품들이 생산되었고, '붉은 모스크바'도 그 결과물 중 하나였다.

게다가 마케팅 포스터, 패키징 디자인도 아르 데코와 공산주의의 만남으로서 눈길을 끈다. 원래 프로파간다 전문가였던 젬추지나는 이들 디자인까지 이끌었다고 한다. 아이들이 색깔에 끌리듯, 어른들은 패키지 디자인에 끌린다는 말도 했다고 하며, '붉은 모스크바'라는 작명 자체도 젬추지나가 했다.

젬추지나의 말로는 좋지 않았다. 크림반도를 유대인에게 주려 했다는 혐의로 남편인 몰로토프와 강제 이혼당하고 노동수용소에 투옥됐기 때문이다. 스탈린 사후에야 그녀는 풀려났고, 몰로토프와 재결합해 둘은 현재 나란히 묻혀 있다.

소련의 화장품 회사 '테제'는 왠지 불어 단어처럼 들리기도 하니, 화장품이나 미용의 이미지에 딱 들어맞았을 것이다. 물론 이

상한 매력을 풍기는 소련 시절 문화에도 영감을 주고 있다. 테제
는 워낙 대중화되어서 당시 소련의 대중문화에 전반적으로 나타
난다. 대표적인 시가 하나 있는데 아래와 같다.

그리고 향기는 모두 테제, 테제, 테제……

А Духи Все Те Же, Те Же, Те Же……

테제의 입술
테제의 빰
테제의 눈썹
어디에 키스하지?

На губах ТэЖэ,

На щеках ТэЖэ,

На бровях ТэЖэ,

Целовать где же?

지역 정보

노바야 자리야

앙리 브로카르라는 프랑스의 향수 제조업자가 1864년 러시아에서 만든 공
장이다. 모스크바의 파벨 안드레예바 가에 있으며 러시아 혁명으로 인해 소
유주가 국가로 바뀐다. 1930~1932년 젬추지나가 바로 이곳의 공장장을 지
냈다. 현재도 향수를 제조하고 있다.

10.

우주 개발은 어째서
미국에 뒤졌는가

소련은 어째서 달 탐사에 뒤처졌을까? 1960년대 초까지만 해도 미국보다 '월등히' 앞서간다는 인상을 전 세계에 심어줬던 소련인데 말이다. 최초의 인공위성, 강아지, 남녀 조종사, 달 궤도, 우주 유영 모두 소련이 먼저였다. 결론부터 말하자면 주된 이유는 두 가지 정도로 꼽을 수 있다.

첫 번째는 실패를 알리거나 인정하지 않는 공산주의 방식 때문이고, 두 번째는 단일 조직 안에서의 내부 경쟁 때문이었다. 공산주의 방식은 어떻게 보면 치명적이다. 소련이 우주 개발에 있어서만큼 먼저 나아간 것은 여러 분야에 걸쳐 많이 있었다. 다만 그만큼 실패도 많았다. 어쩌면 애초에 의도치 않게 스푸트니크 발사(1957)에 성공한 까닭에 그럴 수밖에 없기도 했다. 승자의 저주라고 할 수 있을까. 1957년 스푸트니크를 올릴 때, 소련은 다들 인공위성을 탑재했던 대륙간 탄도미사일 로켓(R-7)의 강력함에 대한 반응을 기대했다.

게다가 그 초보적인 위성이라는 것이 로켓 개발사를 아는 누구나 기억할 이름인 세르게이 파블로비치 코롤료프Сергей Павлович Королев(1907~1966)가 우겨서 인공위성을 집어넣은 것이었다. 내부적으로, 특히 발렌틴 피트라비치 글루슈코Валентин Петрович Глушко(1908~1989)의 반발이 심했는데, 1957년이 마침 10월 혁명(러시아 혁명) 40주년이었던 터라 흐루쇼프는 코롤료프의 손을 들어줬다. 그래서 스푸트니크의 내부 별명은 코롤료프의 '개인 장난감'이었다.

그런데 '스푸트니크 충격Sputnik crisis'이라는 영어 표현이 생길 정도로 미국 사회에 충격을 준 것은 R-7이 아니라 스푸트니크 위성이었다. 소련 정부 입장에서 보니, 예기치 않게 공산주의의 위대함을 선전한 꼴이었다. 스푸트니크의 성공은 우주로 진출하는 인류이자 해방자인 소련의 위상을 한껏 올려줬다. 자, 이제부터는 오로지 소련의 영광뿐이야!

즉, 실패는 허용될 수 없는 것이었다. 가령 1965년 3월, 생방송됐던 최초의 우주 유영(알렉세이 레오노프)은 다시 우주선에 진입할 때 문제가 좀 있었다. 우주복이 부풀어 올라서 출입구에 안 맞았던 것이다. 이때 텔레비전은 갑자기 클래식 음악 방송으로 바뀐다. 물론 그는 우주복 안의 공기를 빼서 무사히 복귀했고, 지구로 귀환했다.

그러나 당시 시청자들은 모두 그가 사망했으리라 짐작했다. 게다가 이 우주선의 착륙지 또한 일종의 사고(오차가 수백 킬로미터였다)가 생겨서, 소련은 향후 우주 프로그램용 우주선으로 소유즈를 사용한다. 그리고 이듬해에 코롤료프가 사망한다.

이때부터 갑자기 사건 사고가 많아진다. 소유즈 1호는 폭발했고, 새로 디자인한 로켓도 계속 폭발했다(물론 미국도 아폴로 1호의 대참사가 있었다). 특히 달을 향한 소련의 45회의 시도 중 성공 건수는 15건에 불과했다. 3분의 1의 성공률이지만 실패한 사례는 소련의 담당자들 외에 아무도 몰랐다. 이렇게 내부적으로 실패가 누적되어도 외부로 알리지 않으니 해결할 유인도 더 떨어졌다. 게다가 더 큰 이유는 내부 경쟁 격화였다.

이것이 바로 두 번째 큰 이유다. 잠시 시간을 현대로 돌려서, 마이크로소프트가 준이라든가 윈도모바일이라든가 스폿워치라든가 등등 계속 실패만 거듭하고 있을 때 주된 이유로 거론됐던 것이 바로 마이크로소프트 사내 상대평가 시스템이었다. 내부 경쟁을 북돋워서 회사 전체의 생산성을 늘리자는 아름다운 취지였지만, 그 결과는 사내 암투와 정보 독점 전쟁뿐이었다.

흐루쇼프도 똑같은 생각이었다. 달걀을 한 바구니에 담지 말아야 하고, 경쟁을 시켜야 더 아름다운 결과가 나오지 않겠나. 그 결과는 내전이었지만 말이다. 심지어 흐루쇼프는 달 탐사 프로젝트를 두 곳의 디자인실에 각각 맡겼다. 미국은 오로지 NASA 한 곳만 맡았지만 말이다. 3분의 1의 성공률이 이제 이해될 것이다.

그래서 엔진 수를 늘리느냐, 엔진 자체를 강력하게 만드느냐로 파가 갈리고, 위에 나오는 글루슈코는 계속 코롤료프에 반대하고 난리도 아니었다. 소련이 꼭 이상한 분야에 자본주의식 경

스푸트니크호.

쟁을 도입해서 별로인 결과를 내는 것 또한 이번이 처음이 아니었다. 인터넷이 될 뻔했던 소련의 통신망도 마찬가지 운명을 겪었다.

그에 따라 달 착륙 경쟁은 미국이 앞서갔다. 1969년 7월 13일, 아폴로 11호가 올라가기 3일 전 소련의 루나 15호도 상공에 올라갔다. 궤도에 안 부딪히게 하자고 최초의 미·소 간 우주 협력이 있기도 했지만, 루나 15호는 달에 충돌하면서 실패작이 되고 만다. 물론 소련 또한 달에 무인 차량을 보내 달 토양 샘플을 지구로 가져오는 등 업적을 남기기는 남겼다. 그러나 지금은 모두 아폴로 11호만 기억한다.

게다가 미국은 관대했다. 닐 암스트롱이 달에 내려갈 때 그는 지구에서 챙긴 '패키지' 좀 내보내라고 버즈 올드린에게 명한다. 이 패키지 안에는 1967년 아폴로 1호의 사망 대원들과 당시 이미 사망했던 유리 가가린, 소유즈 1호 폭발로 사망한 블라디미르 카마로프를 기리는 메달이 담겨 있었다.

지역 정보

바이코누르 우주 기지

소유즈를 발사하기 전에 촬영한 우주 기지 및 부란 박물관이다. 실제로 우주왕복선을 위해 테스트했던 기체를 활용하고 있다. 카자흐스탄 바이코누르에 위치한 소련, 그리고 러시아의 우주선 발사 기지다. 현재는 러시아가 카자흐스탄에게 임대료를 주고 사용하고 있으며, 코롤료프와 유리 가가린이 거주했던 집을 포함한 작은 박물관도 있다.

11.
소련의
마지막 흔적 .su

역사는 이상한 방식으로 그 흔적을 남기기도 한다. 지금은 더 이상 존재하지 않는 국가, 소련의 최상위 인터넷 도메인 .su의 이야기다.

나라 이름에 따른 인터넷 주소는 국제인터넷주소관리기구 ICANN 산하 인터넷 할당번호 관리기구IANA에서 지정한다. IANA 는 1988년에 설립됐으며, 곧바로 여러 나라에게 이 주소 저 주소를 할당하기 시작했다. 그래서 소련도 1990년 9월 19일 '.su' 주소를 부여받는다. 당연히 소비에트 유니언의 준말이다.

소비에트 유니언의 준말이라니, 차라리 .ussr이 낫지 않을까 싶은데 .su 도메인을 제안했던 인물은 소련인도 아니고 열아홉 살 먹은 한 핀란드 대학생이었다. 애초에 소련의 유닉스·데모스 망은 중립국 핀란드를 통해서 서방과 연결됐었고, UUCP(전송프 로토콜)을 이용해서 소련과 세상을 이어준 것이 바로 핀란드 대학생인 페트리 오위알라Petri Oyala였다.

그런데 그로부터 15개월 후, 소련이 분리되어버린다. 그 강대한 제국이 무너질지는 정말 막바지까지 아무도 예상치 못한 터였다. 하지만 .su 주소는 지금까지도 끈질기게 살아남아 있는 데다 작동되는 것은 물론 새로운 주소 등록도 받고 있다(참고로 새로운 .su 주소 등록 비용은 1년에 페이팔로 29.95달러다). 잠깐, 그때 무너진 국가가 소련만은 아닐 텐데요?

좋은 지적이다. 유고슬라비아는 .yu, 동독은 .dd(독일민주공화국의 약자다. 서독은 참고로 독일연방공화국), 체코슬로바키아는 .cs였다. 이들 모두 사라졌으며, 신규 등록을 받지 않고 있다. 그렇다면 도대체 .su 도메인은 어떻게 살아남은 것일까? 러시아의 음모일까?

의외로 살아남은 이유는 행정 지체 및 저항에 있었다. 러시아의 도메인인 .ru가 소련 붕괴 직후인 1991년이 아니라 1994년이나 되어야 등장했기 때문이다. 즉 소련 붕괴 이후 인터넷 사이트를 만들려는 구소련계 주민·법인들은 어쩔 수 없이 .su 도메인을 이용해서 등록해야 했으며, 이왕 살아 있으니 계속 살려둬야 한다는 IANA 내 러시아계 직원들의 저항이 있었던 것이다.

게다가 러시아 내 인터넷 주소 할당을 위해 2001년부터 활동한 러시아공공네트워크연구소는 .ru는 물론 .su도 관리하기 시작했다. 그래서 현재 .su를 사용하고 있는 인터넷 주소는 11만 9423개소가 있다고 한다.

그렇다면 나라도 없는데 누가 이 .su를 사용하고 있을까? 소련에 대한 향수를 갖고 있는 이들인가, 아니면 우크라이나 동부의 친러시아 단체의 웹사이트인가, 그것도 아니라면 푸틴을 옹호하는 외곽 청년 조직인 '우리들Наши'인가? 특기할 만한 점은 많은 사이버 범죄 단체가 이 주소를 사용하고 있다는 사실이다. 스팸과 DDoS 공격, 인터넷 사기에 사용된다는 얘기다. 이들은 단순 사기에 그치지 않고 미국 선거에도 개입한 모양인데, 가령 Exposed.su는 트럼프와 밋 롬니, 미셸 오바마 등의 신용 내역을 누출했다고 한다(사이트는 현재 사라졌다). 그렇다고 해서 .su 주소가 사라지는 일은 러시아가 있는 한 없을 것 같다. 역사를 보면 발해 부흥 운동은 거의 200년간이나 지속됐다. 영국인들의 .eu 도메인 요구 또한 20년은 더 갈 수 있으며, 소련에 대한 향수는 분명 대를 넘길 것이다.

지역 정보

러시아공공네트워크연구소PocHИИPOC
모스크바 아카데미카 쿠르차토프 가에 위치해 있으며, .su 및 .ru 도메인을 관리하고 있다. 여담이지만 러시아가 워낙 큰 나라이기에 러시아의 도메인은 국가 앞에 지역을 붙이기도 한다. 가령 .msk.ru는 모스크바, .spb.ru는 상트페테르부르크를 의미하는 주소다.

12.
소비에트의 구내식당

이번 글은 소련 시절의 구내식당에 대해 다루려 한다. 사실 그 시절의 구내식당을 재현한 곳이 하나 있는데, 바로 모스크바 굼TУM 백화점 3층에 있는 스톨로바야столовая 57이다. 스톨로바야라는 단어 자체가 구내식당이라는 뜻이다. 요즘 이곳이 힙하다고 뜨는 모양이며, 줄을 서서 꽤 기다려야 밥을 먹을 수 있다고 한다.

그런데 잠깐, 구내식당이라고? 맞다. 스톨로바야는 고유명사가 아니라 일반명사다. 구내식당 얘기를 좀 하자면, 구소련은 구내식당을 하나의 국가 정책으로 추진했다. 개개인이 요리한다는 것은 자원 배분에 있어 비효율적일 뿐 아니라(어떻게 보면 공산주의야말로 자본주의식 효율을 극단적으로 잘못 해석한 사례라 할 수 있다), 구내식당의 확산은 여성을 '부엌의 노예'로부터 해방시키고 영양을 개선한다는 정책이었다. 물론 실질적으로 식량 공급을 통

제할 수 있는 수단이
기도 했다.

이런 생각은 어떤
결과를 낳았을까? 레
닌 시절의 소련은 싹
다 공동 식사로 바뀌
었다. 무시무시한 말
이기는 한데, 이럴 때
는 군대의 경우와 동
일한 문제가 발생한
다. 사상성이 중요시
되니 요리 실력보다
는 그냥 정치적으로
임용된 요리사가 많

"부엌의 노예 사절"이라는 메시지를 담은 그리고리
세갈의 포스터.

았던 것이다. 심지어
크렘린 내 구내식당
도 맛과 위생 면에서 형편없었다. 레닌이 몸소 검역을 실시하라
고 여러 번 명령을 내렸을 정도다.

1930년대부터는 '표준화'가 이뤄지면서 좀 나아졌다고 한다.
가령 수프에 고기를 몇 그램 넣는지, 대학생과 관료를 대상으로
하는 식당에는 쇠고기를 몇 그램을 넣는지 등을 정했다. 당연히
쇠고기 비중은 대학생보다 관료들의 식사에서 높았다.

그러나 제아무리 표준화를 해도 그 넓은 소련 땅의 모든 구내

식당이 일률적일 수는 없었고 결국은 도농 간의 격차가 심해졌다. 개별 요리사들의 실력만이 아니라 제공받는 식재료도 차이가 날 수밖에 없었기 때문이다. 그런 탓에 여러모로 자본주의적인 정책을 도입했던 흐루쇼프는 '사회주의 경쟁' 정책을 구내식당에 실시한다. 요새 말로 하자면 규제 완화를 도입한 셈이다.

하지만 공산주의는 공산주의다! 식량난이 끊이지 않았기에 구내식당 취직은 사람들에게 선망의 대상이 되었다(그래야 식재료를 빼돌릴 수 있으니까). 그렇다 하더라도 어째서 이런 구내식당이 생겼을까? 소련 시절에 대한 로망이 아직 남아 있어서일까? 물론 이 식당이 붉은 광장 근처에서 제일 저렴한 식당이라는 이유가 크긴 하다. 600루블이면 충분히 한 끼를 해결할 수 있는데, 즉 2020년 12월 기준으로 9000원 정도다. 더군다나 모스크바는 해외 관광객은 물론이고 러시아 각 지방에서 구경 오는 자국 관광객도 많으며(어떻게 보면 미국 국내 관광객이 많은 뉴욕과 비슷하다), 그들은 풍족하지 않다.

그러고 보면 러시아 디저트 중에 카르토시카картошка라는 게 있다. 직역하면 '감자'라는 의미인데, 이게 이름처럼 감자는 아니다.

카르토시카.

남은 빵, 케이크, 과자, 코코아파우더로 만든 맛있는 디저트로, 만든 모양이 감자 같아서 그런 이름이 붙었다. 당시 소련은 식재료 함량, 사용량, 잔여량 등을 모두 문서로 남겼기에, 처벌을 피하기 위해 남은 재료를 활용해 나온 디저트가 카르토시카였다. 구소련이 남긴 아름다운 디저트 중 하나인 카르토시카를 먹고 싶다.

지역 정보

굼 백화점

'굼гум'이라는 단어 자체가 '국가 백화점государственный универсальный магазин' 의 약어인데 소련이 러시아로 바뀌었어도 백화점 이름은 변경되지 않았다. 국가를 의미하는 단어인 государственный가 메인을 의미하는 단어 главный로 교체됐기 때문에 '굼' 자체를 바꿀 이유는 사라진 것이다. 제일 유명한 곳은 붉은광장에 있는 지점이다.

13.

소비에트 인테르네트

1991년 소련 잔당의 쿠데타를 막아낸 주역 중 하나는 당시 소련에 막 연결됐던 인터넷망이었다. 당시 소련의 네트워크는 내부 네트워크망으로서 렐콤РЕЛКОМ이 깔려 있었는데, 최초의 설치(및 유럽과의 연결)는 1990년에 이뤄졌다. 소련 잔당은 구시대 인물들답게 전화와 텔레비전만 막으면 될 줄 알았지만, 핀란드를 통한 네트워크망이 살아 있어서 옐친의 선언문이라든가 당시 상황을 서구에 전달할 수 있었다.

당연한 말이겠지만 일반적인 의미의 네트워크가 그때 처음 생기지는 않았다. 혹시 미국의 아파넷ARPANET처럼 소련도 전쟁에 대비한 네트워크망을 고안하지 않았을까?

물론 소련에서도 인터넷 구상이 있었다. 때는 1952년으로, 소련의 한 비밀 도서관에서 노버트 위너Norbert Wiener(1894~1964)의 걸작 『사이버네틱스Cybernetics』(사람의 신경 작용을 신호로 변

환하는 기술에 '사이버네틱스'라
는 이름을 붙였다. 인공지능 연구
의 효시라고 봐도 좋다)를 영어
로 읽던 한 장교가 있었다. 그
의 이름은 아나톨리 이바노비
치 키토프Анатолий Иванович
Китов(1920~2005), 줄여서 A. I.
키토프인데, 그는 선임 과학자
들의 도움을 받아 이 책을 러시
아어로 번역한다. 이성적인 마
르크시스트 정권에 최신 과학
기술을 추가해주자는 의도였다.

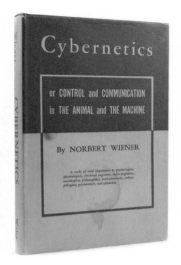

노버트 위너의 『사이버네틱스』.

이에 1959년 군 기밀 컴퓨터
연구소장에 오른 키토프는 국가 경제 계획을 더 잘 실천하기 위
해 신뢰성 있는 계산 처리 연구에 돌입하고 보고서를 작성한다.
이내 '붉은 책'으로 알려진 이 보고서를 흐루쇼프 앞으로 보냈다.
하지만 정성스럽게 작성하면 뭐하나, 중간 간부가 이 보고서를
들여다보고는 아래와 같이 대화를 나눴던 것이다(키토프의 보고
서를 기각시킨 장본인은 당시 공산당 총서기 브레즈네프였다고 한다).

"동무, 문제가 생기면 노동자와 농부들을 모아서 집단적으로
논의하고 자문을 받아서 결정을 내리면 되오."

"레오니트 일리치 동지, 동지가 앓아누워도 똑같이 불러서 논
의하고 결정 내릴 겁니까?"

무엇이 문제였을까? 그의 보고서에는 군사용 컴퓨터를 야간에는 민간에게 개방하자는 내용이 있었다. 계획경제 실무자들이 야간에 성능 좋은 군사용 컴퓨터를 사용하여 능률을 높이자는 의미였으며, 심지어 1950년대 후반이었던 당시의 군용 컴퓨터 성능이 미국에 비해 뒤떨어진다는 비판도 있었다. 그리하여 이 제안은 바로 기

빅토르 미하일로비치 글루시코프.

각된다. 그리고 그는 1년간 당원증을 빼앗기고 군 연구소에서 영구 축출된다.

하지만 그에게는 사돈이 있었다(그 당시에는 아직 사돈관계가 아니었다). 사돈이 그의 유지를 이어받아 2차로 인터넷 시도를 하는데……. 그의 이름은 빅토르 미하일로비치 글루시코프Виктор Михайлович Глушков(1923~1982)이고, 그의 프로젝트명은 '국가 경제의 회계와 계획, 관리를 위한 정보 처리 및 습득용 자동화 시스템 전국망'이었다. 오가스OGAS, ОГАС라고 불리는 이 계획은 전화선을 이용한 전국적인 네트워크망이었다.

전국(유라시아 대륙 전체) 관공서와 기업, 공장, 농장을 잇는 오

가스의 구조는 소련답게 세 가지 피라미드 시스템으로 나뉘기는 한다. 최상층에는 모스크바에 설치되는 연방 차원의 네트워크망, 중간층에는 이 망에서 연결된 200개 정도의 대도시 네트워크망, 최하층은 주요 지방 시설에 연결된 2만여 컴퓨터 터미널이다.

또한 오가스는 신경망처럼 작동하는 개념이었다. 소위 '폰 노이만 병목 현상'이라 불리는 데이터 병목 현상을 피하기 위해 도입한 기술 때문이었다. 글루시코프는 '매크로 파이핑 처리' 모델을 도입하는데, 이 모델은 인간의 두뇌 신경과 유사하게 데이터를 동시 처리하는 방식이다.

오가스에는 그 외에도 인공두뇌와 종이 없는 사무실, 인간과 커뮤니케이션이 가능한 자연어 처리, 또 특이하게 전자화폐 제안도 있었다. 제일 주목할 만한 내용은 아무래도 '정보의 불멸성', 즉 인간 두뇌의 백업 기술 개발일 것이다(「웨스트월드」가 떠오른다).

당연히 예산이 막대하게 소모될 터였다. 때는 1970년으로, 현재 인터넷의 원형인 미국의 아파넷이 가동된 지 1년 후였다. 기술은 물론 마르크스의 『자본』을 암기해서 인용해대는 글루시코프를 논리적으로나 사상적으로나 반대할 인물이 당에는 없었다. 그러나 결정을 내리는 회의에서 브레즈네프 동지는 슬그머니 자리를 비웠고, 알렉세이 코시긴 당 주석 역시 불출석했다.

실질적인 경제 개혁을 위한 재정 확보를 강하게 주장한 바실리 가르부조프 재무부 장관이 승리한 것이다. 그는 컴퓨터 예산이 필요하기는 하다고 말했다. 양계장의 달걀 생산량 증대를 위해서였다. 여기에는 약간의 부연 설명이 필요한데, 양계장에서 컴퓨터로 조명과 음악을 시의적절하게 조절해 배경으로 깔면 닭들이 달걀을 더 많이 낳는다고 한다. 가르부조프 장관에 따르면 민스크에 갔더니 그렇게 해서 생산성이 오르더라는 것이었다. 하지만 오가스 프로젝트는 시기상조라 했고, 지도부는 그에게 설득당했다. 상당히 아이러니한 일이다. 최초의 글로벌 컴퓨터 네트워크는 협조적인 사회주의자처럼 행동하는 자본주의자들 덕분에 태어났다. 경쟁 위주의 자본주의자들처럼 행동하는 사회주의자들이 낳은 것이 아니었다(달걀 생산성 운운을 보라).

글루시코프(그는 소련 최초의 개인용 컴퓨터인 미르-1을 1966년에 제작하기도 했다)는 낙관을 잃지 않았다. 1982년 그는 사망하면서 부인에게 다음과 같은 유언을 남겼다고 한다.

"걱정 마. 지구에서 뻗어나가는 빛줄기가 별자리를 지나갈 테고, 별자리를 지나갈 때마다 우린 젊어 보일 테니 영원함에서 우리는 언제나 함께일 거야."

지역 정보

표트르 대제 전략미사일 사관학교
키토프가 네트워크망을 연구했던 곳으로, 당시에는 제르진스키 포병사관학교라는 이름이었다. 1998년에 현재의 이름으로 변경됐으며, 전략군의 훈련과 연구를 맡고 있다. 모스크바 발라시카 지역의 카르비셰바 거리에 위치하고 있다.

5 부

밀라노와 이탈리아

1.

마우리치오 구치
피살 사건

"자전거 위에서 행복하느니, 롤스로이스 안에서 슬퍼하겠어요."

럭셔리 특집으로 이번 글은 구치Gucci를 다루려 한다. 위의 말을 한 사람은 바로 파트리치아 구치로, 구치의 전 회장인 마우리치오 구치의 부인이다. 그런데 어째서 남편이 '전 회장'일까? 간단하다. 1995년 3월 27일, 출근하다가 총에 맞아 사망했기 때문이다.

누가 마우리치오를 죽였을까? 사실 마우리치오 구치(나중에 이브 생 로랑의 수석 디자이너를 지낸 톰 포드를 발굴해 고용한 인물이다)는 적이 매우 많았다.

(여기서 잠깐, 구치 가문의 이야기는 정말 TV 드라마나 영화로 만들어야 할 듯싶다. 실제로 2019년 11월, 리들리 스콧이 레이디 가가를 주연으로 영화 제작 계획을 발표했는데, 2021년 현재 촬영이 계획대로 진

행 중이고 11월 개봉이
확정된 것으로 알려져
기대감을 높이고 있다.)

런던 사보이 호텔
에서 한때 웨이터를
했던 구치오 구치에게
는 아들이 두 명 있
었다. 바로 로돌포와
알도다. 그중 로돌포
의 아들이 총에 맞아
사망했던 마우리치오

마우리치오 구치.

이고, 알도에게는 파올로와 로베르토, 조르조라는 세 아들이 있
었다. 이들은 모두 가족 간에 대화를 할 때 변호사를 통해 하는
사람들이었다.

먼저 왕자의 난을 일으킨 쪽은 알도의 아들인 파올로였다. 파
올로는 우선 자기 아버지 알도와 큰아버지 로돌포를 몰아낸다!
특히 아버지인 알도는 미국 세무 당국의 조사를 받고 미국 감옥
에서 복역까지 한다. 이때가 1980년이고, 1982년 구치를 차지했
다고 자신했던 파올로는 이사회에서 '문자 그대로' 폭행을 당한
다. 마우리치오와 파올로의 동생들이 파올로를 폭행한 것이다.
이때의 주역은 제일 맏이인 마우리치오였다.

그런데 마우리치오는 얻어터진 파올로에게 손을 내밀고, 바
레인의 투자사를 끌어들여서 지분을 절반씩 차지한다. 그러고

는 그 투자사를 활용해 다시금 파올로를 쫓아내고 제일 순한 셋째 사촌인 조르조를 부사장으로 올린다. 드디어 구치를 독차지한 것이다. 그다음 그는 개인 빚을 갚기 위해 아예 바레인 회사에 지분을 모두 팔아버린 후 바람을 피우기 시작한다. 1985년 그는 출장을 간다면서 집을 나갔고, 그 후로 돌아오지 않았다. 정식 이혼은 1991년에 이뤄졌다. 부인인 파트리치아는 생각했다. 남편을 죽이자……. 그녀는 곧 암살단을 모집했다. 빚쟁이 피자집 주인, 자신의 전속 무당, 도박광인 도주용 차량 운전기사(영화 「베이비 드라이버」가 생각난다면 착각일 뿐이다)로 구성된 이 암살단은 마우리치오 구치의 암살 임무를 완수한다. 회사에 들어서는 그를 쫓아 들어가서 총 네 발을 쏴서 암살시킨 다음 도주에 성공했다. 남편을 죽인 날, 파트리치아 구치는 일기장에 그리스어로 '천국'이라는 딱 하나의 단어를 적었다.

마우리치오 구치 암살단의 구성원은 다음과 같다.

1. 베네데토 체라울로: 유단자이기도 하고 직접 살인을 저질렀다. 종신형을 받았다.
2. 오라치오 치칼라: 도주용 차의 운전사였다. 29년 형을 받았다.
3. 이바노 사비오니: 계획을 구상했다. 20년 형을 받았다.
4. 주세피나 아우리에마: 보통 '피나'라 불렸으며, 파트리치아 구치의 친구이자 전속 점쟁이었다. 19년 형을 받았으나 13년 복역 후 가석방됐다.

하지만 모든 범죄는 흔적을 남기는 법. 전속 점쟁이의 친구, 정확히는 사비오니가 떠벌리는 바람에 모두 잡혀 중형을 선고받는다. 파트리치아 구치는 29년 형을 받았다. 감옥에 투옥된 그녀는 상고를 통해 26년으로 감형을 받았고 2000년 구두끈으로 자살 시도를 했지만 살아났다. 그러고는 2017년, 보호 감찰로 변경되어 풀려났고 이제는 자유의 몸이다. 문제는 비록 암살당하기는 했지만 바람 피워서 도망친 아빠를 별로 그리워하지 않았던 두 딸이 아빠가 엄마에게 주기로 한 이혼 위자료를 어머니가 수령하지 못하도록 막으려 했던 것인데, 그에 대한 판결이 2018년 밀라노 상소 법원에서 있었다.

그런데, 아니 이게 무슨 일일까? 죽은 남편의 내연녀인 파올라 프란키가, 풀려난 파트리치아에게 배상금을 내놓으라며 딸들을 상대로 소송을 벌인 것이다. 그 내막은 이렇다.

이혼하고 2년 후, 그러니까 남편이 암살당하기 3년 전, 구치 부부는 연당 110만 스위스프랑(남편의 거주지가 스위스여서 스위스 통화로 기재되어 있었다)의 이혼 수당에 서로 합의했다. 두 딸 알레산드라와 알레그라는 엄마가 투옥돼 있는 동안 미지급되어 꽤 거액이 된 이 수당(2400만 프랑)을 엄마에게 주지 않기 위해 소송을 시도했지만 상소 법원은 암살과 합의 자체는 관계없으므로 어머니가 수당을 받을 자격은 충분하다는 판결을 내렸다. 물론 두 딸은 대법원까지 상고했다. 대법원은 어떻게 판결했을까? 2020년 11월 이탈리아 대법원은 파트리치아 구치의 손을 들어주었다. 딸들이 어머니를 대신해 배상금을 내야 한다고 판결을 확정한 것이다. 또한 어머니가 마우리치오를 죽였으니 죽인 남편의 내연녀에게 손해를 입혔고, 어머니가 의무를 다하지 못했으니, 그에 해당되는 금액을 제3채무자로서 딸들이 물어야 한다는 내용이다. 막장 드라마의 주인공은 역시 재벌이어야 끝까지 긴장의 끈을 놓지 못한다.

지역 정보

밀라노 코르소 베네치아 38번지
마우리치오 구치가 바로 이 거리 근처에서 살해당했다.

2.
이탈리아 헌법과 프리메이슨

2018~2019년 이탈리아의 반체제 정당 오성운동M5S 및 극우 파 정당 레가Lega의 연정은 숱한 화제를 불러일으켰는데, 연정 프로그램 중 상당히 눈에 띄는 대목이 하나 있다. 바로 프리메이 슨[1]이다. 이들의 연정 프로그램 8페이지에 보면, 이런 대목이 나 온다.

다음에 속하는 인물들은 정부에 참여할 수 없다.Non possono
entrare a far parte del governo soggetti che: (…)
– 프리메이슨에 속해 있거나, 정부의 주요 사안에 이해 충돌이
있는 경우appartengano alla massoneria o si trovino in conflitto

---

1 1717년 영국에서 처음으로 시작됐다고 알려진 이신론에 기반한 사교社交 클럽. 남성 상류층만 가입할 수 있는 것으로 알려졌지만, 현대에 들어와서는 일정 요건이 충족되면 누구나 가입이 가능하다. 전 세계에 지회가 있다.

di interessi con la materia oggetto di delega.

연정 협약도 정부의 공식 문서라고 할 수는 있을 텐데, 이런 공식 문서에 프리메이슨이 아무렇지도 않게 등장하고 있다. 이탈리아가 혹시 전 세계의 그림자 정부라서 프리메이슨이 들어간 것은 아닐까?

다만 이탈리아의 근현대사를 보면 프리메이슨에 대해 이탈리아 정권들이 어떤 태도를 보여왔는지도 알 수 있다. 이를테면 안토니오 그람시는 프리메이슨이야말로 "이탈리아의 유일하고도 진실된, 더 강력한 '부르주아'의 정당"이라고 말했다. 1925년 5월 16일, 이탈리아 하원에서 무솔리니의 비밀결사, 정확히는 이탈리아 전투 파시스트를 불인정하는 법 제정에 맞서서 했던 말이다. 물론 이탈리아에서 제일 위험한 두뇌였던 그람시가 프리메이슨이 좋아서 이런 말을 한 것은 아니다. 프리메이슨을 불허할 경우 다른 정파도 그런 운명에 처하게 될 것임을 내다봤기 때문이다.

현대 이탈리아의 통일 운동을 볼 때, 이탈리아의 통일에는 전혀 다른 문화권인 남부와 북부를 인위적으로 합쳐서 나오는 문제가 있었다. 특히 남부의 마피아는 남부의 치안과 질서를 지키려는 노력의 산실이었다. 여기에 중산층(부르주아)의 친목 모임 프리메이슨도 한몫했고 말이다.

나라를 합치려던 무솔리니는 마피아는 물론이고 프리메이슨도 싫어했다. 이에 '비밀결사' 회원은 정당 가입을 아예 못 하게 만들어서 정부에 들어올 수 없게 법으로 금지시키는데, 사실 현대의 이탈리아 헌법에도 무솔리니 조항은 그대로 남아 있다. 비밀결사의 정부 참여를 금지하는 헌법 제18조다. 하지만 프리메이슨이 더 큰 파문을 일으켰던 사건이 또 하나 있었다. 이름하여 P2 스캔들이다.

무솔리니 몰락 이후, 프리메이슨에 대한 대중의 관심은 현격히 낮아졌다. 그때 '프로파간다 두에Propaganda Due(약칭 P2) 사건'이 발생한다. P2는 이탈리아에서 운영되던 프리메이슨 조직으로서 숫자 2가 붙은 이유는 1966년 리노베이션을 해 다시 태어났다는 의미다. 원래 1877년 이탈리아 통일 후 한가락 하는 신사들(가령 가리발디의 아들)이 모여 세운 프로파간다 마소니카와의 차별화를 위해서다.

프리메이슨의 성격상 세간에 알려지지 않은 채 비밀로 남아 있었는데, 1981년 경찰이 암브로졸리 변호사 사건의 조사를 벌이다가 그 존재가 드러나게 되었다. 마약 중개상 출신으로 마피아 자산을 운용하던 금융가 미켈레 신도나의 은행이 부도나고 이 부도를 처리했던 변호사 조르조 암브로졸리가 살해되는 등 떠들썩한 사건이었다.

아무튼 이 과정에서 프리메이슨 간부 962명의 목록이 드러났다. 미켈레 신도나는 넘버 502였다. 세상에 드러난 P2는 그저 그런 프리메이슨이 아니라 마피아와 바티칸 은행, 이탈리아 은행, 스위스 은행 등이 연결된 대규모 범죄 조직이었다. 간부 명단은 기업인(이 중 실비오 베를루스코니가 들어 있었다)과 정치인, 정보요원 등을 망라하고 있어 프리메이슨이 '그림자 정부' 아니냐는 얘기가 나왔고 이런 음모론이 프리메이슨의 이미지에 악영향을 미치는 원인이 되었다. 특히 P2는 미국이 세계적인 반공산주의 정보망으로 구축했던 글라디오(2006년에야 서류가 공개됐다)에도 손을 뻗고 있었다. P2가 미국에 정보를 제공했기 때문이다.

P2에 가입한 베를루스코니의 P2 회원가입 영수증.

더욱이 P2는 1969년 밀라노 테러, 1980년 볼로냐 테러의 배후였고, 1982년 런던에서 '자살한 채'로 발견된 은행가 로베르토 칼비를 죽인 사건의 범인이기도 했다. 암브로시아노 은행 스캔들(1982)이라 불린 이 사건에서 칼비는 바티칸 은행을 통해 자금 세탁 및 이전을 추진했던 P2 회원이었다. 참고로 교황 요한 바오로 2세가 폴란드 자유노조 운동의 자금 지원을 위해 칼비를 이용했다는 루머도 있다.

이런 사건들이 터지니, 프리메이슨은 1980년대 초 연이은 스캔들로 인해 '현대' 이탈리아에서도 일반적으로 저들이 있는 정치권에는 가기 싫다는 분위기가 형성됐다. 따지고 보면, 이탈리아에서는 프리메이슨이 무솔리니의 금지령을 다시 한번 확인시켜주는 서사 구조로 흘러가고 있다. 개별 사건은 매우 흥미롭지만, 어떻게 보면 상당히 일관성 있는 일이다. 역시 프리메이슨의 음모일까?

지역 정보

밀라노, 모로초 델라 로카 1번지

1979년 7월 11일 저녁, 친구들과 만난 뒤 귀가하던 조르조 암브로졸리가 이 거리에서 살해당했다. 그를 살해한 미국인 윌리엄 J. 아리코는 미켈레 신도나로부터 2만5000달러의 현금과 9만 달러의 스위스 은행 계좌를 받고, 뉴욕시 마피아 중 루케제 패밀리의 헨리 힐로부터는 총을 받았다. 참고로 헨리 힐은 마틴 스코세이지의 영화 「좋은 친구들Goodfellas」의 모델이었다. 이 사건의 주범은 일단 미켈레 신도나였지만, 그 사슬의 꼭대기에는 줄리오 안드레오티 이탈리아 총리가 있는 것 아니냐는 설이 계속 나왔다. 진실은 아무도 모른다.

이탈리아의
군 모집 포스터

발단은 이탈리아 해군
의 군 모집 포스터였다. 이
포스터는 누가 봐도 좀 이
상했다. 다른 건 다 좋은데
하필 포스터 문구가 영어
로'만' 되어 있었기 때문이
다. 만약 우리나라 국방부
에서 만든 포스터에 저렇
게 외국어로만 쓰여 있다
면 어떻게 됐을까? 또 다른
포스터인 2015년 이탈리아

해군 모집 포스터.

밀라노 엑스포 홍보 웹사
이트에 올라온 것을 보자(사이트는 현재 사라졌다). "Very Bello"

2015년 이탈리아 밀라노 엑스포 홍보 웹사이트의 포스터.

라고 쓰여 있다. 번역하면 땡큐 베리 감사라고 농담조로 얘기하는 듯하다. 한 나라의 공공기관이 공식 슬로건으로 이런 표현을 감히 쓸 수 있을까?

그 내막은 이렇다. 학생 수가 4만여 명이나 되는 밀라노의 폴리테크니코는 2011년 세계화를 위해 석·박사 과정 수업을 2014년부터는 모두 영어로 바꾼다고 선언한다. 이 폴리테크니코 디 밀라노는 1863년에 세워진 이탈리아 최대의 기술대학으로 공립학교다. 한국에서도 비슷한 일이 일어났으니 잘 보시라.

이에 소속 교수들이 대학 측을 상대로 소송을 제기했다. 게다가 교수들이 근거로 든 법이 굉장했다. 무려 1933년 베니토 무솔리니 시절에 있었던 칙령(Regio Decreto 31 agosto 1933, n.1592, 정확히는 제271조)이었다. 이 칙령의 내용은 아래와 같다.

이탈리아어는 모든 대학 내에서 교육 및 평가의 공식 언어다

La lingua italiana é la lingua ufficiale dell'insegnamento e degli esami in tutti gli stabilimenti universitari.

그리고 판결은 놀랍게도 교수들의 승(무솔리니에게 영광을)! 하지만 대학 측도 가만있지 않고 항소했다. 그래서 이탈리아 헌법재판소까지 소가 올라갔었다. 영어 수업을 막는 행위가 이탈리아 헌법을 위반하지 않느냐는 게 대학 측의 논리다.

이탈리아 헌법이 어떻게 돼 있는지 문제가 되는 제33조를 보자.

예술 및 과학은 자유로우며, 자유로이 가르친다L'arte e la scienza sono libere e libero ne è l'insegnamento.

직역해서 좀 이상하기는 한데, 전체적으로 보면 공화국이 학문의 자유를 보장한다는 의미다.

즉 헌법에 근거하면 대학이 석·박사 과정 수업을 영어로 해도 괜찮다는 해석도 가능하다. 자유로우니까 말이다(여담이지만 사립학교 설립은 자유이지만, 국가에 운영비를 의존하지 않는다는 내용도 동 헌법 조항에 있다Enti e privati hanno il diritto di istituire scuole ed istituti di educazione, senza oneri per lo Stato).

그러나 이탈리아 헌법재판소는 대학 측의 소를 기각함으로써 교수들 손을 들어줬다. 영어로만 이뤄진 학위 과정 논란이 헌법소원에 해당되지는 않는다는 게 이유였다. 그러자 대학과 교육부까지 나서서 공공기관 관련 행정법원 역할을 하는 국가평의회에도 소를 제기했지만 여기서도 교수들이 승소했다.

영어 학위를 제공하지 말라는 말이 아니다. 영어 학위 과정으로만 채우지 말라는 의미다.

다만 논쟁은 여전히 남아 있다. 외국어로 가르치는 것이 비슷한 문화권과 비슷한 뿌리를 가진 언어권 교수에게도 어려우며, 내용 전달 역시 쉽지 않다는 단점은 분명하지만, 다른 한편으로는 앞으로 전 세계를 상대해야 할 학생들이 '실질적인 공용어'에 익숙해질 수 있다는 장점이 공존하기 때문이다. 결국은 영어 전용 교육에 대한 문제다. 영어만 하는 학생들이 이탈리아 대학에 와서 이탈리아어나 문화를 흡수하지 않은 채('못한 채'가 아니다) 떠나는 현상도 목격됐기 때문에 더 논란이 됐다. 끝으로, 언제나 유쾌한 이탈리아인들은 당시 렌치 총리의 영어 실력을 비웃는 영상들도 인터넷에 올렸다.

지역 정보

폴리테크니코 디 밀라노

약칭으로 폴리미PoliMi라 불린다. 이탈리아 밀라노 피아차 레오나르도 다 빈치 거리 32번지, 레나토 푸치니 거리 2번지, 카밀로 골지 거리 39번지에 있다. 1863년에 설립됐으며 주로 공학과 건축, 산업디자인에 초점을 맞추고 있다.

4.

티라미수는
누가 만들었는가

티라미수 케이크를 언제 처음 먹었는지는 기억나지 않는다. 하지만 가장 인상 깊었던 티라미수는 기억하고 있다. 일본인 요리사 M씨가 거의 달걀 한 판의 절반 크기로 만들어서 내게 생일 선물로 줬던(물론 같이 먹었다) 티라미수다. 당시 나는 M씨에게 남자친구가 없기를 바랐지만 있었고, 그다음 이야기는 생략하기로 한다.

그래서 이번에는 티라미수의 기원을 찾아봤다. 그런데 이미 결론이 나와 있었다. 이탈리아 농식품부에서 2017년 7월에 관보를 통해 원산지를 밝혔기 때문이다(S.O. n. 176 del 29 luglio 2017). 잠깐만, 티라미수가 나온 게 언젠데 2017년에야 '처음 나온 지역'

을 인정받았다는 얘기일까?

잘 알려져 있는 티라미수의 기원은 1960년대 베네토 지방의 트레비소다. 이곳에 있는 알레 베케리에Alle Beccherie라는 식당에서 처음 티라미수가 탄생했다는 것이다. 독일의 한 식당(그래서 합스부르크의 느낌이 티라미수에 남아 있다고 한다, 지역 자체도 예전에는 합스부르크 땅이었다)에서 일한 적 있는 요리사 로베르토 '롤리' 링구아노토Roberto 'Loly' Linguanotto와 식당 소유주인 캄페올Campeol 가족이 만들었다.

하루는 식당의 안주인 알바 캄페올이 '작으면서도 큰'(전형적인 업무 지시다) 디저트를 만들어보라고 주문했고, '롤리'는 커피에 부두아르 비스킷을 녹여서 레이어로 만들어보자는 아이디어에 착안한다. 여기에 설탕과 계란 노른자, 마스카르포네를 섞고 계란 흰자와 커피에 녹은 비스킷 가루를 층층이 쌓으면 티라미수의 원형이 나온다. 끝에는 크림과 코코아를 뿌린다.

그래서 처음에는 베네토 사투리로 기운을 북돋는다는 뜻에서 티라메수tiramesù라는 이름이 붙었으나 나중에 표준 이탈리아어화해서 티라미수tiramisù가 됐다고 한다.

그런데 위에서 언급했던 2017년의 관보에서는 티라미수의 원조가 베네토가 아닌 프리울리라고 명시하고 있다. 어떻게 된 일일까? 맞다, 두 지방 사이에서 원조를 둘러싼 다툼이 있었다.

베네토에서 동북쪽으로 100킬로미터 정도 올라가면(즉 둘이 멀리 떨어져 있지도 않다) 프리울리-베네치아 줄리아에 톨메초라는 작은 마을이 있다. 이곳의 아흔여섯 잡순 노르마 피엘리라는

할머니가 1950년대부
터 티라미수와 비슷한
디저트를 만들어서 먹
었다는 기록이 있다. 할
머니가 드신 티라미수
의 기원은 마리오 콜로
소Mario Coloso라는 요
리사라고 한다. 그는 사
바용 크림과 초콜릿을
이용한 코파 베투리노
Coppa Vetturino(마부의
컵이라는 의미)라는 요
리를 창안했다. 컵 안
의 티라미수였다. 이 요

컵 안의 티라미수.

리사는 1938년 에마누엘레 3세의 지역 방문을 기념하여 이 요
리를 더욱 정성껏 만들었는데, 내친김에 이때 이름도 '국왕의 컵
coppa del re'으로 바꾸었다.

하지만 프리울리 지방에는 약점이 하나 있다. 1940~1950년대
당시의 메뉴판에 '티라미수'라는 이름이 없었다는 점이다. 레시
피는 1960년대에 들어서야 기록으로 나타난다. 그래서 티라미수
전쟁이 불붙었다.

2013년, 베네토 주지사인 루카 차이아(극우 정당인 레가 소속이
다)는 티라미수를 베네토 특산품으로 만들기 위한 운동을 개시

한다. 나폴리 피자처럼 지역 특산품으로 인정받으려는 목적이었다. 이것은 일종의 전쟁 선포였고, 프리울리 지방이 가만있을 리 없었다. 그리하여 서로 자기네가 원조라며 자존심을 건 싸움이 시작되었다.

프리울리에서는 티라미수를 '마스카르포네 조각' 정도로 불렀다고 한다. 하지만 그렇게 되면 티라미수와는 너무 다르지 않은가? 그래서 그들은 증거를 찾아 나섰고 다행히 발견한다. 때는 1946년, 식당 탁자에 앉은 4명의 사내가 위에서 언급한 요리사 마리오 콜로소를 부른다. 그리고 자신들이 먹은 이 디저트는 기분을 북돋우니[2] 마땅히 tiramisu라 불러야 한다고 말했다. 이러한 여러 증거 덕분에 프리울리 지방이 정부로부터 '원조' 마크를 획득하는 데 성공한다.

물론 베네토는 가만히 있지 않을 예정이다. 차이아 주지사는 '끝까지 가겠다'고 발표했다.

지역 정보

베네토 지방의 트레비소
시뇨리 광장에서는 2017년부터 매년 티라미수 월드컵이 개최된다. 2020년은 코로나19로 인해 화상으로 개최됐으며, 오리지널 부문과 창의성 부문으로 나누어 심사한다. 참가자는 꼭 요식업 종사자여야 할 필요는 없으며, 창의성 부문에서는 기본 재료(마스카르포네, 달걀, 커피, 카카오)만 지키면 된다.

---

2 tirare(끌다, 나아가다)의 3인칭 단수 변화인 tira와 '나'의 목적형 mi, su는 영어의 on을 뜻한다. 합쳐서는 cheer me up.

5.

하와이안 피자는
과연 피자인가

2017년 그뷔드니 아이슬란드 대통령이 어느 고등학교를 방문했다가 학생 한 명으로부터 당돌한 질문을 받았다. 파인애플이 과연 피자에 합당한 토핑이냐는 질문이다. 이에 대통령은 자신은 피자를 사랑하는 사람으로서 피자 토핑으로 파인애플에는 반대한다고 답했다.

그뷔드니 아이슬란드 대통령의 말씀은 전 세계 피자 애호가들의 오래된 논쟁을 촉발했다. 파인애플이 올라간 피자에 대한 혐오감이 분명히 존재하기 때문이다. 내친김에 피자의 역사를 얘기하자면, 생각보다 역사가 없다는 것에 놀랄 수 있다. 피자는 비교적 현대에 나타난 음식이기 때문이다.

따져보면 오히려 햄버거의 역사(유럽을 침공한 몽골이 기원이다)가 더 오래됐을지도 모르는데, 현대적인 의미의 피자는 이탈리아 통일 시기에 나타났다. 이탈리아의 국왕 움베르토 1세(재위

1878~1900) 부부가 남부로 시찰을 갔을 때, 나폴리에서 피자를 시켰다는 기록이 있기 때문이다. 프랑스식 요리에 질렸던 마르게리타 왕비는 뭔가 새로운 요리가 없냐고 물었고, 1889년 라파엘레 에스포지토라는 요리사가 이에 피자 3개를 움베르토 1세에게 진상했다.

이 피자들에는 각각 이탈리아 국기의 빨간색(토마토), 하얀색(모차렐라), 초록색(바질)이 들어갔고, 왕비도 이 피자들을 모두 좋아했다. 그래서 왕비의 이름을 딴 마르게리타Margherita 피자가 탄생한다. 에스포지토는 왕비에게 국왕 인장이 찍힌 피자집 허가증을 내달라고 요청했고, 마르게리타 왕비는 인장이 찍힌 감사의 편지를 그에게 보냈다. 그의 피자집은 번성하여 지금도 나폴리에 피체리아 브란디Pizzeria Brandi(에스포지토의 부인의 성씨다)라는 이름으로 남아 있다고 한다. 물론 이 이야기는 일종의 '페이크 뉴스'에 해당된다. 그냥 모르는 채로 있는 편이 더 행복할 테지만 일단 저 서한을 에스포지토 셰프가 받은 것은 맞다. 그런데 연도가 1871년이고, 서명도 그럴듯하지만 왕가에서 사용하는 인장이 아니었다. 결정적으로 왕비가 아니라 왕비의 시종이 서한을 보냈고, 필체도 시종의 필체가 아니라는 지적이 있었다.

기록에 따르면 왕비의 시종은 피자가 아니라 술을 주문했다. 원래 에스포지토의 가게는 피자가 아니라 포도주와 증류주(스피릿) 등 술을 파는 곳이었다. 그렇다면 에스포지토 피자집이 아니라 브란디 피자집인 이유도 혹시 있을까?

처남, 그러니까 브란디 성씨를 갖고 있는 가족 측이 1932년 에

스포지토의 술집을 인수해 피자집으로 만들었기 때문이다. 피자집 홍보를 위해 브란디 가문은 왕비의 방문과 에스포지토라는 이름을 이용하기로 결정 내린다. 받았다는 서한 자체도 연대 측정을 해보면 1880년대가 아니라 1930년대에 만들어진 것이라고 한다.

서한에는 '라파엘레 에스포지토 브란디 씨에게'라고 쓰여 있다. 스페인이면 몰라도 이탈리아 남자 에스포지토가 19세기 후반에 자기 아내 성씨를 끝에 붙였을 가능성은 별로 없다. 현재 브란디 피자집은 1930년대의 브란디 가문과 관계가 없는 곳에서 소유하고 있다. 마르게리타의 신화는 현대에 만들어진 전설이었을 뿐이다.

이제부터는 진짜다. 하와이안 피자의 경우 발명자가 명확하기 때문이다.

1954년, 캐나다로 이민 온 그리스 사람이 한 명 있었다. 그의 이름은 샘 파노풀로스Sam Panopoulos (1934~2017)다. 그가 탄 이민선이 중간 기착지로 나폴리에 들르는 바람에 그는 피자를 한 번 먹어보고 그 맛을 잊을 수가 없었다. 그래서 그는 미시간주 바로 위에 있는 캐나다

채텀에 정착한 다음 인공위성Satellite이라는 식당을 연다. 이 식당은 지금도 존재하고 있다.

1950년대의 피자는 디트로이트와 같은 대도시에 있었지만 곧 캐나다로도 북상했다. 파노풀로스는 반죽과 소스, 치즈, 버섯, 베이컨, 페퍼로니만으로 이뤄진 (지금 같으면 냉동 피자 맛) 피자를 먹고, 맛이 나쁘지는 않지만 특별하지도 않다는 생각을 했다.

그런데 우연히 1959년 하와이가 미국의 주로 편입되면서 미국과 캐나다에 하와이산 파인애플 깡통이 1960년대부터 우후죽순 들어오기 시작한다. 여기서 파노풀로스의 실험정신이 빛을 발휘했다. 파인애플을 토핑으로 올려보자! 이때가 1962년, 하와이안 피자가 탄생했던 때다.

즉 역사가 60여 년밖에 안 된 셈이다. 하지만 마르게리타 및 마리아나 피자만을 피자로 인정할 수 있다는 순수주의자들은 결코 파인애플을 받아들일 수 없었다. 하와이안 피자는 하와이에 대한, 피자에 대한, 인류에 대한 모독이라는 것이다. 앞서 그 뷔드니 아이슬란드 대통령은 그런 맥락에서 자기가 피자 순수주의자까지는 아니지만 파인애플보다는 해물 토핑을 권유한다고 말했던 것이다.

지역 정보

나폴리의 브란디 피자

나폴리의 살리타 산탄나 팔라초에 있다. 사실 브란디만이 아니라 나폴리 피자 자체가 2017년 유네스코 무형문화유산에 올랐으며 18세기 중반부터 나폴리 피자에 대한 언급이 역사에 나오기 시작했다. 1984년에는 '진정한 나폴리 피자협회'가 설립된 이후로 이곳에서 나폴리 피자의 규칙을 제정해왔다. 나폴리 피자는 지방이 전혀 없는 반죽을 특징으로 하고 있으며, 나폴리 피자로 하려면 섭씨 450도 정도의 나무 오븐에 70초가량 집어넣어야 하는 등의 규칙이 있다.

사실 나폴리 피자를 먹는 방법은 1994년 미국의 클린턴 대통령이 알려준 적이 있다. 당시 G7 정상회담 후 나폴리 시내에 들른 클린턴 대통령은 손으로 피자 하나 전체를 싸서 먹었다. 그가 피자를 먹은 식당은 나폴리의 디 마테오 피자. 트리부날리 가에 위치해 있다.

6.
엘레나 페란테,
그녀는 누구인가

엘레나 페란테의 『홀로서기』.

우리는 사람들에 대해 전혀 알지 못해요. 모든 것을 공유했던 사람들조차도요.

Non sappiamo niente delle persone, nemmeno di quelle con cui condividi-amo tutto.

_『홀로서기』

엘레나 페란테Elena Ferrante의 소설을 읽어보셨는지 모르겠다. 그녀가 갑자기 유명세를 탄 이유는 역시나 미국 시장에서 흥행했기 때문인데(그녀의 최신작은 한강의 『채식주의자』와 맨부커상에서 경쟁했다) 『홀로서기』의 감상은 뭘까, 아니에르노에 알랭 드 보통을 더한 것이었다……(내가 받았던 느낌인데, 당연히 독자마다 다를 것이다).

먼저 말하건대, 엘레나 페란테는 내가 좋아하는 스타일의 소설을 쓰고 있다. 물론 나는 아니 에르노나 에마뉘엘 베르넴 등의 건조하기 그지없는 서체를 훨씬 더 선호하기는 하지만, 아무래도 작가별 특징이 나뉠 수밖에 없을 테고, 비영어권 소설을 좋아한다면 엘레나 페란테는 훌륭한 선택임을 보장한다. 아마 현대·현존 이탈리아 작가 중에서는 그녀가 세상에서 제일 유명하지 않나 싶기도 하다.

그런데 엘레나 페란테가 특히 서구 언어권에서 인기를 얻었던 이유 중 하나는 바로 '익명성'에 있었다. 이 익명성은 1992년 그녀의 첫 소설이 나올 때부터 계속 지켜졌고 그동안 과연 엘레나 페란테는 누구인가에 대한 추측이 무성했다. 그리고 그녀의 진짜 정체가 2016년 10월 초, 이탈리아의 일간지 『일 솔레 24 오레』, 독일의 『프랑크푸르트 알게마이네 차이퉁』, 미국의 『뉴욕 리뷰 오브 북스』에 동시에 게재됐다.

정답부터 말씀드리면, 그녀의 정체는 프리랜서 번역가로 그녀의 소설이 나온 출판사와 함께 일하고 있는 아니타 라야(1953~)다. 사실 그녀는 예전부터 엘레나 페란테로 추정되는 후보 중 한 명이었다.

사람들이 작가의 정체를 얼마나 궁금하게 여겼던지 로마대학에서 글 스타일을 추적해 작가를 찾는 프로그램을 제작했을 정도다. 엘레나 페란테의 글과 관련 인사들을 추적한 결과, 후보는

아니타 라야와 그녀
의 남편, 출판사 사장,
페란테 소설의 영어
번역가, 나폴리의 한
대학교수 등이 있었
고, 한때는 엘레나 페
란테가 이름이 주는
뉘앙스와는 달리 남
자가 아니냐는 의문도
제기됐다.

설명을 하자면 엘레
나는 라야의 친척 이
름이고, 페란테는 이
탈리아의 작가인 엘
사 모란테의 성씨에서

페르디난도 1세.

딴 것이 아니냐는 추
측이 있다. 그러나 나는 그녀가 혹시 역사 속에서 유명한 나폴리
의 군주이자 토스카나의 공작 '돈 페란테', 즉 페르디난도 1세(알
렉산데르 6세 혹은 메디치와 스포르차 시절에 활약했던 인물이다)에
서 따오지 않았을까 싶다. 워낙 나폴리가 갖는 상징 때문이다.

하지만 그것만으로는 부족하다. 이탈리아의 저널리스트 클라
우디오 가티는 출판사에 집중해서 취재했다. 특히 직원들의 소득
명세서와 부동산 흐름을 좇았다. 이로써 정체를 알아냈는데, 아

니타 라야 부부가 사이좋게 비싼 저택을 한 채씩 샀기 때문이다. 인세가 들어왔으리라 짐작했던 시기에 말이다. 역시 이탈리아도 부동산이구나라는 생각은 잠시 접어두자. 부동산 등기를 떼어보는 식으로 익명 작가의 정체를 탐사하여 폭로하는 일이 과연 저널리스트가 할 일인가라는 의문이 어제오늘 세계 각지에서 등장한다. 가티를 비난하는 기사도 많이 나왔다. 그냥 익명으로 놔둬도 좋다는 의미다. 독자 여러분의 생각은 어떤가?

사실 로맹 가리 혹은 에밀 아자르를 떠올리는 이도 많을 텐데, 가명으로 문학작품을 쓰는 일이 흔한 건 아니지만 그렇다고 영 없지도 않다. 그녀가 가명을 택한 이유가 있고, 숨은 이유가 있을 테니 그걸 존중해줘야 하지 않을까 싶기도 하지만, 가티는 가티 나름대로의 논리가 있다. 특히 가티는 미셸 푸코의 『저자란 무엇인가Qu'est-ce qu'un auteur?』에 나오는 작가 개념fonction-auteur을 사용해 작가 자신보다는 작가의 기능에 중점을 둬야 한다는 입장이다. 글을 쓰고 나면 작가는 사망한 것으로 치부해야 한다는 것! 미셸 푸코, 롤랑 바르트, 움베르토 에코 등 이런 주장을 한 사람은 아주 많다. 즉, 작가가 누군지 밝히는 일이 작품에 영향을 미칠 일은 없다는 것이다.

둘째, 엘레나 페란테의 유일한 수필집인 『라 프란투말리아La Frantumaglia』는 자신에 대한 여러 디테일을 담고 있지만, 실제 아니타 라야의 삶과는 전혀 관계가 없다. 그녀 스스로 그녀에 대한 거짓말을 남발했다.

셋째, 엘레나 페란테는 공인이다. 따라서 수백만 명의 독자는 작가가 누군지 알 (합법적) 권리를 갖는다.

논쟁이 끝날 수 없는 논리의 대결일 것이다. 독자 입장에서 엘레나 페란테의 사생활을 지켜주고 싶기도 하고, 누군지 알고 싶기도 하기 때문이다. 또 하나. 정황상으로는 아니타 라야와 도메니코 스타르노네가 부부가 맞는 듯하지만, 출판사는 시인도 부인도 하지 않고 있다.

엘레나 페란테의 유일한 수필집인 『라 프란투말리아』.

지역 정보

e/o 출판사

1979년 이탈리아 로마에 설립된 출판사로 엘레나 페란테의 작품들이 여기서 나왔다. 이탈리아어로 '그리고'와 '또는'을 합친 말로서 출판사 이름을 e/o로 정했다고 한다. 로마의 가브리엘레 카모치 거리에 있다.

7.

친퀘첸토와
미키마우스

피아트Fiat의 친퀘첸토Cinquecento(500이라는 뜻)가 우리나라에 공식 수입되었을 때 작은 외형과 달리 가격이 중형차급이어서 충격과 공포를 던졌던 적이 있다. 그런데 현지에서도 가격 면에서는 처음 나타날 때부터 항상 기대를 벗어난 모델이 바로 친퀘첸토였다.

처음 친퀘첸토의 목표는 '국민 차'였다. 이탈리아의 냉장고 회사 이소가 삼륜 자동차 '이제타Isetta'를 생산했던 사례를 보면, 이탈리아에는 왠지 '작은 차'의 영혼이 있는 듯한 느낌이다.

친퀘첸토는 독재자의 명령에 따라 만들어졌다는 점에서 폴크스바겐 비틀과 같다. 베니토 무솔리니는 피아트사에 가난한 이탈리아 사람도 자동차를 살 수 있도록, 5000리라 안쪽으로 쓸 만한 승용차를 만들라는 명령을 내렸다. 이때는 1930년대 중반으로 미국 포드의 '모델 T', 독일의 '비틀'이 나왔던 때이고, 프랑스도 시트로엥이 '2CV'를 만들던 시절이다.(미국과 프랑스는 각각 포드와 미슐랭이라는 기업가가, 독일과 이탈리아는 각각 국가 최고 권력자가 지휘했다는 차이점이 있다.)

500이라는 이름이 붙은 이유는 엔진이 560cc여서다. 그러니 편의상 500(친퀘첸토)이라고 이름을 붙인 것이었고, 원가를 줄이기 위해 피아트는 자동차를 최대한 작게 만들 수밖에 없었다. 그렇게 해서 길이 3.22미터짜리 자동차가 나오게 된다. 너무 귀여운 디자인(사실 1930년대 자동차 디자인은 모두 귀엽다) 때문인지 감히 무솔리니의 명을 어기고 5000리라를 훨씬 뛰어넘는 9000리라의 가격표를 달았음에도 인기가 매우 좋았다(당시 이탈리아의 평균적인 노동자들의 약 2년 치 연봉이었다). 이탈리아 국민은 이 자동차를 사랑해 별명까지 붙였는데, 바로 토폴리노Topolino(미키 마우스)다.

전쟁 후 이탈리아의 경제 재건 과정에서 친퀘첸토 토폴리노는 독일과 프랑스, 인도, 폴란드로 수출되거나 현지에서 생산이 이뤄졌고, 생산이 중단된 1955년까지 이탈리아 내에서만 50만 대 이상이 만들어졌다. 우리가 현재 알고 있는 형태의 친퀘첸토는 진화를 거듭한 훨씬 후손이라 할 수 있다. 게다가 이제타처럼 친퀘첸토도 전기자동차 모델이 존재하며, 「7인의 사무라이」가 「스타워즈」에게, 「스타워즈」가 「건담」에게 영향을 준 것처럼 친퀘첸토가 마티즈에게, 마티즈가 신형 친퀘첸토에게 영향을 주었다. 귀여운 디자인은 결국 다 돌고 돈다.

이소와 이제타 이야기

원래 냉장고를 만들던 회사 이소는 사업 확장을 위해 자동차 산업에 진출했다. 매출 다각화를 위해 해외 라이선스에도 상당한 관심이 있었다.

그런데 그때가 바로 1950년대 초다. 독일 경제가 되살아나기 위한 노력을 경주하던 시기로, 이소를 도와준 건 바로 독일의 BMW다. 주 종목이었던 오토바이만으로는 사업 유지가 힘들었던 BMW는 마음먹고 만든 모델 바로크엥겔Barockengel(직역하면 '바로크 천사')이 장사가 잘 되지 않자 곤란한 상황에 처했다. 그때 BMW의 눈에 쏙 들어온 모델이 이제타였다. 경쟁사인 폴크스바겐 '비틀'이 소유하지 않은 고객들을 사로잡기 위한 저렴한 자동차

이제타.

를 찾고 있던 BMW였지만
BMW는 단순히 판매만
하는 라이선스를 들
여오지는 않았다.

아예 자체 모델
을 만들 수 있도
록 통째로 계약
을 했고(좀더 강
력한 자사의 엔진을 집어넣었다), 그것이 바로 BMW를 세상에 알린
계기가 됐다. 워낙 이 자동차가 인기를 누렸기 때문이다. 무엇보
다 사람들을 사로잡았던 것은 자동차 앞이 활짝 열리면서 사람
이 타는 차체의 구조였다(물론 이 구조는 단점이기도 했다. 다른 자
동차 뒤에 가까이 주차해버리면 문 열고 빠져나갈 수 없기 때문이다).

BMW는 생산 첫해인 1955년에 1만3000대를 팔았고, 이듬해
인 1956년에는 수에즈 위기(영국, 프랑스, 이스라엘이 이집트와 전쟁
을 벌였던 해다) 때문에 더 잘 팔렸다. 워낙 효율도 좋고 값이 쌌
기 때문이다. 심지어 BMW는 이 자동차를 스페인과 브라질, 영
국에 수출하기도 했다. 문제는 워낙 저렴한 탓에 마진이 적다는
점에 있었다. 그래서 재정난이 끊이지 않았던 BMW를 1958년에
크반트 가문이 접수한다. 크반트 가문은 지금도 독일 재벌 2위
이며 BMW를 더 고가의 자동차 위주로 전환하기 위해 1962년
이제타의 생산을 중단했다.

애플로 치면 아이맥과 비슷한 위치일 이 자동차를 보면, 전기

자동차나 자율주행 자동차에 딱 맞는 디자인이 아닐까 한다. 아
니나 다를까, 2020 제네바 모터쇼에서 스위스의 자동차 회사 마
이크로모빌리티시스템이 거의 유사한 디자인의 전기자동차를
내놓겠다는 발표를 했다. 이 모델은 이탈리아 토리노에 있는 제
조회사 CECOMP와의 합작으로 2021년 마이크로리노Microlino
2.0이란 이름으로 생산되어 시판 중이다. 연두색 빛깔에 헤드라
이트가 전면 유리 양옆에 개구리 눈처럼 달려 있어 예상했던 것
이상의 귀여운 모습이다.

지역 정보

CECOMP

CECOMP는 모델 및 프로토타입 생산실험센터Centro Esperienze
COstruzione Modelli e Prototipi의 준말로서 1978년 이탈리아 토리노의
라 로지아 론키 거리에서 탄생했다. 주로 도요타나 마세라티, 란치아와 같은
자동차 회사의 실험용 모델 생산에 주력하는 곳이다.

8.
십자군 시대의 탈세:
베네치아와 피사의
법인세 전쟁

파나마 페이퍼Panama Papers란 2016년 국제탐사보도언론인협회ICIJ가 폭로하여 세상에 알려진 역외 회사의 서류들을 의미한다. 대부분 각국의 유명 인사들이 조세 회피를 위해 세운 회사들로, 주권이 미치는 영토를 이탈한 오늘날의 탈세의 풍경은 세금을 내는 입장에서는 박탈감을 불러일으키는 대표적인 요소라 할 수 있다. 주지하듯이 탈세는 현대의 발명품이 아니며 예전부터 세금을 거두려는 쪽과 내지 않으려는 쪽의 길항은 있어왔다. 가령 우리 역사에도 이런 사례가 풍부하게 기록되어 있는데, 풍년이 든 토지가 서류상으로는 흉년으로 기록됐다든가, 멀쩡히 경작 중인 논밭을 황무지라고 신고한다든가 하는 사례가 많았다.

유럽 십자군 시대는 어떨까? 12~13세기 지중해 연안에는 오늘날 카리브해의 파나마처럼 소형 국가가 많았다. 바로 십자군이 만들어낸 국가들이다. 제1차 십자군 이후 레반트 지역에는

「고리대금업자와 그의 아내」, 캉탱 마시, 1514, 루브르박물관.

네 개의 십자군 국가가 들어섰다. 들어선 순서로 보자면 에데사 백국(1098~1144), 안티오키아 공국(1098~1268), 예루살렘 왕국(1099~1291), 트리폴리 백국(1104~1288)인데 이 가운데 예루살렘 왕국이 나머지 국가들에 종주권을 행사했다. 에데사 백국, 안티오키아 공국, 트리폴리 백국은 십자군에게 정복된 현지의 작은 나라들이었던 셈이다.

이들 신생 소국을 병합해낸 기독교 왕국이 살아나려면 어떻게 해야 했을까? 돈이 있어야 했다. 기댈 곳은 경제적으로 투자

여력이 있는 지역, 북부 이탈리아밖에 없었다. 당시 베네치아나 피사, 제노바 등의 도시국가들은 유럽과의 교역을 위한 해상 교통로 및 병참로를 확보하기 위해 레반트 교역을 희망하고 있었다. 예루살렘 왕국은 이들의 요구를 들어주고 거기에 '특혜'를 얹어줄 수밖에 없었다. 교역 활성화를 위해서 '면세' 혜택도 줬다. 베네치아 등은 조약을 통해 십자군 왕국으로부터 권리를 보장받았으며 치외법권도 행사했다. 대표적인 것이 몰수권 대상에서의 제외다. 그러다보니 운신의 폭도 극도로 컸다. 마지막으로 치명적인 특혜 하나가 더 있었다. 중세 시대에 권력자들과 거래를 트기 위해 상인 세력이 반드시 짊어져야 했던 임무를 이들 북부 이탈리아 기업가는 지지 않았다. 즉, 국방에 힘을 보태지 않은 것이다. 이들 기업가는 대부분 지역 영주라서 힘이 넉넉했음에도 받은 특혜만큼의 군사력을 제공하지 않아도 되었으니 매우 큰 이득이었다. 레반트에서는 중세의 시스템 자체가 돌아가지 않았다.

그리고 베네치아와 피사 사이의 경쟁도 이 시대의 유럽사를 들여다보는 재미 중 하나다. 베네치아는 자신의 관할 지역인 아크레Acre(현재는 아코Akko라 불린다)가 세금이 더 낮다고 사람들에게 열심히 홍보를 했고, 그 결과 아크레는 예루살렘 왕국의 중심지가 되었다. 정작 자신들은 왕국에 세금을 한 푼도 내지 않았으면서 말이다. 베네치아는 이렇게 개미들의 세금을 뜯어내면서 스스로는 탈세를 하며 세력을 키워나갔다.

당연히 예루살렘 왕들은 이들을 탐탁해하지 않았다. 그래서 1131년까지 왕국을 다스린 보두앵 2세는 자신의 영토가 이탈리

아크레.

아 기업들의 관할지이거나 완전한 사유지가 아니라고 선언했다. 이어진 보두앵 3세 시대엔 베네치아의 도량형이 아닌 왕국의 도량형을 사용하도록 했다. 형 보두앵 3세의 뒤를 이어 예루살렘의 왕위에 오른, 보두앵 4세의 아버지 아모리 1세(1136~1174)[3]는 이슬람 세력과 싸우는 와중에 피사의 이탈리아인들을 군사력으로 겁박하기도 했다. 봉토를 유지하고 싶으면 특권을 포기하라는 통첩을 보낸 것이다. 피사의 상인으로 남거나, 예루살렘의 신민으로 남거나 양자택일을 하라는 얘기였다. 오늘날의 말로 하면 아이슬란드의 총리를 하거나, 아니면 그냥 개인 자격으로 파나

---

3 영화 「킹덤 오브 헤븐」에 나오는 가면왕이다.

마 페이퍼의 유령회사로 돈을 벌든가 하라는 것이다. 둘을 같이 할 순 없다. 이 원칙은 일종의 국민 정서법으로서, 1000년이 지난 지금도 유효하다.

이탈리아 도시국가의 상인들로서는 이렇게 호시절이 지나갔다. 힘을 가진 국가가 정치적인 안정을 찾고 세금(혹은 상납금)을 제대로 받고자 하는 것은 인지상정이다.

지역 정보

아코(히브리어: עַכּוֹ, 아랍어: عكا , 알파벳: Akko)
현대의 이스라엘 서북 갈릴레아 지구의 항구도시로서 예로부터 전략적 요충지였다. 여기가 십자군 시대에는 아크레였으며 십자군이 1291년 마지막까지 점유하고 있던 레반트 지역이었다.

9.
미니 국가 '세보르가'

    프랑스와 접경하고 있는 이탈리아 동북부, 모나코와 니스에서 무척 가까운 이곳에 면적 14제곱킬로미터, 인구 370명의 '미니 국가' 세보르가 공국이 있다(외국인을 포함하면 2500명 수준이다). 2020년 8월 이곳에서 제3대 대공 니나 메네가토Nina Menegatto(1978~)의 대관식이 열렸다. 그녀는 모나코에서 학교를 다녔고, 모나코에서 부동산 회사를 운영한 인물이다. 한 나라의 왕이 부동산을 운영하다니 이게 무슨 말인가? 여기엔 사연이 있다.

    세보르가 공국을 정식 국가로 인정하는 나라는 아쉽게도 현재는 없다. 유엔에서도 인정하지 않는다. 하지만 세보르가 측에서는 자신들이 954년부터 역사가 시작된 유서 깊은 공국이라고 주장하는데, 놀랍게도 이는 사실이다. 역사적인 기록이 있다. 954년에 레리노(현재는 프랑스에 속함)라는 곳에 베네딕토회 레리노 수도원이 설립되었고, 당시 벤티밀리아[4]를 다스리던 백작이

세보르가 공국.

세보르가 일대를 레리노 수도원에 기부했다는 기록이다. 공식적
으로 백작령에서 떨어져 나온 것이다. 그러다가 17세기에는 사보
이아 공국의 보호령이 됐다.

문제는 18세기다. 사보이아 공국은 이 땅을 사르데냐 왕국에
매각했는데, 이때의 문서가 너무 부실했던 것이다. 당시에 발행
된 어지간한 공문서를 보관해놓던 관련 수도원에 이 매각을 진
행했다는 등기가 없어 이후에는 세보르가에 대한 소유권이 누

4 이탈리아 북부 리구리아주의 도시. 프랑스 국경 부근 리구리아해로 흘러드는 로
야강 어귀에 위치. 인구 2만6000명이며 꽃시장과 휴양지로 널리 알려져 있고, 크로
마뇽인의 동굴 유적과 고대 로마의 유적이 있다.

조르조 1세로 등극한 농부 출신의 조르조 카르보네.

구에게도 부재한 상태였다.

그래서 어쩌라고? 이탈리아는 1861년의 통일에 이어 1946년 현대 이탈리아의 병합 과정을 모두 거쳤지 않은가. 하지만 세보르가 사람들은 그 통일과 병합에 법적인 근거가 없다고 주장하고 있다. 수도원에 등기 문서가 없다는 사실을 처음 발견한 이는 1960년대 세보르가에서 미모사 농장을 운영하던 농부 조르조 카르보네Giorgio Carbone(1936~2009)다. 그는 이 놀라운 사실을 발견하고 더 놀라운 일을 감행하는데, 1963년 세보르가를 국가라며 독립 선언한 것이다. 그러면서 스스로 공작 조르조 1세에 등극한다. 이탈리아 정부의 반응은 어땠을까? 300명 정도 되는 마을 국가의 이런 반란은 일개 소대 병력이면 간단히 진압이 될 텐데 말이다. 하지만 이탈리아는 이 모든 활동을 그냥 무시했다. 세보르가가 납세를 중단한 것도 아니고, 엄연히 이탈리아 총선에도 참가해 투표하고 있기 때문이다. 세보르가는 그저 유엔이나 유럽인권재판소 등에 호소를 하고 있을 뿐이다.

마르첼로 메네가토.

세보르가는 그 후 옛날에 수도원에서 주조하던 통화 루이지노를 만들고 이 통화를 미국 달러에 고정해놓았다(6달러/루이지노). 자동차 번호판도 만들고 나름 근위대와 정부 형태도 갖췄다. 그런 만큼 호기심에 이끌려 이곳에 관광하러 들어가는 사람이 많아지니 이탈리아에도, 세보르가에도 이익이다.

다만 세보르가는 모나코처럼 세습 왕국이 아니다. 7년마다 한 번씩 주민 직접투표로 대공을 선출한다. 그동안 조르조 1세가 계속 통치하다가 2009년 사망하면서 새 선거가 있었다. 여기서 선출된 제2대 군주는 마르첼로 메네가토Marcello Menegatto다. 니나 메네가토의 전남편으로 마르첼로 1세가 되었던 그는 2019년 스스로 퇴위의 뜻을 밝혔고, 그해 선거를 치러 니나가 제3대 대공으로 선출됐다.

여기까지 보면 마치『걸리버 여행기』에 나오는 평균 키 15센티미터인 소인국 '릴리퍼트'에서 벌어지는 동화스러운 이야기를 듣는 것 같다. 그런데 국제사회의 인정도 못 받는 이 미니 국가에서 왕위 찬탈 시도가 있었다고 한다.

최근 프랑스의 형제 니콜라 및 마르샬 뮈트 드 사부르Martial Mutte de Sabourg가 자신들에게 세보르가 왕위 세습의 정통성이 있다고 주장하고 나선 것이다. 조상 중 한 명이 나폴레옹 3세의 보좌관이었던 이들은 자신들의 조상인 나폴레옹 3세가 사르데냐 왕국과 함께 오스트리아를 물리쳤던 솔페리노 전투(1859)에서 그 보답으로 세보르가를 받았다고 주장한다. 다만 스당 전투(1870)에서 나폴레옹 3세가 프로이센에게 패배하는 바람에 이 사실이 잊혔을 뿐이라고 덧붙였다. 이 정도면 사실 사보르가 주민들로서는 '개 짖는 소리'쯤으로 여겨도 충분하지 않을까 싶지만, 이 프랑스 형제가 나섰을 당시 세보르가의 대공이었던 마르첼로 1세는 마침 사치스러운 생활로 일부 주민의 반감을 사고 있었다. 그래서 프랑스 형제의 독창적인 정통성 주장은 의외로 사람들의 관심을 받게 되었다.

이들은 별도의 웹사이트를 개설했고, 전자 투표인단을 조직하여 스스로 당선됐음을 선포한 다음, 왕위에 오른다. 니콜라 1세로 말이다. 그러고는 자기 동생을 총리로 임명했다. 그들을 믿고 따르는 이들도 있었던 모양이다. 그런데 어떤 방식이었는지는 모르겠지만 이들로 인한 경제적인 피해가 발생했다. 적어도 5명으로부터 형제는 총 15만 유로에 상당하는 부당 이익을 얻어 현재 사기 혐의로 프랑스 검찰청에 불구속 기소된 상태다. 물론 이들은 이 기소에 뻔뻔하게 대처하고 있으며, 본국 세보르가는 이들의 사이트를 조심하라며 공식 사이트에 공지를 띄워 경고했다.

하지만 세보르가 자체에서도 일이 없었던 것은 아니다. 2017년 영국 출신의 라디오 디제이와 경쟁했던 마르첼로 1세는 재선에서 승리한 다음, '개인적인 이유'로 2019년 퇴위를 선언한다. 부인과의 이혼이 배경으로 여겨지는데 2019년 투표에서 그의 전 부인인 니나가 후보로 나선 것이다. 니나의 경쟁 상대는 1대 군주였던 조르조 1세의 딸이었으며, 2017년 선거에서 패했던 라디오 디제이가 이 딸을 밀었다. 하지만 '미녀 니나'라는 별명을 가진 마르첼로 1세의 전 부인이 결국 선거에서 승리했다. 참고로 그녀는 독일계 이탈리아인이다. 독일어는 물론 이탈리아어와 프랑스어, 영어를 모두 능수능란하게 하고, 남편이 대공일 때 외교부 장관을 역임하기도 했다. 이런 수완 덕분에 코로나19가 조금 잠잠해지면 세보르가 공국에는 독일 관광객이 많이 늘어날 전망이다. '니나'의 공약은 세보르가에 근사한 호텔을 하나 짓는 것이었다.

참고로 세계 여러 나라 중에서 유일하게 코트디부아르가 세보르가 공국 대표의 영사 자격을 인정하고 있다. 그래서 아비장에 총영사관이 있는 모양인데, 이곳 페이스북에 접속하면 세보르가를 상징하는 만화 인물이 헤드에 걸려 있다. 논란이 매우 많았던 일본 만화 『헤타리아ヘタリア』에서 세보르가를 맡은 캐릭터다.

10.

로마 목욕탕의 신화

로마의 대중목욕탕thermae이 상당히 긍정적인 평가를 받는
것은 비단 시오노 나나미 때문만은 아니다. 시오노의 영향력이
미치는 곳도 있지만 그렇지 않은 다른 서양 국가들에서도 좋은
평가를 받고 있다. 씻으면 몸이 깨끗해지고 새로워지지 않는가?
하지만 '정말로 그럴까?'를 탐색하는 것이 연구자나 학자의 도리
다. 실제로 케임브리지대학 인류학과의 고고학 팀에서 로마 유적
을 토대로 연구를 진행했다. 그리고 결론부터 말하자면 아래와
같다.

로마 목욕탕이 공중보건을 개선시켰다는 증거는 없다. 그 이
유로는 몇 가지가 있는데, 우선 목욕탕 자체의 문제가 있고 그다
음은 위생법 때문에 생겨난 부작용이다. 마지막으로 식습관이
좋지 않은 영향을 미쳤다.

목욕탕 자체의 문제부터 보자. 로마의 목욕탕은 따뜻한 물을

자주 교환하지 않았다. 그러니 인간의 노폐물이 물 안에 남아 있게 되고, 그에 따라 목욕탕은 오히려 온갖 병균이나 기생충의 안식처가 될 가능성이 더 높았다. 로마인들은 목욕을 즐기지 않은 바이킹이나 중세 유럽인들과 비교해 기생충이 더 적거나 하지 않았다.

로마는 또한 공중화장실을 의무화하고 길거리에 인분을 버리지 못하게 하는 등의 법규를 시행했다. 거리는 깨끗하게 개선되었지만 로마가 당시 사용하던 농업 기술로 인해 위생은 개선되지 않았다. 로마는 인분을 비료로 사용했다(인분을 수개월 묵힌 다음에 사용하면 발효로 인해 세균이 분해되어 괜찮지만 로마인들은 바로바로 사용했다). 이 인분이 묻은 손발로 뜨거운 물에 몸을 담근다고 생각해보라.

위의 농업 기술과 함께 식습관도 문제가 있었다. 로마인들이 사랑하던 조미료로 가룸garum이라 불리던 것이 있었다. 이 가룸의 재료는 물고기다. 여기에 허브, 소금, 향신료를 버무려서 만들었는데 익힌 물고기가 아니었다. 그런데 로마인들은 이 가룸을 너무 좋아해서 제국 전역에 유통시켜 먹곤 했다. 그래서 로마의 정복 이전의 유럽에서는 물고기 촌충이 없었지만, 정복 이후에는 각종 문헌에 물고기 촌충이 많이 등장하기 시작한다(세네카가 루키우스에게 보낸 편지에서는 '썩은 고기로 만든 값비싼 썩은 조미료'라며 가룸을 혹평하고 있다).

로마 멸망 이후 화려했던 목욕탕 문화도 종언을 고하게 됐다. 흔히들 종교적인 이유를 들곤 하지만 그 외에 대중목욕탕이 사

로마 시대 폼페이의 대중목욕탕.

라진 실질적인 이유도 있었다. 그것은 목욕탕으로 인해 전염병이 없어지지도 않았고 기생충에도 별 효과가 없었기 때문이다. 물론 냄새는 조금 줄였겠지만 말이다.

지역 정보

트라야누스 욕장
로마의 테르메 디 트라야노 거리에 있는 거대한 욕장이다.

카라칼라 욕장
로마의 카라칼라 목욕탕 대로에 있는 거대한 욕장이다.

디오클레티아누스 욕장
남아 있는 로마 제국 욕장 중 가장 거대한 규모다. 로마의 엔리코 데 니콜라 대로에 위치해 있다.

11.
클림트의 「여인의 초상」

　사실 「여인의 초상Bildnis einer Frau, Porträt einer Dame」으로 알려진 구스타프 클림트(1862~1918)의 그림은 두 점이다. 하나는 1912년 드레스덴에서 목격됐지만 그 후 그림을 찍은 사진만 남고 작품의 행방은 알 수 없다. 다른 하나는 1925년부터 이탈리아 피아첸차에 있는 리치 오디 현대미술관이 소장하고 있는 그림이다.[5] 둘 다 갈색 머리의 젊은 여인의 홍조 띤 얼굴을 클림트 특유의 스타일로 그린 작품이다.

　사람들이 이 사실을 알게 된 건 1996년의 사건 때문이다. 미술사학을 공부 중인 대학생 클라우디아 마가Claudia Maga는 리치 오디 미술관에서 클림트의 그림 앞에 서 있었다. 그림이 자신을 선택한 것인지, 자신이 그림을 선택한 것인지 모르는 채로 말

---

5 구스타프 클림트의 도록(catalogue raisonné, 1978) 중에서 162번 그림이다.

「여인의 초상」, 구스타프 클림트, 리치 오디 현대미술관.

사라졌다고 했던 「여인의 초상」.

이다. 그림 앞에서 묘한 기시감을 느낀 마가는 다시 카탈로그를 들여다보았다. 그림 속 여인이 꼭 어디선가 본 것만 같았다. 곧이어 마가는 자신이 교과서에서 본 「여인의 초상」을 떠올릴 수 있었다. 드레스덴에서 목격한 이후 본 사람이 없다는 그 그림! 클라우디아 마가는 미술관에서 돌아와 피아첸차 미술관의 「여인의 초상」과 교과서에 나오는 드레스덴의 작품을 똑같은 크기의 사진으로 만들었다. 그런 다음 투명지를 드레스덴의 여인 사진에 겹쳐서 얼굴과 상반신 윤곽을 그린 후 리치 오디 미술관의 작품에 갖다 댔다. 정확히 일치했다. 그녀는 이 사실을 교수에게 알렸고 마침 전직 미술관장이었던 교수가 미술관에 압박을 넣어서 결국 피아첸차의 「여인의 초상」은 MRI 검사를 받게 된다.

그로 인해 밝혀진 사실은 놀라운 것이었다. 드레스덴 이후 본 사람이 없다던 그 「여인의 초상」은 도둑맞거나 전쟁으로 소실된 것이 아니었다. 클림트 자신이 그 그림에 덧칠해서 지금 리치 오디 미술관에 걸려 있는 「여인의 초상」을 새롭게 완성해낸 것이다. 귀스타브 쿠르베가 10년 동안 덧칠해서 「상처받은 사내L'homme blessé」를 완성한 것과 상당히 유사한 예술 행위다. 하지만 클림트에게 이런 방식이 일상적인 것은 아니었다. 알려진 클림트의 작품 중에서 이런 '더블' 형식은 이 그림이 유일하다. 이 사실을 파악한 미술관 측은 크게 기뻐하며 대규모 전시회를 기획한다. 언론에도 물론 알렸다. 그러나 바로 이듬해인 1997년 2월, 이 그림이 액자만 남긴 채 도난당한다.

1997년 4월 중순, 도난당한 지 두 달이 흘렀다. 프랑스·이탈리아 접경 지대를 순찰하는 국경순찰대가 버려진 객차에서 한 소포를 발견한다. 그런데 소포 안에는 도난당했다던 클림트의 그림이 들어 있었고, 소포의 수신자는 베티노 크락시 이탈리아 전 총리였다. 발신자는 적혀 있지 않았다.

크락시 전 총리는 마니풀리테·탄젠토폴리 스캔들에 따른 부패 정치인 구속을 피하기 위해 이미 기소된 상태에서 1994년 튀니지로 도망친 상태였다. 그는 튀니지의 독재자 벤 알리와 막역한 사이였다. 그러나 이 그림은 정교하게 만들어진 위조품이었다. 사실 확인을 위해 국경까지 자동차를 타고 '날아간' 미술관장에게 경찰은 속도위반 딱지를 내밀었다(1997년 당시 24만 리라, 130유로가 조금 넘는 수준이다).

2016년 여름 피아첸차 지역 신문 기자가 바에서 어떤 사내를 만난다. 그는 자신이 클림트 그림 도난 사건을 알고 있다며 경찰에게 정보를 주겠다고 장담한다. 자세한 이야기가 시작되자 그는 자신이 그림을 훔친 장본인이라고 했으며 도둑질을 자랑하기 위해 액자를 미술관 지붕 위에 올려놓았다고 주장했다.

그런데 여기서부터 얘기가 좀 복잡해진다. 이 훔친 그림은 모조품이었다. 사내는 그 그림이 모조품이라는 사실도, 진품은 이미 몇 달 전에 도난되어 지하 시장에서 팔려버렸다는 사실까지도 알고 있었다. 그는 모조품이란 걸 알고도 모조품을 훔치는 대단한 사건을 일으켰다는 것인데 정말 믿기 힘든 얘기였다. 하지만 증언을 직접 들은 지역 신문 기자는 그의 이야기가 무척 신빙성 있다는 입장이다. 아무튼 왜 훔쳤냐는 질문에 그는 곧 열릴 특별전에서 어차피 모조품인 것이 알려질 게 뻔하다는 이유를 댔다. 그러면서 또 하나의 놀라운 장담을 했다. "도난 20주년인 2017년에는 다시 세상에 나타날 것이오." 하지만 그림은 나타나지 않았다.

2019년 12월, 의외의 장소에서 클림트의 도난당한 그림이 발견된다. 거의 파랑새를 찾으러 떠난 틸틸과 미틸을 방불케 하는 발견이었다. 미술관 외벽을 덮은 담쟁이덩굴을 정리하던 인부들이 외벽 하단에 다락방 입구처럼 보이는 정사각형의 검은색 문이 있는 것을 보고 열었는데, 그림은 그 안에 검은 비닐봉지에 싸인 채 놓여 있었다.

조사 결과 진품이었다. 보관도 완벽했다. 세월이 흘렀지만 클라우디아 마가도 곧바로 이 그림이 진품임을 알아봤다. 그런데 해피엔딩이라고 하기에는 좀 찝찝한 구석이 있었다. 2020년 1월, 한 익명의 편지가 경찰서로 전달된다. 편지를 전달해준 사람은 앞서 말한 도난 사건을 스토리화하여 책으로 펴낸 그 지역 신문 기자였다. 편지에서는 도덕적 책임감 때문에 그림을 그곳에 넣어뒀다는 주장이 적혀 있었다. 하지만 경찰은 이를 받아들이지 않았다.

그즈음 경찰은 도난 당시 큐레이터였던 스테파노 푸가차를 주목하고 있었다. 푸가차는 이미 2009년 사망한 상태였지만 그의 부인이었던 로셀라 티아디나가 조사 대상이었다. 발견된 푸가차의 일기에 적힌 아래의 구절 때문이었다.

"전시회 직전 그림이 도난당했다가 전시회 시작에 맞춰 다시 돌아오면 (전시회가) 더 큰 성공을 거둘 수 있지 않을까? (…) 하지만 정말 도난당했다. 내가 이런 멍청한 생각을 했다니."

경찰은 도난 사건이 혹시 푸가차의 자작극이 아니었을까 의심한 것이다. 그동안 푸가차의 집에 그림이 보관되어 있었던 것은 아닐까? 그 일기장이 고백록은 아니었을까? 정교한 시나리오[6]가 있지는 않았을까? 아직 이 이야기는 끝나지 않았다.

지역 정보

리치 오디 현대미술관
피아첸차 산 시로 가에 위치해 있다. 설립자인 주세페 리치 오디의 이름을 따 1897년 만들어졌다.

---

6 가령 푸가차가 도둑에게 그림을 훔쳐 며칠만 보관해달라는 의뢰를 했지만 도둑은 푸가차와 그 아내를 위협했고 결국은 오랜 시간이 흐른 뒤 한 번도 훔치지 않은 것처럼 멀쩡한 상태로 도둑이 갖다놓았다는 식의 이야기다.

남의 나라 흑역사

사건과 인물로 읽는
유럽 어른들의 속사정
ⓒ위민복

1판 1쇄 2021년 8월 2일
1판 2쇄 2021년 9월 13일

지은이 위민복
펴낸이 강성민
편집장 이은혜
편집 진상원
마케팅 정민호 김도윤 방선영
홍보 김희숙 함유지 김현지 이소정 이미희 박지원

펴낸곳 (주)글항아리 | 출판등록 2009년 1월 19일 제406-2009-000002호

주소 10881 경기도 파주시 회동길 210
전자우편 bookpot@hanmail.net
전화번호 031-955-2696(마케팅) 031-955-1936(편집부)
팩스 031-955-2557

ISBN 978-89-6735-925-6 03920

geulhangari.com